KB194441

여자 나이 마흔에는
사랑이 필요하다

사느라 바빠서 잊고 있던 몸과 마음의 사랑

여자 나이 마흔에는 사랑이 필요하다

상담사 치아 지음

BOOKER

아이러니하게도, 다시 사랑

사느라 바빠서 나를 잊어버린 시간들

상담사에게 도착하는 수많은 사연 속에는 다양한 마흔의 모습들이 담겨 있습니다. 누군가는 밤마다 우는 아이를 끌어안고 온 방을 배회하며 끊임없이 자책하고, 누군가는 외도 중인 남편의 핸드폰 메시지를 몰래 바라보면서 사시나무 떨듯 온몸으로 상처를 견뎌내며, 누군가는 세상에서 유일하게 내 편이 되어주었다고 생각했던 사랑하는 남자의 정체가 나를 성관계 파트너로 생각하는 유부남이었다는 깨달음에, 증오와 그리움이 범벅이 된 문자를 밤마다 쏟아대고 있습니다.

그렇게 여자 나이 마흔은, 고독 비슷하긴 해도 결코 즐길 수만은 없는 외로움이 가득한 느낌, 서두르고 싶지 않음에도 가야 할 길이 멀게만 보여 괜스레 분주해지는 느낌, 끊임없이 스쳐 지나가는 사람들 속에서 마치 정지화면 속 캐릭터처럼 나 혼자 세상에 덩그러니 남겨진 느낌, 그리고 사랑도 미움도 모두 성에 낀 유리창같이 형체를 알 수 없다고 넋두리하게 되는 느낌으로 가득합니다. 여자는 나이를 먹을 때마다 그 나이에 어울리는 아름다움을 가지고 있는 존재라고 생각하던 확신은 도대체 언제부터 희미해지기 시작한 걸까요?

　제가 운영하는 상담 블로그를 찾는 방문객의 70.6%가 여성인 동시에 마흔이 넘은 분들이라는 통계를 확인했을 때, 저는 마흔, 그리고 그 언저리의 세월을 살아가는 여성에 관한 이야기를 꼭 해야겠다고 생각했습니다. 인생의 중심을 지나며, 이미 지나온 세월을 돌아보기 시작해버린 나이, 많은 경험과 관계 속에서 자신을 다듬어가며 때로는 세상과 타협하는 법도 알아버린 나이, 일을 하든, 가정을 돌보든, 혹은 둘 다 해내며 바쁜 삶을 살아왔을, 이젠 너무 노력하지 않아도 이미 다양한 자신만의 방식으로 삶이 정해져 버렸을 나이의 그들에 관한 이야기를 말이죠.

　20년 경력의 관계 전문 심리상담사가, 마흔이 넘은 여성 내담자를 향해 꼭 하고 싶은 이야기는 아이러니하게도, 그 시기에는 이미 굳어지거나 희미해졌을지 모를 '사랑'입니다. 격정에 의해 시작되었지만 지켜지고 가꾸어오며, 격정보다는 오히려 일상을 닮아버린 완성된 감정으로서의 사랑이거나, 낯선 남자의 향기에 새삼 발그스레 볼을 달구는 일시적이면서도 원초적인 사랑이거나, '이제 내 인생에 사랑 따원 없다'라는 허무와 냉소로 가득했던 가슴에, 피하려고 뒷걸음질 칠수록 더 팽팽하게 다가와 미친 듯이 불을 지피는 불륜의 사랑일지라도, 결코 밀어낼 수 없고 밀어내고 싶지도 않은 바로 그 '사랑' 말입니다.

여자 나이 마흔, 우리는 여전히 사랑받고 싶고, 사랑하고 싶고, 가능하다면 매일 사랑을 이야기하고 싶습니다. 오늘만큼은 무거운 삶의 짐을 잠시 내려놓고, 자신에게 꼭 물어보세요.

"나는 지금 어떤 사랑이 필요한가?"

결혼은 실전이고 생활이더라는 말

흔히 결혼을 '연애의 무덤'이라고들 합니다. 연애는 판타지의 영역이고, 결혼은 생활의 영역이니 어찌 보면 너무도 당연한 말일지도 모릅니다. 하긴 굳이 결혼이 아닌 오래된 사랑만으로도 이미 연애는 무덤을 향해 가고 있다고 봐야 할 것 같네요. 사랑이 영원하지 않은 건 사랑의 잘못이 아니라 흘러가는 시간이 만든 '당연함'입니다. 그러니 너무 억울해할 필요는 없을 것 같습니다.

영화 〈봄날은 간다〉에서, 관계에 지쳐 헤어지자고 말하는 은수(이영애)에게 상우(유지태)는 이렇게 말합니다. "어떻게 사랑이 변하니?" 하지만 세상도 변하고, 상식도 변하고, 물질도 변하고, 행동도 변하니, 사랑이 변하는 것 역시도 어찌 보면 당연한 일입니다. 그런 세상에서 우리에게 남은 단 하나의 숙제는, 어떻게 변하지 않을 수 있느냐가 아니라, '어떻게 그 변화에 적응하며 살아가느냐'일지도 모르죠.

하지만 우린 모두 나름 자기만의 사랑을 시작하면서 '약속'을 합니다. 결혼하면서 '서약'으로 업그레이드되기도 하는 그 약속에는, 언제까지나 서로를 존중하고 배려하겠으며, 어떤 고난이 있더라도 서로를 아끼고 사랑하고 지켜주겠다는 메시지가 담겨 있죠. 누군가와 사랑한 지 너무 오래되어 이젠 연애 세포가 살아있는지도 궁금한 상태라고 해서, 또는 화장대 서랍 깊은 곳에 묻어둔 결혼서약서를 다시 꺼내려면 켜켜이 쌓인 먼지부터 대면해야 한다고 해서 과연 그 '약속과 서약'의 내용이 달라져 있을까요? 평생 당신을 행복하게 해주겠다고, 평생 당신만을 사랑하겠다고 손가락 걸며 했던 약속 그 자체가, 시간이 지났다고 저절로 변했을까요? 오직 한 사람만의 평생 반려자가 되겠다고 다짐했던 그 소중한 기록이, 시간이 지났다고 바뀌었을 리가요.

사랑의 강도는 변할 수 있지만, 사랑 그 자체가 사라지는 일은 없습니다. 당신이 사랑해본 지 오래된 싱글이건, 결혼한 지 10년도 넘은 부부의 배우자이건, 시간이 지났다고 해서 사랑 그 자체가 불가능해지는 건 아니라는 뜻입니다. 변하는 건 서약이나 약속이 아니라 오직, 이제 사랑 같은 건 내 삶과 무관하다고 생각하는 우리의 마음뿐이겠죠. 그런데 정말 그 마음처럼 우린 과연 삶의 끝까지 사랑 없이 살 수 있을까요?

만약 사랑 없이 살 수 없다는 생각이 든다면 대안은 생각보다 쉽습니다. 모든 것을 처음으로 다시 돌려놓으면 그만이니까요. 누군가를 미친 듯이 보고 싶어 했고, 일분일초도 떨어지지 않으려 했던, 내 모든 걸 다 포기하더라도 이 사람만은 놓치고 싶지 않았던 그때로, 내 마음의 시계를 돌려놓으면 그만입니다. 상대 탓하지 말고, 상황 탓하지 말고, 무조건 나부터, 상대가 노력하지 않더라도, 누군가 다가오지 않는다면 내가 달려가서라도 이루고 만들어내고야 마는 사랑으로 말입니다.

무언가 새로운 것을 해야 하는 것도 아닙니다. 싱글이라면, 내가 20대에 간직했던 분홍빛 설렘을 다시 꺼내 장착하고, 누군가의 아내라면, 결혼 초기 배우자를 향해 항상 보여주었던 그 '진심 어린 사랑의 모습'으로 돌아가면 그만입니다. 싱글이라면 '이제,

다시 사랑을 시작하는구나'라는 느낌이, 부부라면 '이제, 부부에서 다시 연인이 되었구나'라는 깨달음이 올 때까지 말입니다. 그렇게 사랑이 가득한 표정으로 내 인생을, 나의 배우자를 바라보다 보면 어느새 나는 믿게 될 것입니다. '아, 나는 사랑 없이는 살 수 없는 사람이었구나.'

어느덧 마흔이 된, 그러나 마음은 여전히 20대인 모든 여성에게 다시 사랑이 시작되기를 간절히 기원합니다.

2025년 봄
상담사 치아

차례

3부 다시 사랑해볼까?

4부 때로는 과감하게, 때로는 조심스럽게

1부

익숙함에 가려
설렘을 잊었다

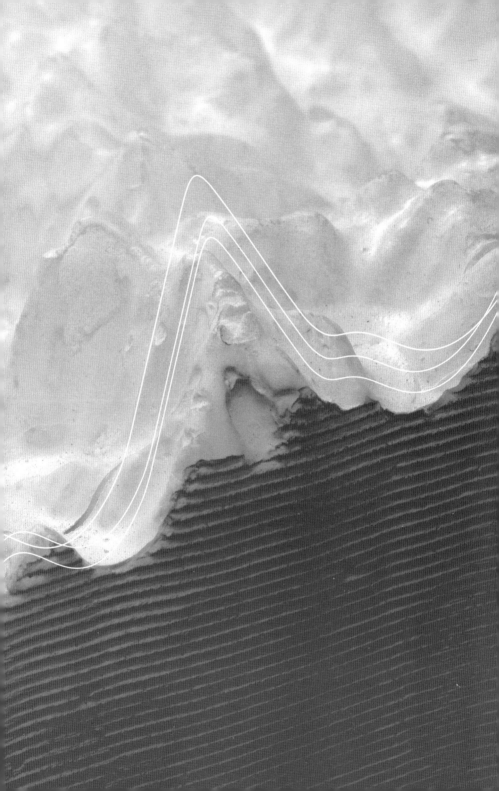

마흔에 찾아오는
마음의 감기

"한때 불안했던 적도 있습니다. 스물다섯에는 사회에서 자리를 잡아야 해서 불안했고, 스물여덟에는 지금의 연애가 언제든 끝날 수 있는 관계라는 점이 불안했죠. 30대를 지나고 40대가 되며 삶은 조금 더 단순해졌습니다. 좋은 친구들과 생활을 공유하며 살고 있고, 안정된 소득도 생겼으며, 최근에는 작지만, 아파트로 이사도 했습니다. 평온해 보이는 나날. 그런데 문제는 언젠가부터 설레지 않는다는 것입니다. 썸은 타지만 항상, 사랑으로 발전하진 못합니다. 벌써 인생에 권태기가 온 걸까요? 아니면 연애한 지 오래돼서 하는 법을 잊은 걸까요? 마음이 공허하고 외롭습니다. 어떻게 해야 하나요? 저 좀 도와주세요."

무기력과 공허함

여자 나이 마흔에 'PTSD'가 올 수 있다는 말에 동의하실까요? 외상후스트레스장애Post Traumatic Stress Disorder, 즉 PTSD라는 약자로 잘 알려진 이 용어는 베트남전에 참전했다가 살아 돌아온 군인의 마음을 다루는 과정에서 미국 정신건강의학 분야 진단명의 하나로 자리 잡았습니다. 흔히 전쟁의 PTSD라고 하면, 전쟁에서 경험하는 공포, 인간을 무참히 살해하는 그 잔혹한 현장에서 느끼는 개인의 무력함을 고국으로 돌아와서도 꿈이나 망상 등을 통해 끊임없이 재경험하는 것을 의미합니다. 그런데 전쟁이 꼭 총알이 난무하는 실제 전장에서만 벌어지는 일은 아니죠. 20대와 30대를 치열한 삶의 한복판에서 보낸 여성이라면 누구나 마음속에 천만 관객을 넘볼 수 있을 정도의 쓰라린 상처와 영광의 순간을 담은 이야기를 품고 있습니다.

그간 사회생활을 하면서 늘 본능적인 긴장 상태에 놓여 매 순간 실행에 대한 판단으로 인해 과잉된 에너지는, 그 순간을 벗어난 시간에도 내 몸에 남아 끊임없이 싸우거나 도망가라고 소리를 지릅니다. 그러는 사이 나는 무엇을 해야 하는지, 내 존재 이유는 무엇인지 근본적인 물음과 회의를 갖게 됩니다. 나와는 다르게 일상생활을 여유롭게 살아가는 것만 같은 타인의 모습을 보며 세상과 나를 단절시키고, 스스로를 고립시키기도 하지요. 이때 극심한 무기력과 공허함이 찾아오기도 합니다. 단절이 반복됨으로써 의지가 고갈되며, 삶의 목적이나 방향성을 잃은 채 깊은 상실감을 느껴 결국 감정적 빈곤에 빠지게 되죠.

20대와 30대를 누구보다 열심히 살아내고 나름의 인정도 받으며 살아온 다수의 마흔 이후 여성에게 '사랑'은 나름의 방식으로 치열하게 감정을 소비한 끝에 얻어낸 전리품입니다. 하지만 문제는, 지금의 사랑은 그런 치열함으로 완성되는 것이 아닌 '일상의' 사랑이라는 것입니다. 일상에서의 사랑은 오히려 매일 반복되는 현상을 잘 관리하거나, 하다못해 그것에 익숙해져 편안하게 누릴 줄 아는 행복에서 느껴지는 감정입니다. 내가 갖지 않으면 누군가에게 빼앗길 수도 있다는 팽팽한 긴장감도 없고, 배운 적 없어도 능숙하게 해내던 밀당의 스킬도 필요 없으며, 무엇보다, 내가 있어야 할 곳에 있을 때의 편안함과 굳이 애써 노력하지 않아도 얻어지는 경험이 바로 '일상의 사랑'입니다.

그래서 일상의 사랑에 익숙해지지 못한 분 중 일부는 종종 사랑이 주는 그 팽팽한 긴장감을 다시 경험하고 싶어서 나도 모르게 본능적으로 위험한 사랑을 추구하곤 합니다. 평범하지 않은 사랑은, 비록 위험할지 몰라도, 적어도 나를 살아있다고 느끼게는 해주니까요. 하지만 그럴 용기가 없거나 이제 그런 사랑은 무모하다고 생각하는 사람이 되어 버린 누군가는, 강렬한 사랑에서 멀어지면서 필연적으로 경험하게 되는 무기력과 공허함을 피할 수 없는 것입니다.

이렇게 너무도 익숙해진 일상에서 나도 모르게 무기력과 공허함이 생겼다면, 무턱대고 외도를 떠올리기 전에 가장 먼저 해야 할 일은, 지금 느끼는 감정이 나만의 문제이거나, 내가 무언가 부족해서 경험하는 게 아님을 인정하는 것입니다. 무기력과 공허함은 단계적인 노력을 통해 얼마든지 나아질 수 있는, 많은 분이 경험하는 마음의 감기 같은 것입니다.

이런 나의 감정을 '인정'했다면, 다음으로 할 일은, 그런 심리 상태가 시작되었다고 판단되는 시점 즈음해서 내게 어떤 변화가 생겼는지 확인하는 것입니다. 실연했거나, 무언가가 나의 의지를 좌절하게 했거나, 누군가로부터 모욕당했거나, 친한 지인을 잃는 등의 사건은 내 의지와 무관하게 나를 무기력과 공허한 감정으로 몰아넣을 수 있습니다. 만약 이런 원인이 확인된다면, 가족이나 지인, 또는 상담사 등을 찾아가 이 일에 관한 나의 경험과 감정 모두를 쏟아내는 작업부터 해야 합니다. 그렇게 누군가와 이 경험과 감정을 공유하는 것만으로도 감정은 많이 나아질 수 있습니다.

다음은 무조건 운동을 시작해야 합니다. 운동은 일차적으로 내 몸의 건강을 위한 행위지만, 이차적으로는 내 마음의 건강도

찾게 해주는 훌륭한 치료제입니다. 운동을 하면 엔도르핀, 세로토닌, 도파민 등의 신경전달물질이 분비되어 기분을 개선하고 우울감을 완화합니다. 강해진 근육이 림프시스템을 자극하여 마음의 병을 만드는 노폐물을 제거하고, 그렇게 건강해진 몸은 수면을 촉진합니다. 수면은 무기력과 공허한 마음을 지우는 가장 탁월한 방법의 하나죠. 가능하면 헬스 같은 혼자 하는 운동보다는, 수영이나 탁구처럼 단체 혹은 상대가 있는 운동이 더 좋습니다. 그 과정에서 경험하는 타인과의 교류도 무기력과 우울감을 개선하는 데 도움이 되거든요.

마지막은, 작은 목표를 설정하고 올인하는 것입니다. 이 문장에서 중요한 단어는 '목표'가 아니라 '작은'입니다. 무언가 대단한 목표를 세웠다가는 그 목표를 이루지 못해 "거봐, 역시 난 안 돼"라는 추가적인 절망감을 경험할 수 있기 때문입니다. 산책 10분, 책 다섯 페이지 읽기처럼 쉽게 해낼 수 있는 목표를 설정한 후, 점차 양이나 가짓수를 늘려나가는 게 좋습니다. 여자 나이 마흔의 무기력과 공허함은 그렇게 스스로 지워내야 합니다.

또 다른 감정, 외로움

때로 내가 무기력하거나 공허하다고 생각했던 그 감정이, 가만히 들여다보면 실제로는 외로움일 때가 있습니다. 이 둘은 유사하지만, 원인도 대안도 다르기에 반드시 구분할 수 있어야 합니다.

사치스럽지도 않고 특별한 문제나 사건도 없는데, 비슷한 연봉을 받는 동료와 달리 왠지 나만 돈을 모으지 못하고 있는 것 같다면, 제일 먼저 해야 할 일은 자신의 소비에 대해 정확하게 분석하고 이해하는 것입니다. 내가 매달 어떤 항목에 얼마만큼의 돈을 쓴다는 것만 정확하게 알고 있어도, '이건 꼭 해야 하는 거잖아'라고 생각하며 나도 모르게 사치하고 있거나, 노력하면 분명히 줄일 수 있는데도 하지 않고 있는 항목이 보이거든요. 돈을 모으지 못하는 것은 버는 족족 소비하기 때문입니다. 이건 '여름이 오면 덥다'는 것만큼이나 당연한 문장이죠. 버는 돈이 무한대로 늘어날 수 없다면 결국 쓰는 것을 줄일 수밖에 없습니다. 그렇게 줄일 수 있는 항목을 찾아 막상 줄여보면 '아, 나는 바로 이것 때문에 그동안 돈을 모으지 못하고 있었구나'라는 깨달음을 얻게 될 것입니다.

외로움을 무기력이나 공허함과 구분해야 하는 이유도 이와 같습니다. 외로움 때문에 경험하는 감정들을 단순한 생활 속 무기력이나 공허함으로 오해하면, 헬스장에서 소위 '천국의 계단'이라고 불리는 운동 기구를 오르면서도 계속 공허하고, 책 다섯 페이지 읽기라는 작은 목표를 세워 책을 읽다가도 3페이지쯤에서 나도 모르게 한숨 쉬며 "공허해"라고 되뇔 수 있기 때문입니다. 내 감정에 관한 제대로 된 분석이 없다면 제대로 된 대안도, 깨달음도 나올 수 없죠.

작동되지 않는 전자기기의 원인을 확인하려면 '전원버튼-전기코드-벽 콘센트-전기차단기' 순으로 원인을 찾아가야 하는 것처럼, 내 감정이 외로움인지 아닌지 알려면 순서대로 하나씩 확인해보면 됩니다. 방법은 생각보다 간단합니다. 일부러 사람을 만나 즐겁게 시간을 보내고 나면, 외롭다는 내 감정 상태가 조금이라도 나아지는지 확인하면 됩니다. 만약 그렇다면 그 감정은 외로움입니다. 반대로 해소되지 않는다면 그건 외로움과는 거리가 있는 감정이죠.

외로움은 타인과 소통하지 못하고 격리되어 있을 때 경험하는 감정입니다. 내가 만약 지금 외롭다고 느낀다면 타인과 연결되어 있지 않거나 소통하지 못하고 있다는 것을 의미합니다. 여기서 '타인'이란, 다수의 인간관계일 수도 있고, 사랑하거나 사랑받을 수 있는 단 한 사람일 수도 있습니다.

외로움은 갈증이나 허기와 같습니다. 내가 만약 갈증이나 허기를 느낀다면 이는 곧 물을 마실 때나 밥을 먹어야 할 때가 된 것을 말하는 것처럼, 내가 외로움을 경험한다면 나는 '누군가'를 만날 때가 된 것입니다. 사교적인 성격을 지닌 것과 외로움을 느끼는 것 역시도 아무 연관이 없습니다. 음식 먹는 것을 좋아하는 사람이라고 해서 배가 고프지 않은 것은 아니니까요. 외로움이라는 감정은 오로지 '결핍'의 문제입니다.

그렇게 내 감정이 외로움이라는 것을 확인했다면, 지금부터 해야 할 일은, 내 몸이 원하는 결핍된 그 '인간관계'가 정확하게 무엇인지부터 찾는 것입니다. 허기를 느끼면서도 그게 갈증인 줄 알고 물만 마신다면 허기는 계속 채워지지 않고 반복되기만 할 테니까요.

외로움은 전적으로 주관적이고 개인적인 경험이기에, 그것의 정체를 누군가 대신 찾아줄 수는 없습니다. 내 결핍이고 내 감정이니, 결국 그 원인을 가장 잘 알 수 있는 것 역시도 '나'입니다. 상담사가 해드릴 수 있는 것은 그것을 찾는 과정을 함께하며 조언을 드리는 것뿐입니다. 내 감정의 원인을 함께 찾고, 그 대안으로서의 만남을 만드는 방법을 함께 고민하는 것이죠.

사람이 필요한가, 사랑이 필요한가

───────────

외로움은 원인별로 크게 두 가지, 단순한 인간관계에서의 외로움과 이성으로부터 사랑받고 사랑하는 경험이 필요한 외로움으로 구분할 수 있습니다.

내가 경험하는 외로움의 원인이 '인간관계의 절대적인 부족'인 것 같다면, 그 해결 방법으로 가장 좋은 것은, 무조건 먼저 사람들에게 가까이 다가가고 다수의 모임에 참여하는 노력을 하는 것입니다. 상대가 먼저 나에게 연락하고 가까이 다가와 주길 기다리는 게 아니라 내가 먼저 다가가야 하며, 당장은 귀찮고 '이렇게까지 해야 하나?'라는 생각이 들더라도 동호회건, 동창회건, 소규모 사적 모임이건 간에 다수의 모임에 참가하려고 무조건 노력해야 합니다.

그렇게 쌓인 양적 성장은 언젠가 반드시 질적 성장을 만들게 됩니다. 모임 참여를 반복하다 보면, 모임을 꺼리던 내 습성도 자연스럽게 사라진다는 뜻입니다. 내 외로움의 이유가 '인간관계의 절대적인 부족'이었다는 게 확인되면, 그때부터는 내 몸이 '외롭다'라는 감정을 느끼지 않도록 언제나 곁에 사람이 끊이지 않도록 조절해주면 됩니다.

쉬워 보일 수도 있는 이 방법이 성공적으로 수행되려면, 사실은 두 가지 노력이 더 필요합니다. 하나는 만나는 상대의 거절에 초연할 수 있는 마음의 면역력을 갖추고 있어야 한다는 것입니다. 상대의 거절이 결코 나를 향한 감정이 아니니 절대 오해하지 말아야 하죠. 현대인은 모두 각자의 스케줄을 가지고 살아가기에, 연락한다고 당장 쉽게 볼 수 있을 가능성은 적습니다. 따라서 바로 그날의 만남을 계획하기보다는 1주 또는 1달 등의 시간 여유를 두고 약속을 잡는 것이 좋습니다.

다른 하나는, 만남에서 내가 얻을 수 있는 것에 관한 기대를 최소로 잡는 것입니다. 기대가 크면 그만큼 실망도 커지고, 실망이 크면 다른 만남을 시도할 용기를 내기도 어려워지거든요. 모임 참여로 당장 나의 갈증이 해소될 거로 생각하기보다는, 일단은 그저 '만나는 것'에만 의미를 두는 것이 좋습니다.

하지만 내가 경험하는 외로움의 원인이 '누군가로부터 사랑받고 사랑하는 경험의 부족'인 것 같다면, 이 문제는 좀 더 치밀한 계획이 필요합니다. 이때의 '사랑'은 대개 일회적인 관심으로 해소되지 않기에 원나잇이나 충동적인 만남으로는 해결되기 어렵거든요. 목마를 때 바닷물을 마시면 갈증이 더한 것처럼 이런 감정에서 이루어지는 일회성 만남은 오히려 결핍을 더 키울 수도 있습니다.

현재 나의 상황에서 할 수 있는 '사랑'이라는 감정의 범위(대화나 가벼운 스킨십, 또는 성관계까지)부터 정하고, 그 범위 내에서 사랑하고 사랑받을 가능성을 찾아야 합니다. 예를 들어, 여러 노력을 통해 만난 상대가 결혼한 상태여서 내가 원하는 사랑이 자칫 외도나 불륜의 범주로 들어가 현재의 안정적인 삶을 파괴할 수도 있다면, '사랑'의 범위를 만남과 대화, 취미 공유 정도로 한정하고 그 안에서만 관계를 이어가야 합니다. 물론 반대로, 내 결핍의 원인이 육체적인 관계만으로도 해소될 수 있는 거라면, 철저하게 원나잇이나 일회성 만남으로 해소할 수도 있겠죠.

앞서 이야기했듯이, 어느 편이든 결핍의 원인이 사랑하고 사랑받는 경험이라면, 단순한 친구나 모임보다는 더 크고 치밀한 노력이 필요합니다. 특정 나이가 되면 더는, 가만히 있어도 누군가 내 입에 밥을 떠서 먹여주는 일은 발생하지 않으니까요. 여러분을 사랑으로 인도해 드릴 방법에 관한 구체적이고도 긴 이야기는 이 책의 3부에서 더 자세하게 알려드리겠습니다.

외로움을 느낀다는 건 어찌 보면 소중한 경험입니다. 적어도 나는 타인보다 공감 수준이 높다는 방증이기도 하며, 내 몸의 결핍을 보충해주어 행복해질 기회기도 하니까요. 아무런 증상도 없다가 불시에 말기 암 선고를 받는 사람과 달리, 통증을 경험하고 찾아간 병원에서 초기 암의 발병을 확인하게 되는 건 분명 커다란 행운인 것처럼 말입니다.

외로워하는 사람이라는 말은, 다르게 표현하면 남보다 더, 마음에 사랑이 가득한 사람이라는 뜻이기도 합니다. 내가 누군가에게 줄 충분한 사랑을 가진 만큼, 나 역시 상대에게 충만한 사랑을 바라게 되는 법이니까요. 그러니 오늘부터는 '외로움을 느낀다'라는 사실 자체에 관한 부정적인 시선은 거두고, 그것의 정체와 해소에만 집중하기를 바랍니다. 외로움은, 잘만 달래서 해소해주면 무미건조한 삶의 오아시스가 될 수 있습니다.

사랑이란 계절 같아서, 봄이 지나면 여름이 오고 가을이 가득 차면 또 겨울이 오듯, 반드시 다시 찾아들게 마련입니다. 발 동동 굴려 기다린다고 빨리 찾아오지도 않지만 잊은 듯이 의연하게 산다고 해서 어느 날 불시에 찾아와 나를 행복하게 할 가능성도 적죠. 중요한 건 본능을 따르되, 용기와 노력은 있어야 한다는 것입니다.

그 사람을 닮은 아기를 낳고 싶고 그 사람의 눈빛과 머릿결과 음성까지도 모두 갖고 싶었던 그런 사랑을, 아무리 쳐다봐도 물리지 않고 아무리 불러봐도 지겹지 않았던 그 사랑을, 이제 다시 시작하는 겁니다. 외로움의 해소를 떠나, 내 진짜 모습을 알아주는 사람을 만나는 인생의 커다란 기쁨을 말입니다. 그렇게 주체적인 연애로 내 인생에서 더는 외로움이 발을 붙이지 못하게 하자고요, 우리.

결혼은
미친 짓이라는 말

"서른이 되기 전에 결혼하겠다는 것이 오랜 제 꿈이었습니다. 하지만 만나고 헤어짐을 반복하면서 이젠 누군가와 연애하고 결혼까지 하는 것에 점점 회의가 듭니다. 고등학교 때부터 열심히 공부하라고 해서 공부했고 그렇게 좋은 직장에도 들어갔고 남부럽지 않게 열심히 살았는데 아직도 사랑을 찾아 헤매는 제 모습이 때때로 가엽습니다. 마흔이 훌쩍 넘은 지금은 왠지 사랑을 하기엔 너무 늦었다는 생각만 듭니다. 어릴 때부터 인생 최고의 가치는 '사랑'이었는데 정말 결혼만이 진정한 사랑의 완성이라면 이젠 포기해야 할 것 같습니다. 사랑을 잃고 싶지는 않아 끊임없이 노력하면서도 막상 결혼이라는 선택의 순간에서는 주저하고 뒷걸음치는 제가 안쓰럽습니다."

제도의 변화는 가치관의 변화를 만든다

15년 넘게 수많은 연인과 부부를 상담하면서, 저는 점점 결혼을 부정적으로 생각하는 상담사가 되어버렸습니다. 결혼을 준비하는 과정에서, 결혼하고 살아가면서, 그리고 결국 이혼까지 하게 되는 과정에서, 한때는 열정적으로 사랑했던 두 사람이 서로의 마음에 피가 철철 흐를 만큼 아프게 상처 주는 것을 보아왔으니까요. 사실, 결혼은 단점이 참 많은 제도입니다. 우선 결혼은 사랑하는 두 사람을 법과 제도라는 틀 안에 묶어놓습니다. 상대를 결혼이라는 틀 안에 묶어 다른 이의 유혹으로부터 차단하는 것은, 둘 다 서로를 열렬히 사랑하는 '그 기간'에는 전혀 문제 되지 않습니다. 아니, 오히려 안정감을 주어 더 행복할 수 있죠. 하지만 사랑의 유효기한이 지나, 다양한 사건과 다툼을 통해 서로에게 실망하고 소원해져 이젠 그 틀에서 벗어나고 싶어지는 상황에까지 도달하면, 결혼제도는 그 즉시 나의 욕망을 단죄하는 근거가 됩니다.

대한항공이 전 노선의 항공기에서 금연을 시행한 것은 1999년입니다. 그전만 해도 항공기는 물론 동네 버스에서도 흡연자들은 마음껏 담배를 피웠죠. 그때는 아무도 흡연자를 비난하지 않았습니다. 흡연은 하나의 문화였으니까요. 요즘 젊은 세대는 "세상에, 말도 안 돼"라고 할지도 모르죠. 지금은 '법과 제도가 바뀌어서' 공공장소에서 담배를 피우는 흡연자는 벌금을 내야 하는 건 물론이고, 사람들의 따가운 시선을 받게 되니까요.

불과 10년 전인 2015년 2월 이전의 대한민국에서는, 배우자가 있는 사람이 배우자 외 다른 사람과 사랑하면 2년 이하의 징역을 선고해 교도소에 가둘 수 있었습니다. 이른바 간통죄였죠. 하지만 지금은 사라진 법이 되었습니다. 앞으로 조금만 더 시간이 지나면 사람들은 이렇게 말할지도 모릅니다. "세상에, 나라가 개인의 사생활을 법의 잣대로 평가해서 교도소에 보낼 만큼 폭력적인 그런 시대가 있었다고요?" 지금은 외도가, 각 개인의 판단 영역이 되어, 위자료 소송이라는 민사의 영역만 남은 상황이니까요. 두 사례 모두 제도의 변화가 가치관과 철학의 변화를 만든 대표적인 예죠.

결혼이라는 제도 역시 마찬가지입니다. 불과 20년 전만 해도 결혼은 필수였고, 결혼하지 않는 사람은 무언가 결핍이 있거나 신체적인 하자가 있는 사람 취급을 받았습니다. 하지만 사람들의 인식 속에서 결혼이라는 제도가 점점 필수에서 선택으로 바뀌고 있고, 이로 인해 인간의 사랑에 관한 가치관과 철학도 점점 바뀌게 될 것입니다. '두 사람이 영원히 함께하는 사랑이 아름답다'라는 가치관에서 '죽을 때까지 누군가와 사랑하며 사는 게 아름답다' 정도의 가치관으로 말입니다. 전자는 '사랑하는 두 사람' 모두에게 집중하지만, 후자는 오직 '나'에게 집중합니다. '죽을 때까지 누군가와 사랑하며 사는' 데 결혼은 방해가 될 가능성이 크니, 그땐 결혼 여부에 관한 질문도, 언제 결혼할 예정이냐는 질문도 이 세상에서 사라질지도 모릅니다.

마흔, 결혼을 선택할 수 있는 나이

내 걸음의 보폭은 언제든 스스로 선택할 수 있는 것처럼, 여자 나이 마흔은 언제든 결혼을 선택할 수도, 영원히 혼자임을 고집할 수도 있는 나만의 자유가 펼쳐진 보석 같은 나이입니다. 삶의 한가운데에서, 더 이상 세상의 기대에 휘둘리지 않고 내가 가고자 하는 길을 스스로 찾아 떠날 수 있는 자유가 있다는 뜻이죠. 결혼하든 하지 않든, 그 어떤 선택에도 더는 불안해하지 않아도 되는 성숙한 나이가 되었음에도 우리는 아이러니하게 더 불안해합니다. 우린 언제든 나 자신에게로 돌아가는 길을 선택할 수도, 그 길 위에 남아 누군가와 평생 함께하는 평온함을 선택할 수도 있습니다. 그러니 이젠 그런 불안은 버리셨으면 좋겠습니다.

결혼을 선택하는 이는, 그 안에 담긴 사랑과 동반의 기쁨을 자기 손으로 움켜쥐는 것이고, 결혼하지 않기로 한 이는, 홀로 걸어 가는 길 위에서도 충분히 따뜻한 햇살을 느낄 수 있는 여유를 만 끽하는 것입니다. 혼자의 시간이 곧 온전한 자유로움이 되는 것 도 아니고, 누군가와 함께하는 시간이 곧 온전한 안정이 되는 것 도 아님을 인정하고, 그 모든 선택이 그저 내가 원하는 대로 채워 지는 것만으로도 만족하는 경험, 그것이 여자 나이 마흔의 진짜 가치입니다.

그 어느 쪽도 억지로 선택하기 부담스럽다면, 힘들게 특정 방 향으로 틀지 않아도 자연스럽게 한 방향으로 흘러가는 강물의 유 연함처럼 그냥 시간의 흐름에 나를 맡겨 두어도 됩니다. 결혼하지 않는다는 선택이 용기를 의미하는 것도 아니고, 이상적인 삶의 형 태를 선택했다는 차별화를 의미하는 것도 아니라는 것을 이제 우 린 이해할 수 있으니까요. 누군가의 시선에 갇히지 않고, 나의 삶 이 나의 이야기로 온전히 충만해지는 경험이, 이제는 손 내밀면 바 로 잡을 수 있는 우리 가까운 곳에 있습니다. 저녁노을 아래 천천 히 물드는 하늘처럼, 조금씩 나만의 빛깔을 찾아가는 과정에서 혹 함께하는 사람이 있다면 그 두 빛은 서로 섞여 더 풍요로워질 것 이고, 혼자라면 나만의 색을 더 짙게 발하는 시간이 될 것입니다.

결혼을 선택하지 않는다는 것이 내 삶의 책임으로부터 멀어지 는 것이라는 자책이나, 오히려 내 삶에 가까워지고 충실해지는 것이라는 설득 모두 억지로는 하지 않았으면 좋겠습니다. 지금 해야 할 일은 그저 내 내면의 진짜 '소리'에 집중하는 것이니까요. 혼자 만의 시간이 주는 고요 속에서, 내가 진정 원하는 것이 무엇인지, 나의 내면은 어떤 소리를 내고 있는지를 깊이 듣고 그 소리가 내 게 속삭이는 대로, 나만의 길을 걸어가면 됩니다. 이제부터 여자 나이 마흔은, 선택의 자유를 바탕으로 온전한 나를 만나는 경험 을, 세상이라는 거대한 상대 앞에서도 흔들리지 않는 단단한 마 음을 의미하게 될 것입니다.

다만 결혼을 부정했다고 해서 결혼의 아름다움까지 부정하는 사람이 되지는 않기를 바랍니다. 차茶가 그렇듯이 남편과 아내의 관계도 한 해 한 해 지남에 따라 서로에게 어울리는 맛과 향기로 우러날 수 있으니까요. 내 결혼만큼은 다를 거라는 환상을 버리 고, 나는 적어도 이만한 크기의 사랑은 받아야 한다는 욕심도 버 릴 수 있다면, 내가 선택한 결혼은 생각보다 훨씬 더 아늑하고 행 복할 수 있습니다. 아내 말고 연인을 꿈꾸고, 구속이 아닌 동거를 지향하는 결혼은, 오히려 연애보다 더 자극적일 수도 있고요. 결 혼이라는 형식 말고, 사랑이라는 내용에 집중하면 결혼하고 말고 는 그다지 중요한 이야기 소재가 아닙니다. 소유를 버리고, 상호 성장하며 성숙하게 완성되어 가는 부부의 모습은, 설사 내 것이 아닌 남의 이야기라고 해도 아름다운 건 사실이잖아요?

불륜은 드라마 속
이야기인 줄 알았다

"작년부터 갑자기 너무 외롭고 세상에 내 편은 하나도 없는 거 같습니다. 오래 사귄 남친도 이젠 자기만 아는 이기적인 존재로 보입니다. 사회생활도 열심히 하고 있어서 사람들은 제가 이런 생각하는 걸 모릅니다. 일 때문에 만나는 사람들 역시도 자기들 필요에 의해서 만나는 거지 진짜는 아니라는 생각에 너무 슬픕니다.

그러다가 우연히 매력적인 유부남을 만났는데 이러면 안 된다는 거 잘 알지만, 그리고 벌 받을 일이지만, 사귀어 볼까 하는 생각이 들었습니다. 저돌적인 그의 대시가 오랜만에 너무 설렜거든요. 그러면서도 제가 왜 이러는 건지. 한심하고 화가 납니다. 저 좀 도와주세요."

중독에 이르는 길

종종 여자 나이 마흔의 공허함과 외로움을 '중독'으로 해결하는 분이 있습니다. 가장 쉽게 빠지게 되는 중독 중 하나는 '성형'이 아닐까요. 처음에는 가벼운 필러로 시작했다가, 조금 더 효과가 오래가는 시술을 찾게 되고 영구적으로 내 얼굴을 바꿀 수 있는 수술을 생각해 보기도 하지요. 그렇게 거울 속의 나 자신의 모습은 점점 달라지지만 그런 나를 마주하는 내 마음은 성형할 수가 없습니다. 내 안에 깊숙이 자리한 외로움은 어떤 시술이나 수술로도 바로잡을 수 없으니까요.

공허함이나 외로움을 해결하려다가 빠지는 또 다른 중독은 음주입니다. 상담을 하다 보면 홀로 술잔을 기울이는 여성들이 생각보다 매우 많다는 사실에 놀라게 됩니다. 술은 어찌 보면 적은 돈으로 '지금도 괜찮다'라는 안정감과 느슨한 기분을 느끼게 하는 가장 효과적인 도구인지도 모릅니다. 하지만 음주가 계속될수록 내 몸이 원하는 알코올의 양은 대체로 늘어나기 마련이죠. 그리고 저녁이나 한밤중에 마시기 시작하던 술을 어느새 아침에도 마시고 있는 나를 발견하게 됩니다. 음주 후에 기억을 잃게 되는 블랙아웃을 경험하게 되기도 하죠. 그러다 보면 가까운 사람들에게 실수를 하거나 나 자신을 컨트롤하지 못해서 생기는 다양한 상황에 노출됩니다. 그런 뒤에 후회나 자책을 해도 소용이 없지요. 공허함과 외로움은 마치 그림자와도 같아서 어디로 도망쳐도, 무엇으로 감추려고 해도, 늘 따라오기 마련입니다.

나의 특별한 사랑, 불륜

_____

공허함과 외로움을 해결하려다가 빠지는 중독 중 가장 나쁜 결과를 만드는 건 바로 불륜입니다. 아내가 아닌 여성과의 사랑을 원하는 유부남은 본능적으로 압니다. 비록 거짓말일지라도 최고의 찬사를 바친다면 메마른 그녀의 마음에 한 방울 비가 될 테고, 잔잔하던 그녀의 일상을 일렁이게 할 수 있다는 것을 말입니다. 작정하고 자신이 할 수 있는 최선의 노력으로 다가오는 상대의 본심을 명확하게 구분하는 것은 어려운 일입니다. 그가 유부남이라 할지라도 진정한 사랑이라고 생각하게 되면, 속절없이 빠져들 수밖에 없지요.

불륜은 '평범한 것'을 '특별한 것'으로 보이게 만드는 놀라운 능력을 갖춘 마법입니다. 그런 면에서 저는 종종 불륜을 '전쟁 중 사랑'에 비유합니다. 전쟁이나 재난 같은 위기 속에서 만나 피어난 사랑은 과장될 수밖에 없습니다.

불륜 역시 '상대에게 이미 결혼한 배우자가 있다'라는 한계상황 속에서 만난 인연이기에, 전쟁 상황처럼 상대가 돋보일 수밖에 없습니다. 이미 배우자와 살고 있음에도 나에게 이토록 깊은 사랑을 보이고 정성을 다하는 상대의 모습은 나를 (그녀와 비교하여) 더 특별하게 만들기도 합니다. 또 언제든 상대의 아내에게 들킬 수 있다는 긴장감은 그 관계를 더 팽팽하게 만들어주죠. 평상시 내가 비난해 마지않던 불륜이라는 위기 한가운데 스스로 걸어 들어간 이 어이없는 상황을 인정할 수 없는 나의 무의식적 자기 보호 기제는, 그 상황을 '필연적인 인연'으로 포장하기 시작합니다.

이 정도 되면 이제 상대가 나를 원하는 목적이 오로지 성관계일 수도 있다는 사실은 눈에 보이지도 않습니다. 그가 하는 말, 그가 하는 행동을 무조건 믿어야 내 새로운 운명적인 사랑이 완성되니까요. 이미 내 마음 전부 상대에게 허락했는데, 만약 이 경험이 '진실한 사랑'이 아니라면 내가 너무 초라해지잖아요. 나의 무의식적 자기 보호 기제는 그 사실을 너무도 잘 알고 있습니다.

이런 사랑의 진짜 문제는 상황이 끝난 후에 발생합니다. 전쟁이나 재난 같은 특별한 상황에서 맺은 사랑은 상황이 종료된 이후에도 평범한 인연으로 계속 이어지기 어렵습니다. 합리적으로 판단해서 맺어진 것이 아닌 맹목적인 사랑이었기에, 합리적인 판단을 할 수 있게 된 일상으로 돌아오는 순간, 어느 한편이든 양쪽 모두이든 간에 대체로 그 사랑은 힘을 잃어버리게 됩니다. 이성을 만나는 것이 제한되었던 상황이 해제되었으니 비교 대상도 훨씬 많아지고, 그 사람이 전쟁이나 재난 상황에서 내게 했던 행동도 평범한 일상 속에서는 그다지 특별한 것이 아니었다는 것을 알게 되죠. 그렇기에 전쟁에서 맺어진 인연의 다수는 전쟁이 끝나고 일상으로 돌아오면 흐지부지 관계를 종결하고 맙니다.

불륜이라는 특별한 상황으로 맺어진 사랑도 마찬가지입니다. 모든 사랑의 감정은 반드시 '일상화'의 과정을 겪습니다. 상대와의 관계와 시간을 '당연함'의 범주에 넣는 부부 관계와 달리 불륜 관계의 일상화는 관계를 지켜야 하는 긴장감의 피로와 상대가 더는 특별해 보이지 않는 실망감으로 시작되곤 하죠. 그렇게 사라진 위기의 감정은 자연스럽게 상대의 매력을 현저하게 낮춥니다. 외도나 불륜으로 만난 인연이, 오랜 시간 길게 이어지지 못하거나, 심지어 상대가 이혼한 후 두 사람만의 재결합으로 이어졌다 해도 그 행복이 그다지 오래가지 못하는 이유는 바로 이런 감정의 변화 때문입니다.

일상화뿐만 아니라, '아, 내겐 소중한 배우자가 있었지'라는 깨달음이 상대 남성에게 오거나, 관계가 주는 매력보다 관계를 유지하는 데 필요한 긴장이 주는 스트레스 지수가 훨씬 높아지면 이 관계는 곧 종료됩니다. 그리고 그 종료는 대개 관계에 몰입하는 여성보다, 판단과 해결에 능한 남성에게 먼저 오게 되죠. 그렇게 관계 종료가 임박하면 상대 남성은 주로 이런 대사로 마무리합니다.

"와이프에게 들켰어. 소송당하면 안 되잖아. 당분간 연락하지 말자."

"나 때문에 너의 소중한 인생을 포기하지 마. 이제 나란 놈은 잊고 너만의 인생을 살아."

불륜 관계에 놓인 많은 여성이 그 관계를 '사랑'으로 착각하는 이유는, 불륜남이 주는 혜택들, 예를 들어 성격적으로 너무 잘 맞는다거나 성관계마다 오르가슴을 경험하는 등 이전의 연인에게서는 절대 얻을 수 없었던 '완벽한 보상'을 경험하기 때문입니다. 불륜남의 의도적인 노력을 갈아 넣어 만든 그런 보상은 불륜 남성과의 관계를 특별하게 보이게 해주죠.

만약 마흔이 넘은 싱글 여성인 당신이 지금 유부남과 불륜 관계를 유지하고 있다면, 이 관계가 진정한 사랑인지, 아니면 불륜이라는 인간관계에 중독된 것인지를 판단하는 지표로 테스트해 보길 꼭 권해 드립니다. 아래의 질문에 YES 혹은 NO를 체크하면 됩니다.

1	만남의 횟수나 시간을 줄여보려고 노력했지만 실패한 경험이 있다.	YES	NO
2	상대가 배우자나 가족과 행복하게 보낸 이야기를 들으면 비참해진다.	YES	NO
3	종종 그 사람과의 만남에 죄책감을 경험한다.	YES	NO
4	한동안 연락이 없어도 내가 먼저 연락하지 않으려고 노력한 적이 있다.	YES	NO
5	상대를 잊으려고 더 일에 몰두한 적이 있다.	YES	NO
6	그 사람과의 만남으로, 친구 또는 지인과의 인간관계가 소홀해졌다.	YES	NO
7	항상 끝내야 한다고 다짐하지만, 곧 다시 만나게 된다.	YES	NO
8	상대의 이혼을 떠올린 적은 있으나 강요할 자신은 없다.	YES	NO
9	그 사람과 만날 때는 항상 주위를 살피게 된다.	YES	NO
10	만날 때는 행복하지만, 헤어지면 공허함을 느낀 적이 있다.	YES	NO

두 사람의 관계가 '사랑'이라면, 위 질문의 대답으로 3개 이상의 'YES'가 나오지 않습니다. 하지만, 그저 불륜의 상황에 있는 거라면 최소 3개 이상의 'YES'를 확인할 수 있을 것이며, 만약 5개이상의 'YES'가 나왔다면, 이미 '중독'의 단계로 들어섰다고 봐야합니다. 거기까지 이르렀다면, 관계의 정체를 올바르게 바라볼 수있는 혜안도 이미 사라졌다고 보는 것이 합리적인 판단이고요.

불륜의 극복

사람은, 일단 관계 중독의 단계에 들어서면 자신의 의지만으로는 그 상태를 극복하기 어렵습니다. 내가 그 사람을 잊으려고 하면 할수록 '관계의 부재'가 주는 공허함과 외로움을 더 크게 경험하게 될 테니까요. 그러다 보니 불륜 중인 내담자 중에는, 제가 드린 조언을 가슴에 새기고 헤어져 보려고 굳게 마음먹었다가도, 다음 회기에 마치 본인은 정말 그러고 싶었지만 자기 의지로는 어쩔 수 없었다고 말하며 포기하는 분이 꽤 많습니다.

하지만, 아닙니다. 정말 그만두고 싶었다면 그냥 그만둘 수 있습니다. 그러지 않거나 그러다가도 포기한 것은 오로지 내가 하고 싶지 않아서 하지 않았기 때문입니다. 그 감정이 무의식에 있었기에 내가 눈치채지 못한 것뿐이죠. 내 의지와 다르게 실행이 잘 되지 않았던 이유는, 내 무의식이 실행을 막고 있었기 때문입니다. 즉, 불륜 관계가 해결되지 못하는 원인은 오직 '나'에게 있습니다. 행동할 수 없는 것이 아니라 내가 행동하지 않는 것뿐입니다.

이유는, 불륜이 주는 마약 같은 느낌은 원래 떨쳐내기 쉽지 않기 때문입니다. 평범하지 않은 관계는 '긴장감'을 형성하여 판타지를 만들고, 내 감정을 유혹하며 날아오는 말들은 그것의 목적이 건강하지 않더라도, 내 귀의 캔디처럼 달콤하기만 하며, 그 관계는 분명히 생활 속에서 내가 목말라하는 부분을 정확하게 꿰뚫고 제공하니까요. 그 과정에서 조금씩 썩어가는 나의 영혼과 망가져 가는 육체의 건강함을 우린, 시간이 많이 지난 후에서야 제대로 바라볼 수 있게 됩니다.

마약과 불륜의 공통점은 내 의지만으로는 끊어내기가 힘들다는 점입니다. 마음은 벗어나고 싶은데, 몸과 뇌가 말을 듣지 않죠. 그렇게 자책과 자학을 반복하면서 삶은 더 망가져 갑니다. 여간한 의지력이 아니면 스스로 불륜을 끊어낼 수가 없습니다. 분명 머리로는 잘못된 관계이고 내 인생이 잘못된 방향으로 가고 있다는 걸 인지하면서도 행동으로는 끊어내지 못하는 것입니다.

마약은, 할 때는 끝도 없이 행복하지만, 하지 않을 때는 슬프고 우울하며 괴롭고, 하고 싶은 마음이 나를 미치게 합니다. 그건 내 안의 진솔한 감정이라기보다는 중독이 가져온 '증상'일 뿐입니다. 그 증상이 생긴 건 내가 못나서도 내가 한심해서도 아닙니다. 내게 그것이 필요해서도 아닌, 그저 마약 중독의 증상일 뿐이라는 걸 반드시 깨달아야 합니다.

불륜도 마찬가지입니다. 지금 내가 경험하는 무기력함이나 그리움이, 내가 그 사람을 사랑해서거나 내 의지가 나약해서가 아니라는 것을 반드시 인지해야 합니다. 그건 그저 마약처럼 내 몸에 박힌 불륜 중독의 증상일 뿐입니다. 그 증상이 생기는 건, 내가 그 사람을 사랑해서도, 내가 외로움을 많이 타는 사람이어서도 아니죠. 그저 마약의 중독 기운이 아직 내 몸 안에서 나를 지배하고 있기 때문입니다. 그래서 마약도 불륜도 여간한 의지가 아니면 끊어내기 어렵고, 어쩌다 끊어졌다고 해도 후유증으로 힘이 드는 것입니다.

마약과 나와의 고리를 완전하게 끊어낼 수 있는 유일한 사람은 '나'뿐입니다. 그 누구도 대신해줄 수 없고, 그 누구에게 하소연해도 도움되지 않습니다. 스스로 강한 의지를 가지고 완전하게 끊어내지 못한다면 결국, 마약과 불륜은 내 삶을 망가뜨리고 말 것입니다. 그렇게 내 의지와 무관하게 진행된 '중독의 끝'에 남는 것은 안타깝게도, 더는 정상적으로 기능하지 못하는 내 인생뿐입니다.

다시 처음처럼 당당해지려면 이제부터는 '그 남자'가 아니라 '내 안의 나'를 바라보아야 합니다. 아름답고 행복했던 불륜 이전의 나, 세상 모든 것에 당당했던 나, 그리고 사랑하고 사랑받을 가치로 충만했던 나, 그런 내 안의 내가 지금은 나의 시선과 관심조차 받지 못하고 마음 한구석에 웅크리고 있습니다. 어리고 연약한 나는, 내 안에서 자기도 살고 싶다고 외치며 내 사랑과 관심을 기다리며 흐느낍니다. 내가 그 아이가 아닌 불륜 상대만을 바라보는 매 순간, '내 안의 나'는 조금씩 희미해져 갑니다. 그렇게 점차 사라져가는 것입니다. 건강하게 생활하려면 내 안의 내가 그 유혹과 미련을 거뜬히 이겨낼 수 있도록, 스스로 나를 응원해야 하는 데도 말입니다.

세상의 모든 '중독'을 끊어내는 방법은 유사하며, 불륜에도 적용할 수 있습니다. 중독을 끊어내려면 다음 세 가지 방법을 활용하면 됩니다. 모두 심리학적으로 효과가 검증된 방법입니다.

첫 번째 방법은 중독된 행동이 가능한 상황이나 장소를 피하여, 패턴을 끊어내는 것입니다. 중독은 유발인자의 영향보다, 평소 '습관'에 더 큰 영향을 받습니다. 예를 들어, 담배를 끊기 위해서는 자극적인 음식을 먹지 않고, 금연 화장실만 가며, 스트레스 받는 상황에서 벗어나려 노력하고, 술이나 커피를 마시지 않을 필요가 있습니다. 성매매를 끊기 위해서는 가장 먼저 술 먹는 상황을 피하고 함께 가는 사람들과 어울리는 기회를 줄여야 하는 것처럼 말입니다. 그 상황을 만나도 흔들리지 않고 의연하게 중독에 대처할 수 있는 사람은 없습니다. 도박을 끊으려고 오른 손목을 잘라낸 사람이 며칠이 지나 왼손으로 슬롯머신의 레버를 당기는 것처럼 말입니다. 무조건 그런 '상황'에 나를 두지 마세요. 단순해 보이지만 꽤 효과적인 방법입니다.

다음은, '연상기법'입니다. 관련된 생각이 머릿속에 떠오르는 순간, 자신이 가장 싫어하는 통증이나 냄새를 함께 떠올리며, 심하면 헛구역질이라도 하면서 그것을 온몸으로 경험하는 것입니다. 바늘로 찌르는 것처럼 (비록 상상이지만) 내 몸에 직접적으로 가해지는 고통, 시궁창이나 음식물 쓰레기 냄새처럼 내가 가장 역겨워하고 싫어하는 냄새를 함께 상상함으로써 생각의 의미를 퇴색하는 방법입니다. 생각날 때마다, 하루에도 수십 번, 많이 하면 할수록 좋습니다.

마지막은 중독을 끊기 위한 강력한 필요성을 설정하는 것입니다. 중독을 끊지 못하는 것은 내가 끊는 것에 대한 필요성을 절실하게 느끼지 못하고 있다는 뜻입니다. 매번 금연에 실패하던 사람도 폐암 판정을 받으면 바로 담배를 끊게 됩니다. 한 번의 불륜이 곧 나의 죽음과 이어진다면 아마 그 누구도 불륜을 생각할 수도 없을 것입니다. 그렇게, 다시 하면 내가 잃을 수 있는 엄청난 대가를 설정해야 합니다. '마음속으로'가 아니라 '진짜 물리적으로' 잃을 수 있는 대가 말입니다.

만약 지금 내가 중독을 끊지 못하고 있다면, 그건 나도 모르게 내 의지로 끊지 않고 있는 것입니다. 무언가를 끊지 못하는 것의 원인 절반은 끊고 싶지 않은 나의 의지이니까요. 중독의 원인을 나로부터 분리하여, 그것에 관한 책임까지 외면하면, 영원히 중독에서 벗어나지 못합니다. 난 지금 못 하는 것이 아니라 안 하는 것이며, 그건 결코 사랑이 아니라는 사실을 명심해야 합니다.

여자는 나이를 먹어도
마음은 소녀

"40대 중반을 넘어가는 싱글 여성입니다. TV에 나오는 동년배 여배우를 보니 그 나이에도 여전히 향기가 느껴지더군요. 연예인이니까 나와는 다르겠거니 하고 넘겨도 위로가 되진 않습니다. 나이를 먹으면 비록 결혼하지 않았더라도 당연히 아줌마가 된다고 생각했는데, 요즘의 4050은 아닌가 보네요. 여전히 아름답습니다. 나만 빼고요.

문득 그런 생각을 했습니다. 아줌마와 여자, 그 차이는 어디에서 시작되는 걸까? 타고난 얼굴이 예쁘다거나 옷을 잘 입는다는 식의 문제는 아닌 것 같은데. 혹시 삶의 태도나 자존감, 아니면 사랑 때문일까요? 여전히 사랑받는 여자, 그리고 사랑할 줄 아는 여자의 삶은 다르다고 하잖아요. 나도 누군가를 사랑하면 많이 달라질 수 있을까요? 상담사님의 생각이 궁금합니다."

많은 여성들과 상담해보면, 여성의 마음속에는 아무리 나이가 들어도 소녀가 있다는 걸 알 수 있습니다. 어쩌다 과음을 하게 되면 예전과는 달리 며칠씩 골골거리고, 자꾸만 거칠어지는 피부에 꼭 맞는 에센스를 찾기 위해 여러 브랜드를 떠돌며 유랑 생활을 해야 하지만 마음속에서 우두커니 자리한 그 소녀는 언제나 20대에 멈춰 있는 그대로인 것처럼 보입니다. 그 소녀가 우울하거나 기죽어 있거나 슬프지 않을 수 있도록 배려하는 게 상담사의 역할이겠죠.

자신도 인지하지 못하는 한 소녀를 품은 여성 내담자에게 저는 종종 이야기합니다. 당신이 살아온 시간 속에는 수많은 아름다운 순간들이 있었고, 앞으로도 그러할 거라고요. 또 나이가 더해질수록 깊어진 향기로 무장한 더 강한 내면이 당신을 특별하게 만들어줄 거라는 말도 덧붙입니다. 삶은 결국 새로운 꿈을 발견하고 그 꿈을 향해 나아가는 긴 여정일 테니, 그 시간 동안 지치지 말고 마음속 소녀를 끊임없이 사랑하고 그녀가 용기와 호기심을 잃지 않게 지켜달라고요.

하지만 실제로 생활 속에서 더 당당해지고 행복해지기 위해서는, 이런 '자기 암시'뿐만 아니라 구체적인 '실천'이 필요합니다. 나이가 들었다는 이유 하나만으로, 자신을 아줌마라 칭하고, 해도 되는 것과 하지 말아야 할 것들을 명확하게 구분하는 보수적인 사고로 무장해서는 '마음속 그녀'를 지키기 어렵습니다. 먼저 단단한 자존감을 구축하고, 다음 단계로 주체적으로 사랑하는 구체적인 실천만이 마음속 그녀를 지키고 동시에 나를 아름답게 만들어 줄 수 있습니다.

단단한 자존감

우리는 자존감이라는 단어를 자주 듣는 바람직한 시기를 살고 있습니다. 건강하게 나만의 삶을 꾸려가는 데 가장 중요한 덕목 하나를 꼽으라면 저는 주저 없이 자존감을 선택합니다. 하지만 영상매체나 SNS에서 나와 비교되는 수많은 타인의 이미지를 만날 수밖에 없는 요즘은 아이러니하게도 나만의 자존감을 지켜내기 훨씬 어려워진 암울한 시기입니다. 특히 내 성별이 여자고, 나이가 마흔을 넘었다면 더 위험합니다.

우리는 영상매체나 SNS 속 타인의 이미지를 보면서 "나보다 예뻐 보여", "나보다 행복해 보여"라고 생각하며 우울해합니다. 그 이미지 속 모습은 대개 과장되었거나 진실이더라도 그 뒤편의 불행을 철저하게 감춘 대외적인 것일 텐데 말입니다. 그들이 그렇게 SNS를 통해 과장이나 선택된 진실만을 보여주는 이유는 타인의 '칭찬과 인정'을 갈구하기 때문입니다.

우리는 어려서부터 모두 타인의 칭찬과 인정을 얻기 위해 노력하며 살아갑니다. 학창 시절의 "공부 잘한다"에서부터 성인이 된 후의 "오, 집 좋은데!"까지 말입니다. 여자 나이 마흔이 넘으면, "OOO이 누구누구와 결혼했대"라는 사실 직시 멘트조차 칭찬과 인정의 대상이 되어 버립니다. 그렇게 그들의 거의 모든 SNS는 타인의 인정과 칭찬을 갈구하며 음식, 여행, 경험의 자랑들로 채워집니다.

하지만 이런 방식, 즉 타인에게 얻는 칭찬과 인정으로는 자존감이 높아질 수 없습니다. 타인과 비교하면서, 또는 타인의 칭찬과 인정으로 높아지거나 낮아지는 건 자존감이 아니라 자신감일 뿐입니다. 그렇게 쌓인 자신감은 언제든 추락할 수 있습니다. 나보다 더 나은 것이 등장하거나, 타인의 칭찬과 인정이 사라지는 바로 그 순간 말입니다.

하지만 자존감은 세상에서 오직 나에 의해서만 높아지거나 낮아질 수 있으니, 마음만 먹으면 항상 단단하게 지켜낼 수 있습니다. 자존감은, 스스로 나를 높게 평가하는 마음입니다. 올라가건 내려가건 '나'에 의해서만 변동될 수 있죠. 스스로 내 모습에 당당하고 내 삶을 진심으로 사랑하며, 자신의 결정에 믿음을 갖고 나를 사랑하는 분들은, 타인의 인정이라는 에너지가 필요 없습니다. 나에겐 그저 나를 인정하고 믿어주는 '나'라는 에너지만 있으면 되니까요. 그 단단한 신념은, 때로 감당하기 어려운 고통이나 사건을 만나도 나를 감싸서 지켜주는 보호막이 되어주고, 타인의 도움을 요청하는 것에도 떳떳할 수 있습니다.

내가 나를 인정하고 높이 평가하는 데는 이유도 없습니다. 그냥 내 마음입니다. 내 몸이고 내 성격이고 내 인생이니까요. 누가 뭐라고 할 자격도 없고 난 그런 평가에 신경도 쓰지 않습니다. 그건 자존감이 아니라 그냥 나르시시스트 아니냐고 반론할 수도 있습니다. 맞습니다. 전 지금 지독한 나르시시스트가 되라고 부탁드리는 중입니다. 그 감정이 누군가를 향한 멸시와 하대 등으로 변질하지만 않는다면 무슨 상관이겠습니까. 무조건 나르시시스트가 되시기 바랍니다.

자존감 높이기

━━━━━━━

그럼 도대체 그 좋다는 자존감은 어떻게 높일 수 있는 걸까요? 쉽습니다. 딱 세 가지만 잘하면 됩니다. 하나, 높이기 위해 조건을 달지 말고, 둘, 스스로 낮추지 않으며, 셋, 건강한 나르시시스트가 되는 것입니다.

1) 조건 달지 않기

우리는 종종 자신의 '가치'를 무언가로 대신 보여주려 합니다. 학력이나 직업, 자동차, 몸에 착용하는 명품에서 성형수술까지. 주로 타인에게 보이는 외적인 요소가 자신의 가치를 대변한다고 생각합니다. 맞습니다. 어느 정도는 사실입니다.

다만, 함정은, 그것이 사라지고 난 후, 그것을 잃고 난 후의 나는, 가치 없는 사람이 되고 만다는 것입니다. 물론 그렇다고 일부러 그런 것들을 외면하고 멀리할 필요는 없지만, 그것들에 큰 의미를 두지 않으며, 억지로 그것들을 소유하려 하지 말고, 있는 그대로의 나의 모습을 보여주는 연습을 하는 것이 필요합니다. 특히 여자 나이 마흔에 자존감을 유지하기 위해서는 이 유혹을 가장 조심해야 합니다. 내가 가진 것, 내가 누리는 삶, 내 곁의 사람들은 결코 내 자존감의 조건이 될 수 없다는 것을 잊지 않았으면 좋겠습니다.

2) 낮추지 않기

살면서 우리가 아무리 노력해도 잘 되지 않는 것이 하나 있습니다. 바로 '남과 비교하지 않는 것'입니다. 인간은 근본적으로 사회적 동물이기에 함께 어우러져 살아가다 보면 보기 싫어도 타인의 우월함을 볼 수밖에 없습니다. 그렇게 마주친 타인의 우월함은 그 즉시 나의 열등감으로 되돌아옵니다. 부러워하지 않으려고 애써 그 사람의 우월함을 무시하거나 평가절하하다 보면, 어이없게도 문득 자신이 무척 속 좁은 인간은 아닐까 하는 물음으로 이어지기도 합니다.

그런 일로 우리가 느끼는 열등감은, 이 세계가 단 하나라는 가정에서 출발합니다. 세계도 하나이고, 이야기도 하나일 뿐이니, 별로 나은 것도 없는 내가 그 세계의 주인공일 리 없다는 생각 말입니다. 하지만, 사실 세상은 지구에서 살아가는 모든 사람의 수만큼 존재합니다. 70억 인구 하나하나 모두 자신만의 세계와 이야기를 구축하고 그 이야기 속에서 주인공으로 살아가고 있습니다. 그리고 그중 하나인, 내 이야기의 주인공은 바로 '나'입니다.

그러니 내 이야기 속에 아무리 잘난 다른 캐릭터가 등장해도 걱정할 필요가 없습니다. 이건 엄연히 내 인생이니, 그 녀석에게 대사 한 줄 주는 것도 내 마음일 뿐입니다. 있는 그대로의 나를 보여주는 연습을 하고, 주인공답게 생각하고 행동했으면 좋겠습니다. 그렇게 일부러 높이려고 치장하거나 스스로 낮추지만 않으면 자존감은 저절로 유지될 수 있습니다. 마흔이 넘어도 단단하기만 한 자존감은 그렇게 유지되는 것입니다.

3) 건강한 나르시시스트 되기

마지막으로 자존감 굳히기에 쐐기를 박는 작업이 바로 건강한 나르시시스트가 되는 것입니다. 나르시시스트와 비슷한 단어인 '공주병'을 네이버에서 검색하면 이런 답이 나옵니다. '젊은 여성이 마치 자기 자신이 공주인 것처럼 예쁘고 고귀하다고 착각하는 일을 속되게 이르는 말.' 이 정의에서 '마치'와 '착각'을 빼고 실천하면 됩니다. 즉, 나 자신이 공주처럼 예쁘고 고귀하다 생각하고 그대로 행동하면 된다는 뜻입니다.

실천의 예를 들어보겠습니다. 아침마다 일어나 거울을 보고 거울 속 나의 미모에 감탄하는 것입니다. 내가 하나라도 잘하는 일이 있으면 '나니까 이렇게 할 수 있는 거지'라고 생각하고, 설사 못 하는 일이 있어도 '나니까 이 정도라도 할 수 있는 거야'라고 생각하면 됩니다. 거리를 걸으면서 눈이 마주치는 남자가 있다면 '내가 그렇게 예뻐? 참나, 보는 눈은 있어서'라고 생각하면 되고,

사람들은 모두 나를 좋아하고 내가 속한 공동체는 내가 있어야 비로소 유지된다고 생각하면 됩니다. 혹시 내가 잘못한 일이 있어서 누군가에게 질타받게 되면 '정말 일 못 하는 사람을 만나본 적이 없나 보군. 사회생활 좀 넓게 하지. 쯧쯧. 그냥 마음 넓은 내가 이해해준다' 정도로 생각하고, 나는 세상 사람 모두가 사랑하고 싶은 오만가지 장점을 모두 가진 존재라고 생각하면 됩니다.

혹시 거북한가요? 그러다 왕따 될까 봐 걱정되나요? 괜찮습니다. 모두 생각뿐인걸요, 뭐. 생각뿐이니 타인에게 공주병 환자라고 욕먹을 일도 없습니다. 아, 물론, 정말 고수는 진심으로 그렇게 생각하기에 타인에게도 그렇게 말합니다. 재수 없게 말고 마치 농담처럼요. 그러면 그 말을 들은 타인은 그냥 웃습니다. 이 사람이 농담을 참 잘하는 재미있는 사람이라고 생각합니다. 그때 "농담 아닌데" 하며 진지한 표정으로 부정하는 대신 그냥 씩 웃어주면 그만입니다. 믿건 말건 그건 그들 자유이니까요. 그렇게 한 6개월 정도 생활한 후 거울을 보면 비로소 '나를 사랑할 줄 아는' 바람직한 사람이 내 눈앞에 서 있는 경험을 하게 될 겁니다. 이제야 비로소 내 안에 단단한 자존감이 장착된 것입니다.

몸 자존감

_____

자존감은 생각이나 성격뿐만 아니라 몸에 관해서도 있어야 합니다. 인간이라면 누구에게나 있는 체모가 보이는 걸 부끄럽거나 민망하게 생각하지 않고, 내 가슴이 작건 크건 그 자체를 사랑하는 사람을 만나면 그만이라는 생각에 성형 따위는 안중에도 없으며, 뚱뚱하건 말랐건 내 체형에 무조건 만족해야 합니다. 내가 내 몸을 부끄럽다고 생각하면, 남들도 내 몸을 부끄러워하니까요. 내가 내 몸의 자존감을 찾아주지 않으면, 그 누구도 우리 대신 애써 그걸 찾아주지 않습니다. 이젠 내 몸에 관해서도 무조건 당당해지기 바랍니다. 나이가 마흔이 넘었다면 더욱이요.

주체적인 사랑 표현

_____

여자 나이 마흔을 당당하게 만들어줄 마지막 구체적인 실천은, 주체적으로 사랑을 표현하는 것입니다. 예를 들어볼까요?

아직도 우리 사회의 많은 여성은, 프러포즈는 남성이 해야 한다고 생각합니다. "나도 다른 여자처럼 멋진 프러포즈를 받고 싶다"라고 생각하는 분도 많고요. 그런 분에게 제가, 주체적으로 먼저 프러포즈하면 어떨지 권하면 대개는 "어떻게 여자가 그런 걸 먼저 해요?"라고 하거나 "에이, 프러포즈를 받는 그런 낭만 정도는 있어야 사랑이죠"라고 말합니다. 물론 아직도 드라마나 영화에서는 남자 주인공이 먼저 여친의 손을 잡거나 키스하려고 다가서는 모습이 대세이긴 합니다. 그 반대는 거의 찾기 어렵죠. 그래서 꼭 묻고 싶습니다. 남자 주인공이 먼저 프러포즈하는 장면에 가슴이 설레는 게 과연 여성의 본능이 맞나요?

저는 아직 드라마나 영화에서 프러포즈 반지를 여자가 사서 멋진 이벤트와 함께 남자에게 선물하는 멋진 장면을 본 적이 없는 것 같습니다. 100일이나 결혼 같은 기념일 이벤트를 풍성하게 준비해서 남자를 눈물짓게 하는 여자도 본 기억이 없고요. 여친이 장소부터 일정까지 모든 걸 계획한 후, 남친에게 깜짝 여행을 선물하는 장면도 본 기억이 없으며, 비싼 스포츠카를 운전하고 와서 남친 앞에 멋지게 세운 다음, 내려서 조수석 문을 열고 남친이 탈 수 있게 배려해주는 모습도 본 적이 없습니다. 이런 장면들, 그렇게 이상한가요?

왜일까요? 정말 이런 건 남자가 준비하는 게 로맨틱하고 당연한 건가요? 다들 남자가 준비하는데 나는 그런 대접을 받지 못하면, 왠지 다른 커플에 비해 나만 사랑받지 못하는 것 같다는 생각이 드나요? 도대체 왜 언제부터 여자는 그렇게 수동적인 존재였던 거죠? 먼저 준비하고 들이밀면 정말 쪽팔린 일일까요?

해주길 기다리지 말고 내가 먼저 데이트 신청하고, 다가오길 기다리기보다는 내가 먼저 스킨십을 시도하며, 받기 원한다면 내가 먼저 선물도 해보고, 내가 여행 계획을 짜서 남친을 놀라게도 해줍시다. 성관계하고 싶으면 하고 싶다 당당하게 요구하고, 호텔 체크인도 내가 하며 콘돔도 내가 준비하는 적극적인 모습을 보인다면, 남자도 여친을 집에 초대하여 요리하고 설거지할 뿐만 아니라, 갑자기 터진 여친의 생리를 걱정하며 올리브영으로 달려가 생리대를 사 오고, 여친의 시시콜콜한 이야기를 공감하면서 차분히 들어 줄 줄 아는 습관이 생길지도 모릅니다. 여친이 원하는 걸 미리 파악하고 알아서 쇼핑몰에 주문을 넣게 될지도 모르고요. 자주 알려주고 보여주면, 그걸 따라 하면서 주체적으로 표현할 줄 아는 사람이 되거든요.

저는 부부나 연인을 대상으로 상담하고 있습니다. 당연히 '성'은 자주 등장하는 주제죠. 그런데 나이 마흔이 넘은 여성 내담자들과 이야기하다 보면 '밝은 곳에서는 성관계를 피하는' 분이 꽤 많습니다. 나이의 흔적이 깃든 몸을 선명하게 보여주고 싶지 않은 거죠. 물론, 여성은 자신도 모르게, 함부로 성적인 이야기를 하지 않는 것이 '올바르고 건강한 것'이며, 비록 연인이라고 해도 내 신체를 함부로 보여주지 않는 것을 '순수한 것'으로 생각하게 하는 교육을 받아 왔기 때문일 수도 있습니다. 어느 편이든 주체적이지 않죠.

또한 여성 내담자 중에는 아직도 자기 외음부를 제대로 본 적 없는 분이 많습니다. 물론 남자와 달리, 고개를 숙이면 바로 보이는 구조가 아니라 손거울이 필요해서 그렇기도 하지만 대개는 '굳이 뭐 하러' '창피해서' 등이 이유입니다. 하지만 나도 보지 못한 곳을, 나도 사랑해 주지 않는 곳을, 타인에게 사랑해달라고 하는 게 과연 맞는 걸까요? 나도 정확하게 어디를 어떻게 만져주면 내가 행복한지 모르면서 배우자가 그걸 알아서 해주길 바라는 건 '로또 당첨'과 다름없는 과도한 욕심입니다.

앞으로는 우리, 남자나 여자 말고, 내키는 사람이, 하고 싶은 사람이, 목마른 사람이 우물 파는 건 어떨까요? 누군가 "마흔 넘더니 변했어. 너무 여자다운 걸 다 포기한 거 아니야?"라고 하면 "여자다운 게 뭔데? 난 남은 시간 더 사랑하고 사랑받으면서 살고 싶은데"라고 당당하게 말해주세요. 이게 바로 '주체적인 사랑 표현'입니다.

2부

아내이기 전에,
엄마이기 전에 여자

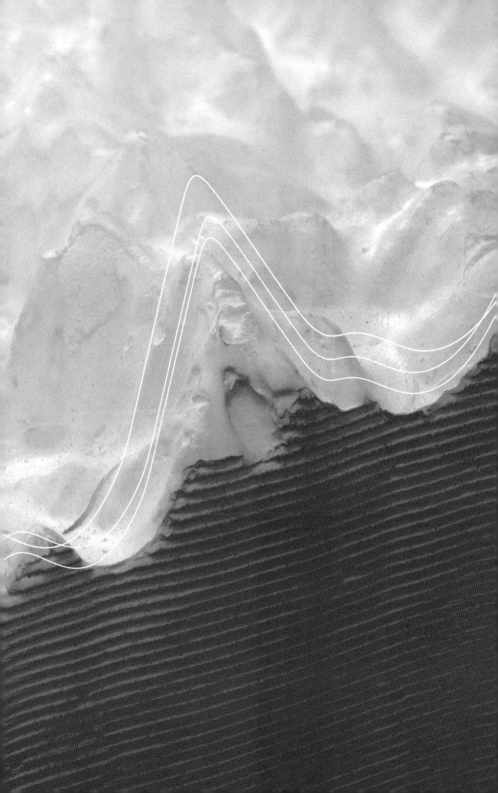

부부라는
인간관계

"40대 후반 여성입니다. 결혼 초기에는 제가 먼저 남편을 찾을 때도 있었고, 아니더라도 남편이 원할 때마다 관계를 잘 받아주었는데, 언제부터인가는 남편과의 성관계가 다 싫습니다. 억지로 참아보지만, 이제는 한계가 온 것 같습니다. 남편은 나름 제 눈치를 보며 조심스럽게 가벼운 스킨십부터 시작하는데도, 저는 짜증을 내거나 심지어 화를 내기도 하죠. 이유를 물어도 그냥 싫다고만 답합니다. 어차피 길게 말해도 이해하지 못할 테니까요. 이젠 자존심이 상했는지 더는 다가오지도 않는 남편과의 이 갈등을 도대체 어떻게 해야 할까요?"

갈등의 원인

마흔이 훌쩍 넘어버린 여성이 처음처럼 다시 사랑할 수 있을까요? 거울 앞에 서면 가혹한 세월의 흐름 속에서 어느새 초라해진 나를 발견합니다. 남편과 아이들은 평온한 일상에 없어서는 안 되는 존재가 되었지만 귀찮을 때도 많습니다. 나의 젊음과 전성기를 온통 그들과 함께 보냈으니 한 번쯤은 내 이름 석 자로 기억되던 순간으로 돌아가고 싶기도 합니다.

상담 현장에서 자주 만나는, 안타깝지만 일반적인 부부의 모습이 있습니다. 오해와 갈등 속에서 첨예하게 대립하는 모습이죠. 대개의 부부는 다툴 때 일방적으로 상대의 잘못이나 실수를 비난하고 둘 다 상대를 '이기적'이라고 표현하며 서운해합니다. 그런데 대국 중인 선수들의 눈에는 보이지 않는 현명한 수가 곁에서 훈수를 두는 제삼자의 눈에는 보이는 것처럼, 상담사로서 한 발 떨어져 바라보게 되면 잘못은 어느 한편에 있지 않을 때가 많죠. 내가 서운한 감정은 너무도 명확하게 느낄 수 있지만, 상대에게 서운하게 한 건 보이지 않는 법입니다.

사실 세상 모든 일에 일방적인 건 없습니다. 아내가 성관계를 거부하는 배경에는, 자기를 함부로 대했던 남편을 향한 분노가 있을 수 있고, 남편이 그토록 아내의 감정에 무심했던 배경에는, 평소 아내에게 무시당했던 경험에 관한 서운함이 있을 수 있죠. 그러니 이해관계에서 멀리 떨어진 상담사에게는 둘 모두의 잘못과 서운함이 보이지만, 당사자에겐 자기 관점으로만 상대가 보이는 것입니다. 남편과 아내 모두 상대를 이기적이라고 비난하지만, 깊이 들어가 보면 결국 둘 모두에게 책임이 있는 경우가 대부분이죠.

이 이야기가 중요한 이유는, 부부가 처음처럼 다시 사랑하려면, 지금까지 변함없이 사랑하지 못한 책임이 어느 한편이 아니라 둘 모두에게 있다는 것을 인정해야 하기 때문입니다. 이 사실을 인정하고 닫힌 마음을 열어야 서먹해진 부부가 비로소 처음처럼 다시 사랑할 가능성이 조금이라도 열립니다. 물론 내담자의 기분이 잠시라도 나아질 수 있도록 "대개의 잘못은 남편에게 있으니 무조건 남편이 먼저 잘못을 깨닫고 반성해야 합니다"라고 말할 수도 있습니다. 하지만 그래 봐야 당장 속이 조금 시원해지는 기분을 제외하면 아무것도 달라지는 건 없습니다. 내가 그렇게 생각해 버린다고 해서 남편이 저절로 바뀌지는 않으니까요.

대한민국 부부의 현실

2020년 통계청에서 실시한 조사에서 "결혼은 꼭 해야 한다"

라고 답한 사람의 비율은 51%입니다. 매년 줄고 있으니 2025년 의 조사에서는 50%를 훨씬 밑도는 수치가 나올 거라 예상합니 다. 결혼이라는 제도는 이제 사랑의 유지에 꼭 필요하지 않거나, 심지어 행복하게 사랑하는 데 방해만 될 뿐이라고 생각하는 사람 의 비율이 점차 높아지고 있으니까요.

이미 결혼한 분들의 만족도는 어떨까요? 2022년 한국리서치 정기조사에 따르면, 결혼생활 만족도는 10점 만점에 6.7점입니 다. 시험 점수로 환산하면 낙제점인 셈이죠. 그나마 절반은 넘긴 수치이니 개인적으로는 다행이라고 생각합니다.

2016년 라이프·헬스 매거진 〈헤이데이〉와 강동우 성의학연 구소가 대한민국 성인 남녀 1,090명을 대상으로 한 공동 조사에 서, "성생활이 내 삶에 중요한가요?"라는 질문에 "중요하다"라고 답한 남녀는 무려 94%입니다. 놀라운 수치입니다. 대한민국 국민 이 이토록 부부간 성관계를 중요하게 생각했는지 성 상담사인 저 도 몰랐습니다. 하지만 같은 조사의 '결혼한 부부의 평균 성관계 리스 비율'이 36.1%에 달한다는 결과는 그 놀라움을 일순간에 씁쓸함으로 바꿔버립니다. 성관계는 중요하다고 생각하지만, 배 우자와는 하기 싫다는 뜻이니까요.

2020년 통계청 조사에 의하면 전체 이혼 가운데 40%는 황혼 이혼입니다. 황혼 이혼이란, 혼인 관계를 20년 이상 유지한 부부의 이혼을 말합니다. 이제껏 아이들 때문에 꾹 참고 살았지만, 아이들이 성인이 된 이상 '더는 이렇게 참으며 살 수 없다'라는 주체적인 의지가 반영된 결과겠죠. 언급해드린 통계에서 보신 것처럼, 대한민국의 부부는 행복하지 않습니다. 하지만 부부라는 인간관계는 내 삶의 근본입니다. 만약 이 통계가 나의 현재 혹은 미래라고 생각되신다면, 이 관계를 다시 건강하게 만들어 보려는 저의 노력에 지금부터 동행해보시는 건 어떨까요?

사랑은
사치가 아니다

"결혼한 지 20년이 되어가는 부부입니다. 남편은 신혼 초기에만 저에게 관심이 있었고 그 후로는 관심이 없습니다. 제가 남편에게 요구하고 자극해야만 겨우 와줄 뿐입니다. 굳이 성관계가 아니더라도 사소한 애정 표현만 받을 수 있었다면 제가 이렇게까지 절망하는 일은 없었을 것 같습니다. 남편이 제 곁을 스스로 찾아주길 무척 바랐고, 그럴 수 있도록 눈물 나는 노력과 준비도 많이 했습니다. 그렇지만 한 이불을 덮고 살면서도 전 모든 밤을 남편의 등만 바라보며 숨죽여 울면서 잠들 뿐이었습니다. 다른 사람들이 보기엔 남부러울 것 없는 화목한 가정이지만 저는 지난 세월이 너무 외롭고 두렵고 서럽기만 했습니다. 이제는 모든 게 싫어졌습니다. 그 사람을 보는 것도,

같이 한집에서 지내는 것도. 긴장하며 밤을 지새우는 것도, 전부 다 싫어졌습니다. 더 늙고 변하기 전에 정말 사랑받는 여자로 한번 살아보고 싶습니다."

사랑 없이 살아도 괜찮을까?

———————————————

많은 아내가 남편과 살아오면서 받아온 수많은 마음의 상처 때문에 이제는 기대조차 하지 않는다고 말합니다. '나에게 이제 사랑 같은 건 사치일 뿐이다. 기대도 하지 말자. 혼자 기대하고 상처받는 것도 이젠 지겹다'라고요.

하지만 정말 남은 인생 통틀어 누군가를 다시 사랑하거나 사랑받고 싶은 마음이 생기지 않을 수 있을까요? 혼자 있을 때 문득 미칠 만큼 외로우면 어떡하죠? 타인과의 갈등에서 항상 무조건 내 편이 되어주는 사람이 있었으면 좋겠다고 생각할 일이 앞으로 없을까요? 외출할 때마다 내 손을 잡아주고, 수시로 사랑을 표현하면서 가벼운 스킨십을 건네며, 문득 성욕이 솟구칠 때마다, 내 온몸을 뜨겁게 달구는 애무와 열정으로 나를 카타르시스의 구름 위로 올려놓아 주는 이상적인 배우자를 향한 기대를 정말 이대로 포기해도 되는 걸까요?

사랑이 언제부터 사치가 되어버렸을까요? 마흔을 넘긴 여성분들에게 다시 불같이 누군가를 사랑하는 일은 젊음을 되돌리는 일만큼 힘들어 보입니다. 미칠 듯 외로운 밤을 달래줄 누군가, 타인과의 갈등 상황에서 온전히 내 편이 되어줄 누군가가 필요한데, 남편은 도무지 그 옛날의 열정을 불러일으킬 마음이 없어 보입니다. 하지만 이대로 정말 내 인생에서 사랑의 가능성을 배제해도 되는 걸까요? 사실 해결책은 간단합니다. 남편과 다시 처음처럼 사랑하면 되니까요.

"에이, 굳이 그래야 한다면 그냥 이대로 살래요. 어차피 이번 생은 망했다고 생각하고 살면 그만이죠, 뭐. 그리고 사실 지금 이대로 살아도 크게 불편하진 않아요. 사는 데 큰 지장도 없는데, 그럼 안 되나요? 뭐가 문제죠? 우리 부부는 성관계는 안 하지만, 그래도 아무 문제없어요. 그냥 이렇게 정으로 살아가는 게 부부죠, 뭐."

그렇긴 합니다. 지금처럼 '정情'으로 살아가도 아무 문제는 없습니다. 특히, 남편과 아내 두 분 모두 그렇게 살아가는 데 동의했다면 말입니다. 하지만 현실에 안주하려는 이 생각을 극복하고 남편과 다시 뜨겁게 사랑을 시작하면 '다시 사랑하는 사람을 얻게 되는 행복' 외에도 많은 것을 얻을 수 있습니다.

평생의 동반자가 생긴다는 것

부부가 다시 사랑을 시작하여 생의 마지막까지 뜨겁게 이어가면 생기는 좋은 점 첫 번째는 평생의 동반자를 곁에 둘 수 있다는 것입니다. 이 책을 보는 분의 기대 수명은 아마 현재의 노년층보다는 높을 것입니다. 넉넉히 100살이라고 가정해보죠. 여러분은 태어나서 성인이 되기까지 20년을 이미 사용했고, 현재 나를 위해, 그리고 가족을 위해 열심히 살아가는 40년을 사용하고 있을 것입니다. 그러다 어느덧 60살이 되면, 아이들 모두 성인이 되어버린 은퇴의 삶으로 들어서게 됩니다.

100살까지 산다고 가정했으니 은퇴 후 여러분에게는 무려 40년의 긴 세월이 남았습니다. 지난 40년간 가족을 위하고 나를 지탱하는 고단하고 힘든 삶을 살았으니 이제부터는 은퇴와 함께 자유롭고 행복한 시간을 누릴 자격이 있습니다. 자유롭고 행복한 시간을 앞으로 40년이나 누릴 수 있다니 생각만 해도 행복할지도 모르죠. 하지만 안타깝게도 우리를 기다리는 현실의 40년은 꼭 그렇게 자유롭고 행복하지만은 않습니다.

우선 '몸'이 말을 듣지 않을 겁니다. 신기하게도 은퇴 시점부터 우리 몸은 급격하게 노화하기 시작합니다. 조금만 무리해도 급격하게 피로가 몰려오고, 저녁 식사하고 나면 잠이 그야말로 쏟아집니다. 계단을 내려올 때는 무릎이 편치 않고, 장시간 비행기를 탄 후 좌석에서 일어나려면 꽤 신경을 써야 하죠. 오십견이 올 수도 있고, 백내장 수술을 받아야 할 수도 있으며, 혈압약을 매일 달고 살아야 할지도 모릅니다. 이게 은퇴 시점의 우리가 처음 직면하게 되는 현실입니다.

다음은 '돈'입니다. 대한민국은 2020년 기준 66세 이상 노인 10명 중 4명이 빈곤 상태로, OECD 37개 회원국 중 노인 빈곤율 1위 국가입니다(출처: OECD '한눈에 보는 연금 2023). 이 말은 곧, 은퇴 후에도 변함없이 돈을 벌지 않으면 생계를 유지할 수 없다는 뜻입니다.

물론 어떤 분에게는, 모은 돈이 통장에 현금으로 좀 있고, 심지어 집까지 있을 수도 있습니다. 하지만 조금만 깊이 생각해보면, 내가 언제 죽을지 알 수 없으니 그것만으로 충분한지에 관한 자신이 우리에게 없다는 걸 알 수 있습니다. 앞으로 10년만 남았다면 여유 부리며 펑펑 쓸 수 있는 양의 돈도, 앞으로 40년이 남았다면 아껴 쓰고 또 아껴 써도 턱없이 부족한 금액일 테니까요. 돈에 관한 그런 불안은 어떤 형태로든 다시 일을 하게 만들 것입니다. 통장에 1,000만 원이 있는 사람도, 3억이 있는 사람도, 다시 일을 하게 되긴 마찬가지라는 뜻입니다.

정말 혼자 노는 데 달인인 사람이 아니라면, 돈이 있더라도 은퇴 후 노는 데는 하다못해 친구라도 필요합니다. 하지만 지난 40년간 여러분이 열심히 살았다면, 열심히 산 딱 그만큼 친구가 없을 겁니다. 갑자기 정신이 들어, 부리나케 동창회도 나가 보고, 산악 동호회에서 새롭게 친구도 만들어보지만, 그렇게 만든 인연마저도 마치 공포 영화의 한 장면처럼, 시간이 지날수록 내 곁에서 하나둘씩 사라지기 시작하죠. 누군가는 사고로, 누군가는 질병으로, 누군가는 이민으로, 누군가는 낙향으로, 그렇게 사라집니다. 운이 좋아 나는 100살까지 살더라도, 그때까지 나랑 같이 놀아줄 친구가 있을 가능성은 무척이나 적습니다.

마지막으로, 은퇴한 우리를 기다리는 가장 암울한 현실은 '질병'입니다. 젊을 때부터 준비해야 한다고, 조기에 발견하면 생존할 가능성이 크다고 해서 젊을 때부터 매년 건강검진을 받아 가며 그렇게 예방했지만, 실제로 암은 대부분 70세 이후에 발병합니다. 내가 시간이 많아도, 돈이 많아도, 심지어 함께 놀 친구까지 많은 운 좋은 사람이라고 해도, 이런 병에 걸리면 모두 아무 소용이 없습니다. 그러니 더 열심히 건강검진하고, 더 열심히 운동해야 한다고 말하는 게 아닙니다. 그런다고 암에 걸리지 않는다는 보장이 생기는 것도 아니니까요. 병에 걸린다는 사실은 그저 '상수'로 두는 것이 낫다는 뜻입니다.

60세 이후의 삶은 대개 이런 암울한 현실이기에 '사랑하는 배우자'라는 평생의 동반자는 그 무엇보다 소중합니다. 도저히 행복하게 살 수 없을 것만 같은 이런 상황이 '동반자' 하나만으로도 그나마 살 만한 세상이 되니까요.

배우자라는 평생의 동반자가 있으면, 우선 피로하고 불편한 몸을 부축해줄 사람이 생깁니다. 걷지 못할 때, 항상 내 곁에서 휠체어를 밀어주는 사람이 있다는 게 얼마나 큰 축복인지 경험해본 사람은 잘 압니다. 배우자라는 평생의 동반자가 있으면 돈이 부족해도 함께 노력할 수 있습니다. 버는 데 도움을 주지 못하는 상황이라 해도, 금전적인 걱정이나 고민을 배우자와 함께 나눌 수 있는 것만으로도 큰 위로가 됩니다. 무엇보다 배우자라는 평생의 동반자가 있으면 죽는 그날까지 내 곁을 떠나지 않는 평생 친구가 생깁니다. 만나자고 애절하게 연락하거나, 퇴짜 맞으면서 자존심 상할 필요 없이, 24시간 내 곁에 있어 주는 소중한 친구 말입니다.

인간의 시작과 끝은 닮았습니다. 어린 시절, 우리가 한발 한발 걸음마를 뗄 때, 곁에는 넘어질지도 모르는 우리를 안전하게 잡아주던 부모가 있었습니다. 신체 거동이 불편한 노인이 되었을 때에도 넘어질지도 모르는 우리를 잡아줄 누군가가 필요합니다. 청소년 시기, 다양한 세상의 공격으로 상처를 입은 우리에겐, 우리의 이야기를 들어 주고, 마음을 위로해줄 가족이 필요했습니다.

주변 사람들이 하나둘씩 사라져가는 노년의 우리에게도, 말벗이 되어주고 곁에서 체온을 나눠줄 누군가가 필요합니다. 몸이 아파 열이 펄펄 끓을 때 이마에 젖은 수건을 올려주던 어머니가 소중했던 것처럼, 노년의 우리에게도 아픈 내 몸을 어루만지고 보살펴줄 누군가가 간절하게 필요한 것입니다. 배우자와 진심으로 사랑하는 사이가 되면, 그 소중하고 고마운 일을 나의 배우자가 기꺼이 해줄 수 있습니다. 억지로가 아닌 진솔한 사랑하는 마음으로 말입니다.

외로움의 가장 좋은 대안

부부가 다시 사랑을 시작하여 생의 마지막까지 뜨겁게 이어가면 생기는 좋은 점의 두 번째는 더는 외롭지 않다는 것입니다. '연결사회'라는 이름으로, 지구촌 곳곳이 실시간으로 소통하는 시대가 왔음에도, 현대 사회에서의 외로움은 더욱 일상이 된 느낌입니다. 2019년 트렌드모니터의 '외로움 관련 인식조사'에서 10명 중 6명은 "일상적으로 외로움을 느끼는 편"이라고 답했습니다. 2024년 보건복지부가 실시한 '고독사 사망자 실태 조사'에 따르면, 매년 고독사로 인한 사망자는 증가 추세이며, 연령대별로는

60대가 가장 많고, 다음이 50대, 다음이 40대, 다음이 70대입니다. 마흔이 넘은 지금부터 매년 나의 고독사 가능성은 높아질 거란 뜻입니다.

외로움은 단순히 혼자 있어서 경험하는 감정이 아닙니다. 배우자가 있는 사람도 평소에 종종 외로움을 경험합니다. 성격이 활달하다고 하여 외로움을 덜 느끼는 것도 아니고, 돈이 많거나 명예가 있다고 해서 외로움이 감소하는 것도 아닙니다. 외로움은, 특별한 사람, 특별한 상황에서 경험되는 것이 아니라 식욕이나 성욕처럼 우리 몸의 본능입니다. 몸이 사용할 수 있는 에너지의 절대량이 부족하면, 우리 몸은 허기지게 하여 무언가를 먹게 만듭니다. 몸의 수분함량이 낮아지면, 우리 몸은 갈증나게 하여 물을 마시게 하죠. 마찬가지로 연결에 관한 몸과 마음의 결핍이 발생하면, 우리 몸은 자동으로 '외롭다'라는 신호를 뇌로 보내, 누군가를 만나거나 대화함으로써 그 결핍이 우리 삶을 망가뜨리지 않도록 조치합니다. 그것이 바로 우리가 외로움을 느끼는 이유입니다.

외로움이 무서운 건, 나도 모르게 삶을 파괴할 수 있기 때문입니다. 몸과 마음의 결핍이 생겼음에도 적절하게 대처하지 못하면 우린, 삶을 마감하는 방식으로라도 그 결핍의 고통에서 벗어나려고 하거든요. 고독사에 자살의 비율이 높은 것도 그런 이유 때문입니다. 굳이 이런 극단적인 방식이 아니더라도, 외로움은 조기

사망 가능성을 26% 높이고, 심장병 위험을 29%, 뇌졸중 위험은 32%나 키우며, 불안감이나 우울증, 치매 등과 연관되어 있고, 바이러스 감염이나 호흡기 질환에 더 취약한 몸을 만듭니다. (출처: 미국 공중보건서비스단, '외로움과 고립감이라는 유행병' 보고서)

이렇게 위험한 감정인 외로움의 대안으로 많은 분이 가장 먼저 떠올리는 것은 아마 '친구'일 것입니다. 많은 책과 언론에서도, 노후 외로움의 대안으로 친구를 이야기하죠. 하지만 조선시대 최고의 실학자였던 다산 정약용 선생은, "나이가 들수록 친구는 필요 없다. 친구를 만나는 것보다 가족이나 자신과의 시간을 더 소중히 여겨라. 어릴 때는 친구가 보물이었지만, 나이가 들면 가족이 보물이 된다"라고 했습니다. (출처: 유튜브 '명언의 지혜')

실제로도 마흔이 넘은 여성 중 친구 문제로 상담을 요청하는 분은 생각보다 꽤 많습니다. 돈 거래 문제, 가치관 차이, 말실수, 감정이나 몸싸움 등 그 원인도 다양하죠. 사실 친구라는 관계는, 혈연이나 결혼처럼 강제된 인연이 아니기에, 작은 오해 하나만으로도 쉽게 끊어질 수 있습니다.

그렇다 보니 요즘엔 많은 분이 '인간'이 아닌 '반려동물'에게 마음을 주기도 합니다. 2021년 트렌드모니터에서 실시한 '반려동물 및 프리미엄 펫 시장 관련 인식조사'를 보면, 반려동물 양육 경험자의 30.5%가 "또 하나의 친구나 가족을 갖고 싶어서" 반려동물을 기르고, 20.5%는 "외로움을 달래기 위해서" 반려동물을 기른다고 답했습니다. 반려동물을 외로움의 대안으로 선택하는 새로운 흐름이 시작된 것입니다.

하지만 반려동물 역시 외로움의 바람직한 대안이 되기엔 여러 가지 감당해야 하는 숙제가 많습니다. 가장 큰 건 '펫로스 증후군 Pet Loss Syndrome'이죠. 펫로스 증후군은, 개나 고양이 같은 반려동물이 죽은 후 생긴 상실감으로 발생하는 각종 심신 질환 및 증세를 말합니다. 실제 가족을 잃은 슬픔과 다르지 않은 심각성을 가진 펫로스 증후군은, 20년 전후라는 짧은 수명을 가진 반려동물에 의해, 너무 자주 경험하게 됩니다. 내 아이가 성인이 되기 전에 사망하는 것을 지켜본 부모가 경험하는 트라우마를 생각해보면 펫로스 증후군은 절대 쉽게 치부해 버릴 증상이 아닙니다.

반려동물이 대안이 되기 어려운 또 하나의 문제는, 양육하는 과정에서 다양한 문제에 직면한다는 것입니다. 짖음 등의 행동 문제, 예상보다 큰 의료비 지출, 이사나 취업 등 여건 변화에 따른 양육 불가능, 성장 후 달라진 외모 등에 의해 많은 분이 양육 포기나 파양을 고려하게 되거든요. (출처: 〈서울신문〉 2022 유기동물 리포트-내 이름을 불러주세요)

저는 지금 외로움의 가장 좋은 대안은 결국 '배우자'라는 이야기를 드리고 있는 것입니다. 하지만 문제는 정말 많은 분이, 배우자가 있어도 외로움을 느낀다는 거겠죠. 배우자가 곁에 있어도 우리가 외로움을 경험하는 이유는, 이제껏 배우자와 함께한 절대 시간이 적어, 배우자와의 감정 공유가 부족했기 때문입니다. 가족의 생계와 유지를 위해 각자의 위치에서 맡은 바 임무를 다하는 동안, 가족의 유대는 점차 약해져 가고 있었던 거죠. 육아를 공유하고, 가족과 함께하는 여행의 추억을 공유하며, 원가족과의 관계에서 발생하는 고민이나 금전적인 문제, 미래에 관한 걱정 등을 함께 나누고 고민하며 풀어나간 시간이 많을수록, 상대와의 관계에서 벽을 느낄 가능성은 적어집니다.

특히 배우자의 마음이 괴로울 때, 또 배우자에게 누군가의 도움이 절실하게 필요할 때, 배우자가 지친 몸과 마음을 누군가에게 기대어 쉬고 싶었을 때, 무엇보다 배우자가 너무도 사랑하고 사랑받고 싶을 때, 과연 나는 배우자의 곁에 있었는가, 그런 상황에 있던 나의 곁에 배우자가 있었는가를 생각해보면, 나의 외로움도 배우자의 외로움도 쉽게 납득이 갈 것입니다.

하지만 절대 늦지 않았습니다. 지금부터라도 생활과 감정을 공유하며, 서로에게 사랑하고 사랑받는 배우자가 되어준다면, 두 분 모두 이제 더는 외롭지 않을 수 있습니다. 늦었다고 생각한 때가 가장 이른 때라는 말도 있듯이, 소원하게 살아온 세월이 20년이더라도 친밀하게 살아갈 향후 2년의 힘은 절대 이기지 못합니다.

외도 예방

부부가 다시 사랑을 시작하여 생의 마지막까지 뜨겁게 이어가면 생기는 좋은 점의 세 번째는 외도를 예방할 수 있다는 것입니다. 사실 다시 사랑하면 좋아지는 장점으로 '외도 예방'을 이야기하는 건, 다소 위험한 발상일 수 있습니다. 자칫 잘못하면, 배우자가 외도하는 것이 내 탓이라는 뜻이 될 수 있기 때문입니다. 배우자 외도의 일차적인 책임은, 외도한 배우자의 도덕성 결여입니다. 그 어떤 이유가 추가로 언급된다고 해도 이 원칙은 바뀌지 않죠.

다만, 결혼 후 지금까지 변함없이 사랑하는 것으로 보이는, 주변의 몇 안 되는 잉꼬부부에게 외도는 낯선 단어인 걸 보면, 처음처럼 다시 사랑하게 되면 외도할 가능성을 현저하게 줄일 수 있는 건 사실입니다.

노화 예방

부부가 다시 사랑을 시작하여 생의 마지막까지 뜨겁게 이어가면 생기는 좋은 점의 네 번째는 노화를 늦출 수 있다는 것입니다. 하다 하다 이젠 노화 예방까지 이야기하냐고 생각할지 모르지만,

엄연한 사실이니 저도 알려드리지 않을 수가 없네요. 부부간 사랑이 어떻게 노화를 예방하는지 확인하려면, 우선 노화를 예방하는 데 도움이 되는 항목부터 알아보고 그것과 사랑과의 연관성을 확인해보면 됩니다.

노화를 예방하는 방법 첫 번째는, 직업을 유지하는 것입니다. 직업의 일차적인 목표는 돈을 벌기 위함이니 그렇게 번 돈으로 생계뿐만 아니라 의학적인 시술이나 치료도 한다면, 돈을 번다는 건 그야말로 노화를 늦추는 훌륭한 방법의 하나가 될 수 있습니다. 예를 들어, 쓸모가 다해 빠져 버린 이는, 구강구조의 변화와 함께 입 주변과 안면 근육의 변화까지 초래합니다. 흔히 동화에서 '마녀 노파'로 사용되는 이미지를 상상해보면 이해가 쉽습니다. 이가 없으면 얼굴 형태가 나이 들어 보일 수밖에 없죠. 따라서 이를 보완하기 위한 임플란트 시술은 치아 건강뿐만 아니라 나이 들어 보이지 않게 하는 좋은 방법입니다. 그 임플란트 시술을 위해서는 반드시 돈이 필요하고, 그 돈은 직업을 통해 얻게 되니, 결국 직업은 노화를 늦추는 데 도움이 되는 것입니다.

직업의 또 다른 효용은 자기 정체성을 유지하여 자존감을 보존한다는 것입니다. 나만의 전문적인 능력을 발휘하는 프리랜서이거나, 사회적 지위에 걸맞은 연봉을 받는 워킹맘은 가정과 직장 모두에서 확고한 자기 정체성이 있습니다. 아르바이트 정도의 노동이라고 하더라도 '직업'을 지닌 분은, '노동자'라는 정체성과 '아내'라는 정체성을 둘 다 지닌 셈이죠.

하지만 '엄마'라는 정체성만 지닌 분은 자녀가 성인으로 성장하고 나면 가정으로부터 은퇴하게 되고, 이후 생활에서 정체성의 혼란과 자존감의 결핍을 경험할 가능성이 큽니다. 이처럼 직업은 한 사람의 정체성과 자존감에 크게 영향을 주는 요소이기에, 이제껏 직업 없이 전업주부로만 생활하던 분도 자녀가 다 큰 후에는 직업을 갖는 것이 좋습니다. 활발하게 직업 활동을 하면 표정에서부터 자신감이 배어나올 수 있습니다.

노화를 예방하는 방법 두 번째는, 타인과의 관계를 지속적으로 이어 나가는 것입니다. 긍정적인 인간관계는 스트레스를 줄이고 우울증 같은 정신적 건강 문제를 예방하는 데 도움이 됩니다. 또, 사람들과 운동이나 여가를 즐기는 건 신체적인 건강을 유지하는 데 도움을 주고 뇌의 인지 기능을 유지하는 데에도 도움이 됩니다.

노화를 예방하는 방법 세 번째는, 운동입니다. 규칙적인 운동은 심장과 혈관을 건강하게 유지하며, 몸을 지탱하는 데 가장 중요한 근육의 생성과 보존에 효과적입니다. 신진대사를 촉진하므로 체중 관리에도 도움이 되고, 면역 체계를 강화하여 감염과 질병에 대한 저항력도 높여주죠. 사실 운동이 노화 예방에 좋다는 건 굳이 언급할 필요도 없는 상식입니다.

노화를 예방하는 마지막 방법은, 늦은 완경입니다. 완경은 여성의 생리 주기가 영구적으로 중단되는 것을 의미하는데, 생리가 멈추면 여성호르몬인 에스트로겐 분비도 함께 멈추게 됩니다. 에스트로겐은 뇌 기능을 보호하여 인지 기능을 유지하며, 뼈의 밀도를 유지하여 튼튼하게 하고, 혈관을 보호하는 역할을 합니다. 즉, 완경이 된다는 것은 여성의 신체에 부정적인 변화가 시작된다는 것을 의미하는데, 이 부정적인 변화는 부득이하게 노화를 촉진합니다. 따라서 남보다 완경이 늦으면, 그만큼 덜 늙어 보일 수 있습니다.

"잘 알겠는데, 노화를 예방하는 직업, 인간관계, 운동, 완경이 배우자와 다시 사랑하는 것과 무슨 상관이죠?"

배우자와 다시 사랑하게 되면, 노화를 늦추는 이 네 가지 조건 중 직업을 제외한 나머지 세 가지 조건을 충족하게 됩니다. 배우자와 다시 사랑하게 된다는 것은, 앞으로 평생 나와 긍정적인 인간관계를 이어갈 수 있는 소중한 존재를 갖게 된다는 것을 의미합니다. 언제든 나와 함께할 수 있는 배우자의 존재는 그 자체로 영원한 '관계'의 힘을 갖는 것과 같죠.

나이 들어서도 배우자와 지속적으로 성관계를 갖는 것은 활발하게 운동을 지속하는 것과 같은 효과가 있습니다. 캐나다 퀘

백대의 연구에 따르면, 성관계의 운동 효과는, 달리는 속도인 시속 8km보다는 적지만, 걷는 속도인 시속 4.8km보다는 크다고 합니다. 캐나다 몬트리올대 앤서니 카렐리스 교수팀의 연구에 의하면, 30분간 성관계하면 여성은 69kcal를 소모할 수 있습니다. (출처: 헬스조선 2024. 04. 08 '성생활, 칼로리 소모 많다는데… 실제 연구 결과 보니?)

마지막으로 지속적인 성관계는 완경을 늦추는 효과가 있습니다. 우리 몸의 기관에는 언제나 용불용설用不用設의 원칙이 적용됩니다. 사용하는 기관은 계속 발달하거나 적어도 유지되며, 사용하지 않는 기관은 서둘러 기능이 중지되거나 퇴화하죠. 성호르몬인 에스트로겐도 마찬가지입니다. 우리 몸이 오랜 기간 에스트로겐 분비의 필요성을 느끼지 못하게 되면, 이제 내 몸에 에스트로겐이 더는 필요 없다고 판단하여 생산을 중지하게 되죠.

하지만 엄연히 에스트로겐의 분비가 중지되어야 하는 나이가 됐음에도 배우자와 활발하게 성관계를 유지하면, 우리 몸은 필요성을 느껴 에스트로겐 분비를 중지하지 않습니다. 그렇게 계속 분비되는 에스트로겐은 성욕을 촉진하고, 외음부에 애액이 마르지 않게 하여 반대로 성관계를 촉진하기도 하죠. 성관계 빈도가 높은 여성이 낮은 여성에 비해 완경이 늦게 찾아온다는 사실은 연구 논문에서도 확인할 수 있습니다. (출처: 2020년 영국 런던칼리지

메간 아노트 박사가 성관계리스와 완경 시기의 관련성을 분석해 〈영국왕립

오픈사이언스 저널〉에 발표)

부부가 다시 사랑을 시작하여 생의 마지막까지 뜨겁게 이어가

면, 처음처럼 사랑을 경험하는 행복 말고도 추가로 이렇게 많은

장점이 있는데, 굳이 마다하며 노력하지 않을 이유가 있을까요?

테스트로 알아보는
부부 관계 성적표

"40대 중반 가정주부입니다. 어제 갑자기 남편이 이야기 좀 하자고 하더니 이혼을 말하더군요. 여자 생겼냐고 물었더니 아니라고 합니다. 자기는 저한테 너무 사랑받고 싶었는데, 살면서 사랑받는다는 느낌을 전혀 못 받았다고 하네요. 많이 놀랐습니다. 남편은 그야말로 상남자거든요. 성격도 다혈질이고 화도 많은데 사랑 타령이라니요. 왠지 제가 알던 남편의 몸에 다른 사람이 들어간 느낌이었습니다. 제가 어떻게 해야 할까요? 도와주세요."

상담 현장에서 부부를 상담하다 보면, '그토록 사랑해서 결혼했어도 상대에 관하여 정말 잘 모르는 게 부부구나'라는 생각을 자주 합니다. 물론 본인이 속 깊은 내면의 이야기를 잘 하지 않아서인 경우도 있지만, 서로에 대해 궁금해하거나 알려고 노력하지 않아서인 경우가 더 많습니다. 그냥 상식적으로라도 알고 있을 법한 남자와 여자의 본질, 본능, 특성에 관한 내용조차 모르는 분도 많죠. 오랜 시간 함께 살아왔고, 앞으로도 긴 시간을 함께 살 사람들인데 말입니다. 죽을 만큼 사랑해서 결혼한 부부임에도, 몰라도 너무 모르는 사이라는 건 참 아이러니한 일이 아닐 수 없습니다.

부부 관계와 결혼 상담 분야에서 세계적으로 유명한 심리학자 부부인, 존과 줄리 가트맨John & Julie Gottman 박사 부부가 쓴 책 《The LOVE Prescription》에는, 부부가 서로에 관하여 얼마나 잘 알고 있는지를 테스트하는 질문이 있습니다. 다음의 22개 질문은 그중 일부를 한국인의 정서에 맞게 각색하고 결혼생활 만족에 관한 질문을 추가하여 만든 '부부 관계 점검 테스트'입니다. 지금부터, 나는 내 남편에 관하여 얼마나 잘 알고 있고, 결혼생활에 만족하는지를 확인하는 테스트를 시작하겠습니다.

22개 질문 중 "네"라고 대답한 질문의 개수를 손가락으로 꼽아주면 됩니다. 깊이 오랫동안 고민해서 답을 하는 것이 아닙니다. 질문을 보고 바로 '네' 또는 '아니오'를 고르면 그만입니다. 시험을 보는 것도 아니고, 이 결과로 제가 여러분을 평가할 방법도 없으니, 각 질문의 내용이 정확하게 무슨 뜻이냐를 분석하지 말고, 그냥 본능적으로 '네', '아니오' 중 하나를 고르면 됩니다. 자, 시작해보겠습니다.

부부 관계 점검 테스트

1. 배우자의 가장 친한 친구가 누군지 안다.	네	아니오
정확한 이름을 기억하지 못해도 괜찮습니다. 그냥 누구라는 것 정도만 떠올릴 수 있으면 됩니다. '뭐 누군지는 모르겠지만 한 명 정도는 있지 않을까요?' 하고 생각이 든다면 '아니오'로 체크하시면 됩니다.		
2. 배우자가 최근 어떤 일로 스트레스를 받는지 알고 있다.	네	아니오
회사에서든 가정에서든 상관없습니다. 직접 말해서 알고 있는 게 아니라, 그냥 내가 미루어 짐작하는 것도 괜찮고요. 다만 누구와 무슨 일로 스트레스를 받는지 대상이나 내용을 명확하게 특정할 수 있어야 합니다.		
3. 배우자가 싫어하거나 좋아하는 사람의 이름이나 유형을 말할 수 있다.	네	아니오
이 역시 정확하게 이름을 기억하지 못해도 괜찮습니다. 그냥 누구라는 것 정도만 떠올릴 수 있으면 됩니다. 특정인이 아니라 이러저러한 사람을 좋아하거나 싫어한다는 대략적인 유형을 말할 수 있어도 '네'입니다.		

4. 배우자가 추구하는 삶의 목표나 인생철학에 관하여 알고 있다.	네	아니오

직업적인 목표든, 가족 공동의 목표든 상관없습니다. '친구가 최고다'라든가, '가족이 가장 중요하다', 하다못해 '돈만이 내 삶을 지켜준다'라는 다소 속물적인 철학이라도 무관합니다. 다만 긴 인생의 흐름 속에서 궁극적으로 추구하는 목표여야 하며, 이와 관련해 부부가 한 번이라도 이야기를 나누어본 주제여야 합니다.

5. 우리 부부는 거의 싸우지 않는다.	네	아니오

'거의'의 기준은 사람마다 다르지만, 고성이 오가는 격한 대화만이 싸움은 아닙니다. 서로 토라진 채로 소통을 포기하는 것도 일종의 싸움이니까요. 이런 일들이 좀처럼 없었다면 '네'로 체크하시면 됩니다.

6. 다시 태어나도 배우자와 결혼할 것이다.	네	아니오

다시 태어나서 반드시 결혼을 해야 하는 상황을 전제로 하는 질문입니다. 다음 생엔 결혼은 안 하고 싶다고 생각하시는 분들도, 만약 꼭 해야만 한다면 지금의 배우자와 결혼을 다시 택할 수 있을지를 생각하고 체크하시면 됩니다.

7. 배우자의 경제적 상황을 잘 알고 있고 신뢰한다.	네	아니오

배우자가 한 달에 얼마만큼의 돈을 쓰는지, 얼마를 버는지를 잘 알고 있고 이에 대해서 혹시라도 다른 수입원이나 지출처가 있을지를 걱정하거나 의심하지 않는다면 '네'로 체크하시면 됩니다.

8. 맛있는 것을 먹거나 좋은 곳에 가면 배우자가 생각날 때가 있다.	네	아니오

한 번이라도 맛있는 식당, 좋은 풍경이 있는 공간에 갔을 때 '배우자도 함께 왔다면 좋았을 텐데'라고 생각하신 적이 있다면 '네'로 체크하시면 됩니다.

9. 종종 배우자와 입맞춤이나 손을 잡는 등, 가벼운 스킨십을 한다.	네	아니오

포옹이나 팔짱, 어깨 걸기, 머리 쓰다듬기, 어깨 주물러주기도 모두 가벼운 스킨십의 범주에 해당합니다. 의무감이 아니라 자연스럽게 스킨십을 하곤 한다면 '네'라고 체크하시면 됩니다.

10. 종종 부부 동반 모임에 참석한다.	네	아니오

부부로서 함께 사회적 관계를 맺고 친분을 나누며 지속적으로 교류하는 관계가 있으신가요? 친인척 모임이든, 취미 모임이든 상관없습니다. 부부가 사회적 관계를 공유한다는 사실이 중요합니다.

11. 배우자와의 성관계에 만족한다.	네	아니오

이 질문을 접했을 때 내 머리에 순간적으로 떠오르는 느낌대로 선택해주시면 됩니다. 만족 또는 불만족이란 아주 즉각적이고 직관적인 판단을 내릴 수 있는 키워드이니까요.

12. 배우자의 성적 만족을 위해 노력한다.	네	아니오

성관계에서 배우자가 더 큰 기쁨을 느낄 수 있도록 하는 정서적, 육체적 모든 노력을 의미합니다.

13. 가끔 배우자에게 감사하다.	네	아니오

이 질문에서 '감사'의 범위는 무척이나 넓습니다. 내가 집안일 중 무언가를 해달라고 했을 때 기꺼이 해주는 모습을 보며 '참 고맙다'라는 생각이 들었다면 '네'입니다. 또 이 사람과 결혼하지 않았다면 내 인생은 정말 우울했을 텐데, 이 사람을 만나게 해준 인연에 너무 감사하다는 생각이 들었어도 당연히 '네'입니다. 다만, '가끔'이라는 단서가 붙었으니, 아무리 생각해봐도 딱 한 번 있었던 것 같다면 안타깝게도 '아니오'입니다.

14. 서로의 성격 차이를 존중한다.	네	아니오

이혼 사유 중 가장 대표적인 항목이 '성격 차이'인 것을 생각해보면, 이 질문에 '네'라고 대답한 분들은 생각보다 무척이나 행복한 결혼생활을 경험하는 중이라고 봐야 합니다. 사실 서로의 성격 차이만 존중할 수 있어도 부부간 갈등의 절반은 해결될 수 있습니다.

15. 레저나 취미생활을 함께한다.	네	아니오

함께 등산하거나, 악기를 배우거나, 공연장을 가거나, 운동을 하거나. 부부가 함께하는 활동이 있다면 그 대상이 무엇이어도 좋습니다.

16. 곁에 없을 때, 가끔 배우자가 보고 싶다.	네	아니오

많은 분이 이 질문에 당황할 것 같습니다. '아니, 보고 싶다니. 막 결혼한 신혼부부도 아니고, 그게 정말 가능해?' 하지만 그렇게 생각하는 부부도 분명 존재합니다.

17. 우리는 서로를 존중하고 있다고 생각한다.	네	아니오

'존중'이라는 단어에 집중하는 질문입니다. 나는 배우자를 존중하는지, 또 배우자에게 존중받는지 생각하면 됩니다. 어느 한편만이 아닌 둘 다일 때만 '네'입니다. 배우자의 정확한 생각을 알 수 없을 때는 '그럴 거로 생각한다' 정도여도 충분합니다. 내가 상대로부터 존중받는지는, 굳이 상대의 입을 통해서가 아니라도 느낄 수 있으니까요.

18. 배우자의 외도를 의심하지 않고, 나도 외도를 꿈꾸지 않는다.	네	아니오

외도는 배우자와의 신뢰와 애정의 척도가 됩니다. "상상한 적이 있다" 정도는 꿈꾸는 것에 해당하지 않습니다.

19. 시댁이나 처가와의 관계가 원만하다.	네	아니오

아무런 갈등 없이 만족하는 것이 아니라, 갈등이 있더라도 결국 원만하게 해결하는 것을 말합니다.

20. 자주 대화하며, 서로의 이야기를 귀담아듣는다.	네	아니오

상대의 이야기를 경청하는 건 생각보다 쉽지 않습니다. 내 이야기를 경청하지 않는 사람과 대화하는 것 역시도 절대 쉬운 경험이 아니죠. 만약 부부가 저녁 식사 후 마주 앉아 그날의 일과에 관한 대화를 나눈다면, 또 요즘 내가 어떤 고민이 있는지 미주알 고주알 늘어놓고 있고 상대는 그것을 기꺼이 들어 주고 있다면 당연히 '네'라고 하면 됩니다.

21. 문제의 해결에 때때로 배우자가 도움이 된다.	네	아니오

여기서도 중요한 건 '항상'이 아니라 '때때로'라는 것입니다. 인생의 갈림길에서 고민하는 엄청난 결정 사항뿐만 아니라 가끔 출몰하는 벌레를 대신 잡아주는 역할을 해주는 것까지도 모두 '때때로'에 해당합니다.

22. 가끔 미래 혹은 노년의 삶에 관한 의견을 나눈다.	네	아니오

미래나 노년에 관한 대화를 나누는 부부는 뜻밖에 많지 않습니다. 심지어 사는 곳을 옮기는 문제인 이사나 주택 매매 같은 대형 이벤트를 혼자 결정하는 커플도 있죠. 만약 우리 부부가 종종 미래에 관하여 서로 대화하며 의견을 나누고 있다면, 여러분은 꽤 행복한 부부에 속합니다.

결과를 확인해볼까요? "네"라고 대답한 항목이 15개 이상이라면, 여러분은 서로를 잘 알고 건강한 부부 관계를 유지하고 있는 것입니다. 두 분의 관계에 자부심을 가져도 좋을 것 같습니다. "네"라고 대답한 횟수가 8개 이상, 14개 이하라면, 조금 아쉽지만 노력하면 금방 부부 관계가 다시 좋아지는 부부입니다. 노력이 꼭 필요하다는 뜻입니다. 마지막으로 "네"라고 대답한 횟수가 7개 이하라면 안타깝게도 이 부부에겐 긴 시간의 노력이 필요해 보입니다. 하지만 절대 포기하지 마세요. 앞으로 나올 내용이 "네"라고 대답하는 횟수를 15개 이상으로 높여드릴 것입니다.

달라도 너무 다른
두 사람

"서로 많이 사랑해서 결혼한 커플입니다. 사랑할 땐 몰랐는데, 정신 차려보니 너무나 이상한 사람이 제 남편이더군요. 종교도 정치적 성향도 다 다른 걸 왜 이제야 알았을까요? 심지어 남편은 툭하면 페미니스트 관련 언론 기사를 보면서 'OO년'이라고 서슴없이 욕까지 하는 그야말로 '대표 한남'입니다. 친구들 앞에서는 웃으면서 '이번 생은 망했다'고 말하지만, 혼자 있을 때는 심각하네요. 주위를 보면 종교, 정치색만 달라도 갈라서는 분들이 있어서요. 평생 함께 살아야 할 텐데, 어떻게 하면 좋을까요?"

누군가와 연애를 한다는 것과 한집에 살면서 결혼생활을 한다는 것은 참 다른 일이죠. 기억나시나요? 이제 막 결혼해서 배우자와 한 공간에서 함께 살기 시작한 순간 말입니다. 이전까지는 한 번도 접해보지 못한, 그래서 상상조차 해본 적이 없는 상대의 말이나 행동, 습관 등을 접하면서, '아, 나 정말 결혼했구나' 하고 실감하게 되죠.

저의 내담자 중에는 무심코 좌변기에 앉다가 소스라치게 놀랐다는 분도 있습니다. 좌변기 위에 살포시 놓인 남편의 잔뇨가 엉덩이나 허벅지에 묻으면서 전해지는 그 당혹감을 처음 경험한 거죠. 부부 동반 모임에 나가려고 열심히 준비하는 아내에게 다가와 "대충 챙겨 입어. 뭐가 그렇게 오래 걸려"라고 말하는 남편 때문에 기분이 상하기도 하고요.

이뿐일까요? 다음 날 회사에서 꾸벅꾸벅 졸거나, 피곤하다고 연신 하품을 해댈 거면서 새벽 두세 시까지 게임에 몰두하는 남편, 세면대나 화장대 위에 놓인 제품들을 보면서 "이거 다 쓰긴 쓰는 물건이야?"라며 마치 아내가 사치라도 하는 것처럼 말하는 남편은 생각보다 많습니다. 정작 그러면서 아무짝에 필요 없어 보이는 피규어를 책장에 잔뜩 진열해두는 건 양반이죠. 도대체 얼마나 귀하게 자랐기에 밥 먹고 설거지 한번 하지 않는 건지, 아내는 남편의 결혼 이전의 생활이 궁금할 수밖에 없고, 친구를 만나고 돌아와 이것저것 이야기를 늘어놓아도 한 귀로 흘리는 듯한 남편이 서운합니다. 아무 이유 없이 그냥 이야기를 하자는 의도였는데 말입니다.

대개의 부부가 상대를 이해하지 못하고 갈등하는 것은, 부부가 성격 차이가 나는 배우자를 잘못 만나서만은 아닙니다. 생각해보면 애초에 수십 년 넘게 각자 살아온 남녀를 한 공간에 모아둔 것부터가 전쟁의 서막입니다. 화성에서만 평생 살아온 종족과 금성에서만 평생 살아온 종족이 단번에 상대 행성의 언어와 문화, 풍습을 이해하는 건 불가능에 가까운 일이죠. 대부분의 부부는 이렇게 서로를 이해하기 어려운 '남자와 여자'가 결혼해서 이루어진 관계입니다. 그러니 이 '남녀의 차이'만이라도 인정할 수 있다면 뜻밖에 부부의 갈등은 현저하게 줄일 수 있습니다.

동굴을 허락하는 지혜

문제해결 방식에 있어서 남성은 투쟁 또는 회피fight or flight의 성향을 보이는 분이 많습니다. 반면에 여성은 대화로 해결하려 노력하는 분이 많습니다. 남자는 문제해결 과정에서 종종 소리를 지른다거나, 갑자기 화를 낸다거나, 공격적인 자세를 취하는 등의 적극적인 투쟁의 반응을 보입니다. 또 일부 남성은 그 자리를 벗어나 혼자만의 공간으로 가서 게임을 한다거나, '혼자 있고 싶다'라고 말한 후, 입을 닫고 자기 방으로 들어가 버리는 등의 회피 반응을 보이죠. 특히 결혼한 남자 중에는 투쟁보다는 이런 회피의 반응을 보이는 분이 더 많습니다.

대화로 풀어야 문제가 해결될 수 있다고 느끼는 여자의 성향상 아내가 가장 이해되지 않는 회피 반응은 아마 '게임하는 것'일 겁니다. 둘 사이에 갈등이 발생하여 격하게 다투다가 남편이 어느 순간 아내를 혼자 두고 화를 내며 그 자리를 피해 버리면, 그 순간은 어이없이 그렇게 사라지는 남편을 보낼 수밖에 없었던 아내는, 혼자 끙끙거리다가 먼저 손이라도 내밀어볼 요량으로, 남편의 방으로 갑니다. 이때 만약 아내가, 미친 듯이 게임에 몰두하고 있는 남편을 발견하게 되면, 돌이킬 수 없는 비극이 시작되죠.

"미친 거 아냐? 이 상황에서 게임을 한다고? 내가 그렇게 우스워?"

당연한 반응입니다. 하지만 놀랍게도 남편은 지금 게임을 하고 있는 것이 아니라 문제해결 과정에서 받은 스트레스를 회피하는 중입니다. 아내는 절대 이해할 수 없는 남자의 성향 중 하나죠. 아니, 사실 이해를 바라는 것 자체가 무리입니다. 겉으로 보기엔 그렇게 오해할 수밖에 없는 게 사실이니까요.

어이없긴 하지만 서로 얼굴을 마주할 수 있는 이 상황은 차라리 나은 것일지도 모릅니다. 어떤 남편은, 부부싸움을 하게 되면 순간 입을 닫고 방으로 들어가거나 밖으로 나가 버리기도 합니다. 상대와의 대화에서 더는 자신의 논리가 먹히지 않는다고 느껴지거나, '생산적이지 않은 이런 말싸움을 도대체 내가 왜 하고 있는가?'라는 회의가 들거나, 심지어 너무 화가 나서 감정이 폭발하기 일보 직전이 되면 아예 입을 닫아 버리는 남자가 수두룩하거든요. 부부싸움 그 자체도 '관계'의 일부인 여자와는 달라도 한참 다른 반응이죠. 그렇게 입을 닫고, 방으로 들어가 버리거나 집 밖으로 나가 버리는 남편을 아내는 이해할 수 없습니다. 아내는 아직 아무것도 해결하지 못했고, 그 해결의 실마리는 오직 대화나 관계를 통해서만 찾을 수 있으니까요.

하지만 사실 이럴 때 남자는 그냥 혼자 두는 것이 가장 좋습니다. 이런 상황을 심리학에서는 흔히 '동굴로 들어가기'라고 표현합니다. 사실 이 남자는 지금 동굴로 들어가 혼자 생각하고 혼자 정리하고 혼자 감정까지 다스리는 중입니다. 이후 혼자만의 시간을 마무리하고 동굴에서 나온 남자는 아마 사건 이전의 내 남자가 되어 있을 가능성이 큽니다. 그러니 동굴로 당장 쫓아 들어가 동굴 속 남자를 계속 윽박지르거나, 동굴에서 당장 나오라고 격하게 협박하거나, 동굴에서 막 나온 남자에게 들어가기 전 모습

그대로 대화하자고 집착하는 것보다는, 그대로 두는 것이 더 현명한 대응입니다. 그렇게 시간이 지난 후 일단 동굴에서 나온 남자를 아무 일도 없었다는 듯이 전처럼 대해줄 수 있다면 더 좋고요.

아내가 이렇게 한발 다가오는 노력을 보일 때, 남편도 당연히 한발 다가갈 수 있도록 노력하면 좋을 텐데 대개의 남자는 그걸 잘 모릅니다. 남성에게는 단지 '회피'일 뿐인 행동이, 아내에게는 '자기를 무시하는 태도'이기도 하고, '자존심에 상처를 주는 태도'이기도 하다는 사실을요. 조금이라도 아내의 감정과 마음의 상처를 생각한다면, 너무 오랫동안 동굴에 있지 않아야 합니다.

스트레스를 체화한 후 대응하는 방식에서도 남녀는 차이를 보입니다. 남편은 남성 호르몬인 테스토스테론의 영향으로 즉각적인 공격성을 보이는 경우가 많습니다.

반면 여성은 스트레스 반응을 내면화, 개인화하는 경향이 강해, 그 과정에서 불안에 떨거나 우울에 잠기는 분이 많습니다. 무작정 감정을 드러내거나 상대에게 피해를 주지는 않는다는 점에서 남자보다 나아 보일지 모르지만, 적어도 스트레스를 받는 본인에게는 자기를 파괴하는 가장 나쁜 형태의 반응입니다. 내 안의 불만이나 화를 마음 안에 가둬두지 않고, 있는 그대로 표출하는 것은 적어도 내 정신건강에는 큰 도움이 되니까요.

성적인 것을 꿈꾸는 남자, 성스러운 것을 꿈꾸는 여자

성性을 대하는 태도에서도 남녀는 큰 차이를 보입니다. 우선 남편은 남성 호르몬의 영향으로 시도 때도 없이 성욕이 충만합니다. 젊은 남성일수록 더 주체할 수 없지만, 나이가 있다고 해도 크게 다르지 않습니다. 그런 남편의 성욕은 때로 상대를 가리지 않고 나타나기도 합니다. 사랑하는 사람이나 자기가 평소에 이상형으로 생각했던 사람 등 성욕의 대상이 될 만한 조건을 지닌 사람에게만 성욕을 경험하는 게 아니라, 가끔은 불특정 다수를 향해서도 성욕을 경험하곤 하죠. 그런 성욕을, 다수의 남성은 이성적으로 참고 자제합니다. 그렇게 원초적인 성욕의 굴레에 갇힌 존재가 남성이라는 것을 알고 있으면 남편의 행동 중 더 많은 것을 이해할 수 있습니다.

그런 점에서 그렇게 강한 성욕을 지닌 상태로 나를 향해 대시하는 남편을, 이해나 공감 없이 무조건 무시하는 건, 남편의 자존심에 큰 상처를 주는 일입니다. 내 감정에 관한 고려도 없이 무작정 덤비고 요구하는 남편이 아내에게는 이기적으로 보일지 모르지만, 거부하는 이유도 제대로 설명해주지 않고 무작정 손사래부터 치는 아내가 남편에게는 오히려 이기적으로 보일지도 모릅니다. 그 과정에서 반복적으로 자존심에 상처받은 남편은, 어느 순간 임계점이 오면 더는 아내를 찾지도 바라보지도 않는 남자가 되어 버립니다.

물론 이런 상황에서 남편이 조금 더 현명했다면 다르게 행동했을 겁니다. 여자인 아내는 자기와 전혀 다른 메커니즘으로 성욕을 경험한다는 사실을 인지하고, 그걸 고려하고 행동했다면 말입니다. 여성은, 사랑받는다고 느낄 때, 사랑할 마음의 여유가 있을 때, 사랑할 분위기가 조성되었을 때, 비로소 상대와 성관계하고 싶다는 생각이 생깁니다. 성관계하고 싶다는 생각이 생겨야 비로소 성관계할 수 있죠. 여성에게 '성관계하고 싶다는 생각'을 만들려면, 몸의 흥분 이전에 먼저 말과 태도, 행동으로 마음부터 만들어야 합니다. 다소 억울할지 모르지만 아내가 성관계를 피하는 사태의 책임 절반은 남편에게 있다는 뜻입니다.

여성이 성을 대하는 태도가 남성과 다른 이유는, 여성에게 성관계는 성욕의 해소보다는 '사랑의 완성'이라는 의미를 갖기 때문입니다. 대개의 여성에게 성관계는, 사랑하는 사람하고만 할 수 있는 행위입니다. 사랑하지 않는 사람과는 절대 하고 싶지 않은 행위죠. 다시 말해, 지금 아내가 남편의 성욕을 이해하지 못하고, 받아주지 않고 있다면 남편은 지금 아내에게 사랑하고 싶은 사람이 아니며, 동시에 아내는 남편으로부터 사랑받고 있다는 느낌을 받지 못하고 있다는 뜻일 가능성이 큽니다. 이 문장이 이해되었다면 이후 해결방안은 무척 쉽게 도출됩니다. 아내와 자주 성관계하고 싶다면 남편은 아내가 '사랑받고 있다'라는 감정을 풍부하게 느끼게 해주면 되니까요.

사랑받으면 열리는 마음

'사랑받고 있다'라는 감정을 만드는 방법도, 남자와 여자는 정말 다릅니다. 남편은, 아내가 시도 때도 없이 자기 바지에 손을 넣어 음경을 만져주기만 해도 '아, 아내가 정말 나를 사랑하는구나'라고 느낍니다. 하지만 아내는 남편이 시도 때도 없이 자기 상의에 손을 넣어 가슴을 만지면 '이 남자는 내 몸만을 원하는구나'라고 느끼며 불쾌해할 수도 있거든요.

이처럼 하늘과 땅, 화성과 금성만큼이나 생각의 틈이 큰 남녀이기에, 아내에게 '사랑받고 있다'라는 감정을 느끼게 하려면 어떻게 해야 하는지는, 지레짐작으로 결정하면 절대 안 되고, 무조건 아내에게 따뜻한 언어를 활용하여 물어보아야 합니다. 물어보는 게 좀 그렇다면 다음의 내용을 외우는 것도 좋습니다.

대개 아내들은, 다수의 집안일을 분담하는 남편, 함께 자주 로맨틱한 외식을 하는 남편, 적어도 한 달에 한 번은 함께 영화를 보거나 여행을 떠나는 등 취미생활을 같이 하는 남편, 아내의 건강을 항상 걱정해주는 남편, 아내가 힘들어하는 모든 일을 나누려고 노력하는 남편에게 사랑받고 있다는 감정을 경험합니다. 그렇게 '아내를 행복하게 해주겠다'라는 일념으로, 성관계 따위는 모두 잊은 채 묵묵히 아내를 향한 사랑을 실천하다 보면 반드시 아내의 마음은 열리게 됩니다.

그런 아내의 감정을 무시한 채 자기 성욕만 생각하거나, 일단 무작정 스킨십부터 시작하면 아내도 결국에는 성욕이 생겨 성관계하고 싶어질 거라는 착각은 당장 버려야 합니다. 그래서 부부 사이에도 '동의'가 필요한 것입니다. '당신과 성관계하고 싶다'라는 정서적 공감을, 둘 다 강하게 느끼는 것, 그리고 그 감정을 확인한 후에야 비로소 성관계를 시작하는 것. 그게 바로 '동의'이며, 이 동의는 건강한 부부 관계를 형성하는 기본 조건입니다. 왜냐하면 동의는 곧 사랑과 배려를 의미하기에 사랑받는 감정을 만들 수 있거든요.

남녀의 문제는 '이해'가 아니라 '인정'의 영역입니다. 이해하려고 시도해본 후 도저히 이해되지 않는다면, 그냥 인정해버려야 합니다. 부부간 거의 모든 갈등은, 이해되지 않는 사안을 내 생각에 맞춰 바꾸려고 할 때 생기거든요. 남녀가 이처럼 서로 다르다는 걸 인정할 수만 있어도 부부간 갈등은 현저히 줄어들 수 있습니다.

아내에게도
아내가 필요하다

"내 몸 상태나 마음을 무시한 채 자기 하고 싶다고 무조건 관계를 요구하면, 이 사람은 나를 몸 파는 여자로 보나 하는 생각까지 듭니다. 하루 종일 육아에, 집안일에 시달리다가 이제야 겨우 침대에서 한숨 돌리고 있는데 자기만 생각하면서 성욕을 채우려고 다가오는 남자가 어떻게 예뻐 보이겠어요?"

어느 밤 남편은, 침대에서 자는 아내를 향해 조심스럽게 다가가 스킨십을 시도합니다. 아내는 버럭 화를 내죠. 남편은 아무리 생각해도 아내가 왜 화를 내는지 모르겠고, 자기가 왜 이런 취급을 받는 건지도 모르겠습니다. 이런 아내의 반응에 자존심이 상할 대로 상한 남편은, 자기도 화를 버럭 내고 거실로 나가 소파에서 잠을 청합니다. 사실 남편은 이렇게 생각하고 있었을 겁니다.

"단칼에 거절하거나 화내지만 말고 자상하고 따뜻하게, 왜 지금은 하기 싫은지 내가 어떻게 하면 되는지 알려주면 상처까진 받지 않을 것 같아요. 부부로서 성관계를 갖자고 한 내가 그렇게 죽을죄를 지은 건가요?"

사실 남편은 아내를 무작정 성적 대상으로만 보는 것이 아니었는데 어쩌다 보니 이렇게까지 문제가 커졌습니다. 남녀의 마음이란 무척 다르게 흘러갈 때가 많습니다. 연애 시절을 떠올려보세요. 데이트할 때 여자는, 오늘 화장이 번지진 않았는지, 뱃살이 두드러져 보이는 옷을 입은 건 아닌지, 저울로 재보니 1킬로그램이나 쪘던데 살쪄 보여 사랑이 식는 건 아닌지, 새로 한 머리 때문에 오히려 못나 보이진 않을지 걱정하지만, 남자는 이런 속마음을 전혀 모릅니다. 만약 알았다면, 변화를 캐치하고 던지는 사소한 칭찬 한마디로 연인을 기분 좋게 하여 자기를 향한 여친의 사랑을 더 깊게 할 수 있었을 텐데 말입니다.

이토록 여자에 관하여 잘 모르던 남편은, 부부가 되었어도 아내를 잘 모를 수밖에 없습니다. 성별 특성에 관해 누가 특별히 가르쳐주는 것도 아니니, 부부가 되었다는 것만으로 서로를 더 잘 알고 이해하게 될 수는 없으니까요. 오히려 연애할 때는 그나마 속마음을 일부 터놓기도 했던 부부가 일정 기간 결혼생활을 보내고 나면, 아예 입을 닫아 버리는 불통 부부가 되기도 하는 걸 보면, 부부가 된다는 건 연애 때보다도 더 소통이 끊겨 서로의 속마음을 전혀 모르는 미궁으로 빠지는 것과 같을지도 모르겠네요. 대한민국 부부의 가장 큰 문제인 (성관계를) '쉬는 부부'는 이렇게 서로의 속마음을 모르는 대표적인 사례입니다.

대한민국에서 아내로 산다는 것

대개의 대한민국 남편은, 대한민국에서 아내로 살아가는 게 얼마나 힘든 일인지 잘 모릅니다. 만약 남편이 아내를, 아내이자 엄마라는 타이틀 말고, 여자로 볼 수만 있어도, 내가 사랑하는 여자를 이렇게 힘든 아내로 그냥 남겨 두진 않을 테니까요.

아침에 일어나면, 하루가 시작되기도 전부터 아내에겐 이미 할 일이 산더미입니다. 아이들 등교부터 남편 출근까지 하나부터 열까지 챙겨야 하고, 보내고 나면 바로 집안일이 시작되죠. 설거지, 청소, 세탁, 장보기, 집 안 정리 정돈, 식사 준비에 아이들 학교, 학원 챙기기까지 온종일 숨이 턱턱 막히는 '할 일의 태산'입니다.

한 가족의 돈을 관리하고 운영하는 것도 쉬운 일이 아닙니다. 가계부를 짜고, 아이들 교육비, 의료비, 생활비를 적절하게 배분하고 운영해야 하니까요. 남보다 잘해주긴 어렵더라도 남만큼은 챙겨주고 싶은데, 남편에게도 아이들에게도 과연 내가 그렇게 해주고 있는 건지 자신 없을 때가 더 많습니다. 아이가 아프면 엄마 마음도 아프고, 그러다 생활 스트레스까지 쌓이면 그저 몸이 힘들다고 느끼는 건지, 아니면 실제로 몸이 아픈 건지 구별도 잘 되지 않죠.

운 없게도 시댁의 간섭과 기대까지 받는 아내라면 더 답이 없습니다. 특히 시어머니라는 분이 가정사나 육아 문제에 대해 지나치게 간섭하거나, 아이들 교육 문제부터 집안일 처리 방식에 남편 관리까지, 본인 기준에 맞추지 않는다고 불만을 표현하기라도 하면, 나름대로 최선을 다하고 있다고 생각했던 아내는 자존감이 낮아지고 스트레스가 쌓일 수밖에 없습니다. 남편에게 이런 고민을 이야기하면, 남편은 오히려 설상가상으로 시부모의 상황을 이해하라고만 하니, 외롭고 힘든 감정에 남편과의 대화는 점점 줄고, 서운한 감정만 반복될 수밖에 없습니다.

"압니다. 무척 힘들 것 같네요. 하지만 제 아내는 전업주부가 아닙니다. 워킹맘은 좀 낫지 않을까요?"

워킹맘이라고 특별히 더 나을 건 없습니다. 전업주부와는 결이 다를 뿐이지 심리적 압박과 부담에 시달리긴 마찬가지거든요. 직장과 가정에서의 역할을 동시에 잘하고 싶은 욕심은 있지만, 그 과정에서 조금이라도 어긋나 어느 한편이 삐그덕대기라도 하면 당장 자기 능력에 관한 자책부터 하게 됩니다. 직장에서는 집안일 때문에 눈치가 보이고, 집에 와서는 회사 때문에 가족에게 소홀하게 한 것 같아 미안해하죠. 이런 생각을 하는 워킹맘 아내에게, 나 자신을 돌아보는 건 사치일 뿐입니다. 그렇게 나만의 시간을 즐길 의지와 절대적인 시간의 여유가 전혀 없으니 점차 곁에서 친구가 사라지고, 그 빈자리를 채워줄 가족 역시 자기 삶에 바쁘다 보니 엄마이자 아내로서의 삶은 점점 지치고 힘들기만 합니다. 남편과 잘 지내고 싶지만, 마음만큼 적절한 표현이 나오지도 않고, 그래서 마음과 다르게 다투기라도 하면, 남편에게 서운한 감정이 들면서도 동시에 자책감이 몰려오죠. "난 왜 이 모양일까? 이러면서도 직업을 유지하는 게 맞는 걸까?" 하고 말입니다.

　사람은 모두 이기적인 존재입니다. 내 눈의 티끌이 남의 눈의 대들보보다 아프다는 속담처럼 말입니다. 아내나 남편 모두 자기 힘든 것에만 집중하다 보면 상대가 힘든 건 인지하기 쉽지 않죠. 설사 보인다고 해도, "말 다했어? 당신만 힘들어? 나는 안 힘들 것 같아?" 하고 날을 세우기 쉽습니다.

　간혹 외벌이하는 남편이 전업주부인 아내를 두고 이런 말을 하는 걸 들을 때가 있습니다.

"남편과 아내가 평등하게 집안일을 분담하는 거, 맞벌이 부부는 그럴 수 있다고 생각해요. 그게 각자의 역할이니까요. 하지만 전업주부라면, 이야기가 좀 달라져야 하는 거 아닐까요? 남편은 회사일, 아내는 집안일 이렇게 각자의 일에 충실한 게 평등한 거잖아요. 그런 상황에서 남편이 가사를 조금이라도 분담한다면 오히려 고마워해야 하는 거 아닌가요?"

언뜻 듣기에 그럴듯해 보이는 이 논리를 말하는 분들에게 저는, 단순하지만 무척이나 중요한 질문을 하나 드립니다. "혹시 오랜 기간, 전담으로 집안일을 해본 적이 있으신가요? 최소 1년 이상 말입니다." 이런 질문을 드리는 이유는, 전업주부가 되어 전담으로 집안일을 담당해보면, 왜 전업주부의 소원이 취직인지 깨닫게 되거든요. 아내의 상황에 관하여 잘 모르니 저런 생각을 하게 되는 것입니다. 집안일은 회사일과 비교도 되지 않을 만큼 열악하거든요.

전업주부에게 없는 것

우선 회사에는 '퇴근'이 있지만, 집안일에는 퇴근이 없습니다.

회사는 퇴근하면 이후에는 온전히 나만의 시간이지만, 퇴근이 없는 전업주부는 저녁 시간에도, 때론 밤이나 새벽에도 가족을 위해 일을 할 때가 있습니다. 단순히 일의 양이나 연속성을 이야기하는 게 아닙니다. 퇴근이 있다는 건 마음속 긴장을 놓을 수 있다는 뜻이거든요. 퇴근 이후의 시간을 온전히 나를 위해 사용할 수도 있고요. 하지만 퇴근이 없는 전업주부는 언제든 다시 달릴 수 있도록 마음의 채비를 하는 5분 대기조와 다르지 않습니다.

또, 직장인에게는 '휴일과 휴가'가 있지만, 전업주부에겐 없습니다. 휴일과 휴가도 퇴근처럼 나의 몸과 마음을 온전히 직장으로부터 분리해주는 계기가 되기에, 휴일과 휴가가 없는 삶은 휴식 시간 없는 공장과 같습니다.

"가족 전체가 놀러 가는 휴가라면 전업주부에게도 자연스럽게 휴가가 되는 거 아닌가요?"

회사 전체가 야유회를 간다고 해서, 당신에겐 그게 진짜 휴가가 될 수 있을까요? 전업주부는 심지어 휴가를 가서도 가족을 위해 집에서 하던 일을 해야 하니 온전한 휴식이 되긴 어렵습니다. 진정 전업주부 아내에게 휴가를 주려면, 혼자 여행을 가게 하거나, 적어도 아이들은 떼어놓고, 식사도 모두 외식하면서, 남편과 둘만 가는 게 맞습니다. 물론 아내가 남편과 둘만 가는 여행을 좋아하고 기대한다는 전제가 있어야겠죠.

직장인에게는 있지만 전업주부에게는 없는 또 다른 소중한 것 하나가 바로 '월급'입니다. 비록 통장에 잠깐 금액이 찍혔다가 곧 카드결제 대금으로 다 빠져나가 버리긴 하지만, 한 달 노동의 대가로 일정 금액을 보상받는 건, 인간에게 일을 하게 하는 중요한 동기입니다. 그런데 안타깝게도 전업주부에겐 월급이 없습니다. 월급이 없으니 나의 노동을 평가받을 방법이 없고, 노동에 관한 평가를 받지 못하니 일을 해도 보람이 없습니다. 보람이 없으니 쉽게 지치고 곧 질리게 되죠. 혹시 남편이 주는 '생활비'가 월급 아니냐고 말하는 분은 없겠죠? 회사에서 출장 갈 때 주는 출장비가 내 월급은 아니잖아요. 만약 그걸 아내 월급이라고 생색내려면, 남편이 받는 연봉에서 아내에게 주는 생활비만큼을 제외한 금액이 남편의 실제 연봉이라고 생각해야 합니다. 어쩌면 전업주부 아내의 연봉이 더 많을 수도 있겠네요.

직장에는 있지만 집안일에는 없는 다른 하나는 '승진'입니다. 직장에서는 일정 기간 재직하거나, 특별한 공을 세우면 승진이라는 제도를 통해 성취감을 경험할 수 있습니다. 승진은 단순히 월급을 더 받는 것 이상의 의미가 있습니다. 승진을 통해 우린 동료로부터 인정과 존중을 받게 되거든요. 하지만 전업주부는 승진이 없습니다. 승진이 없으니 집안일을 수행하는 데 있어서 변화를 경험하기 어렵고, 누군가에게 인정이나 존중받을 기회도 없습니다.

타인의 인정 같은 건 다 필요 없다는 분도 아마 승진이 주는 보람과 자기만족이 싫진 않을 것입니다. 그런 최소한의 보람과 자기만족조차, 안타깝게도 전업주부에게는 허락되지 않는 셈입니다.

직장에는 있는데 집에는 없는 것에는 '동료'도 있습니다. 대개의 직장에는 동료가 있어서, 함께 일하면서 노하우도 얻고, 상사의 뒷담화도 하면서 심리적 위안을 얻곤 하죠. 물론 보기 싫은 동료도 있고 때론 다툴 때도 있지만, 그것 역시도 '지속적인 인간관계의 형성'이나 '다양성'의 관점에서는 역동적으로 나를 자극해주는 요소들입니다. 하지만 전업주부에게는 동료가 없습니다. 아이 친구 엄마나 옆집 아주머니가 동료 아니냐고요? 그들과는 가끔 만나 가사 팁이나 남편의 뒷담화로 심리적 위안을 얻을 수 있을지는 모르지만, 한 공간에서 함께 일하면서 느끼는 동지애를 얻는 건 불가능합니다. 같은 공간에서 나와 유사한 일을 하는 동료는 그 존재만으로도 내가 고립감을 느끼지 않게 해주지만, 시간 대부분을 막힌 공간에서 혼자 일해야 하는 전업주부는 동료 없는 공간에서 고립감과 외로움을 느낄 수밖에 없습니다.

마지막으로, 직장과 집안일의 가장 중요한 차이는 바로 '같은 일의 반복'입니다. 직장에서는 반복적인 일을 하더라도, 승진과 부서 이동을 통해 언젠가는 다른 업무를 경험할 수 있습니다. 그 외 이직이라는 방법도 있고, 추가적인 학업이나 시험을 통해 직종을 완전히 바꾸는 것도 가능하죠. 하지만 전업주부는 같은 일의 반복을 평생 경험하게 됩니다. 장을 보고, 집을 청소하고, 빨래를 돌리고, 음식물 쓰레기를 버리는 것처럼 매일 반복되는 일도 힘들지만, 하루에도 몇 번씩 반복되는, '식사 때마다 음식을 준비하고 설거지하는 일'을 하다 보면 내가 사람인지 가사로봇인지 혼란스러울 때도 있습니다. 그렇게 매일 같은 일을 하다가 하루가 지나가 버리면 세상에 더는 '나'라는 사람이 존재하지 않는 것 같다는 느낌이 들기도 하죠. 세상은 분명히 존재하는데 나만 사라져가는 느낌. 모두들 자기 삶을 주체적으로 살아내는 것 같은데, 나만 그 자리에 정체되어 썩어가고 있다는 느낌. 전업주부의 우울증은 그렇게 시작되는 것입니다.

이런 상황에서 가사를 분담하는 남편의 등장은, 단순히 노동의 양을 분담하는 것 이상의 의미가 있습니다. 가사를 분담하는 남편의 등장은 아내에게 퇴근이라는 소중한 경험을 주고, 휴일과 휴가를 주기도 합니다. 나와 같은 일을 하는 소중한 동료가 나타났으니 더는 고립감이나 외로움을 경험할 필요가 없으며, 같은 일의 반복을 잠시나마 끊고 나를 위한 시간을 만들 수 있으니, 로봇에서 사람으로의 드라마틱한 변화도 가능하죠. 그래서 가사를 분담하는 남편을, 전업주부건 워킹맘이건 모두 고마워하는 것입니다. 덕분에 일이 줄었기 때문이 아니라, 소중한 동반자를 얻은 거니까요.

　이제부터는 아내의 일과 남편의 일을 구분하지 말고, 아내나 남편 중 누구의 일이 더 많고 더 힘든가도 따지지 말고, 그냥 서로의 어려움을 인정하고 존중해주세요. 그렇게 서로를 더 잘 이해하다 보면, 어느새 내 배우자는 세상에서 가장 나를 잘 아는 사람이 되어 있을 것입니다. 그리고 특히 남편들은 이 사실을 꼭 명심했으면 좋겠습니다. 내가 사랑하는 여자는 아내이기 전에 여자입니다. 앞으로는 아내를 여자로 대해주세요. 그 순간, 행복한 부부생활이 시작됩니다.

"엄마도
좋아하는 노래가 있어"

"두 아이를 키우면서 어느 순간 제 자신을 잃어버린 것 같은 느낌이 듭니다. 저도 결혼 전에는 꿈이 있고, 직장도 있고, 비전이 있었는데…. 어느 순간 집에 있으면 모두가 나를 찾고 의지하는데 정작 제 자신은 텅 비어버린 듯한 느낌이 들어요. 어떻게 하면 좋을까요?"

유일무이한 엄마라는 존재

인간사회에서 '아빠와 엄마'의 의미는 동물사회에서의 그것과 조금 다릅니다. 훨씬 헌신적이죠. 아빠와 엄마 모두 나름의 방식으로 자녀에게 정서적, 사회적, 교육적 지원을 제공하며, 가족을 구성하고 유지하는 데 헌신적인 역할을 합니다. 부모와 자녀 간의 강한 정서적 유대를 형성하고, 이러한 유대는 아이의 정서적 안정감과 심리적 발달에 큰 영향을 줍니다. 정서적 지원은 물론이고 경제적 지원까지, 인간사회의 부모는 아이에게 거의 무한에 가까운 조력자 역할을 하는 셈입니다. 이런 모습을 우린 부모를 섬기는 '효'와 더불어 아이를 아끼는 것을 '모성애'라고 부르며 칭송하고 성역화합니다. 하지만 안타깝게도 이런 칭송과 성역화는 부부 사이를 더 멀게 만드는 원인이 되곤 합니다.

가족 간 윤리적 유대관계만큼이나 사회적 유대가 강한 대한민국에서의 엄마는 독특한 존재입니다. 아빠가 든든한 소나무처럼 가족의 곁에서 지켜주고 견뎌주는 존재라면, 엄마는 아이들의 삶에 깊이 들어가 함께하는 존재입니다. 아이가 어린이집이나 유치원을 다니기 시작하면, 개인적인 인적 교류 욕망과 무관하게 아이의 원활한 교우관계만을 위해, 엄마들은 어떻게든 자녀 친구 엄마들의 네트워크에 들어가려고 노력합니다. 내 아이에게 좀 더 좋은 친구를 만들어주기 위해, 내 아이에게 더욱 유용한 정보를 제공하기 위해, 심지어 내 아이가 공부에 취미 붙여 학업에 뒤처지지 않기 위해서도 엄마는 이웃집을, 학교를 발바닥에 불이 나게 들락거려야 합니다.

사실 몸은 좀 힘들어도 아이가 초등학생일 때는 그나마 엄마 노릇 할 만했을지도 모릅니다. 내가 하는 만큼 아이가 더 행복해하고, 지치고 힘들어도 달려와 안기는 아이의 행복한 웃음을 보는 순간, 내 모든 노력이 전부 '보람'이 되어 버리니까요. 하지만 아이가 중학생이 되고, 고등학생이 되는 순간부터는 본격적으로 보람도 대가도 없는 일방적인 헌신이 시작됩니다.

학교에 지각한다고 잠을 깨우다 이유도 알 수 없는 짜증을 뒤집어쓰고, 나와서 밥 먹으라고 소리치면 차린 것도 없으면서 항상 부르기만 한다고 투덜댑니다. 어릴 때는 엄마에게 학교나 친구 이야기로 미주알고주알 수다 떨던 아이가, 이제는 굳게 닫힌 방문 안에서만 생활하죠. 잘못해서 혼이라도 냈다가는 몇 달이고 입을 닫아 버릴 수도 있습니다.

성인이 되면 자녀는 더 독립적인 존재가 됩니다. 도대체 문을 열지 않아 청소할 때마다 미루던 자녀의 방을, 외출한 틈을 타, 들어가 정리했다가는, 아침 출근길에 자기 물건을 찾을 수 없다고 고래고래 소리 지르는 자녀의 광분을 만나게 될 수도 있습니다. 하지만 대개의 엄마는 그런 아이를 향해 서운하다거나 화를 내기보다, 미안해서 어쩔 줄 몰라 하며 함께 옷장을 뒤지곤 하죠. 성인이 되면 마음이 덜 아프게 될 줄 알았는데, 여전히 자녀가 아프기라도 하면 마치 자기가 아픈 듯이 밤잠을 설치며 자녀의 방을 밤새 오가는 존재가 엄마입니다. 그러다 어느새 더 커서 독립이라도 하고 나면, 보고 싶다는 말을, 밥은 잘 챙겨 먹고 다니냐는 호통으로 대신하는 여리고 걱정 많은 여자가 바로 엄마죠.

엄마라고 해서 당연히 그래야 하는 건 아니야

그렇게 엄마는, 가족 구성원 중 누구의 시각에서 봐도 '고맙고 미안한' 감정이 드는 독특한 존재입니다. 그 '고맙고 미안한' 감정은 대개, 대상을 잃어버리고 나서야 비로소 실감 나게 몰려오죠. 엄마를 잃고, 그제야 비로소 새삼스러운 의미로 다가오는 지나간 엄마의 기록에서, 남겨진 흔적 속에서, 우리는 우리가 얼마나 그녀를 공기처럼 당연하게 생각했는지를 깨닫게 되고, 그 순간 눈물을 터뜨리게 됩니다. 고맙고 미안하니까요.

따스한 햇살처럼 언제나 가족을 바라보며, 다칠까 봐 아플까 봐 노심초사하고, 항상 깊은 걱정과 애정으로 가족의 삶을 지탱해주는 엄마. 언제나 그 자리에 있기에, 힘든 일이 생기면 언제고 돌아가 푹 안길 수 있을 것 같은 편안한 안식처인 엄마. 그런데 알고 계신가요? 그 엄마도 엄마이기 전에 여자라는 사실을 말입니다.

엄마는 사실 어렸을 때 화가가 되고 싶었을지도 모릅니다. 아이를 키우면서 꿈을 잠시 접었지만, 여전히 그림을 좋아해서 혼자만의 시간에 몰래 그림을 그리거나 갤러리를 즐겨 찾고 있을지도요. 그렇게 엄마는 엄마가 아닌 한 명의 여자로서 여전히 열정을 품고 있습니다. 또, 남편에게 말은 안 하지만 엄마는 여전히 사랑에 목말라할지도 모릅니다. 처음처럼 다시 설렘도 느끼고, 사랑하는 사람과 눈을 마주치며 행복한 대화를 이어가고 싶을지도요. 엄마라는 이유로 이제껏 잘 표현하지 않았지만, 죽을 때까지 엄마는 여자니까요.

친구와 만나 젊은 시절 추억을 이야기하면서 즐거워하는 모습에서도 우린 엄마가 여전히 여자라는 사실을 확인할 수 있습니다. 그 시절의 소소한 비밀이나 장난, 또는 함께 겪었던 고민에 대해 이야기하는 것을 보면 한 가족의 엄마라는 역할을 넘어서 아직도 '나'라는 소중한 가치를 잃지 않는 엄마의 모습을 발견하게 되는 것입니다. 자신만의 취미나 취향, 좋아하는 노래나 배우를 조심스럽게 이야기하거나, 예전에 엄마도 아이돌을 좋아했다며 열정적으로 이야기하는 모습을 보면, 엄마도 한때 어떤 음악에 가슴 설레고 어떤 배우를 동경했던 한 사람의 여자였다는 것을 느낄 수 있습니다. 힘들었던 시절에 대해 회상하며 눈물을 보이거나, 가끔 아무 이유 없이 감정이 격해져서 감성적인 모습이 될 때도 엄마는 여전히 천생 여자죠.

만약 어느 날 갑자기 아내가 "나도 힘들 때가 있어요"라고 털어놓는다면, 아내는 지금 엄마가 아니라 가족의 따뜻한 포옹을 기대하는, 있는 그대로의 여자입니다. 그러니 제발 아내를 엄마로만 보지 말고 여자로 보아주세요

마지막까지 내 곁에 있을
단 한 사람

"어머니와 아내가 강물에 빠졌습니다. 누군 더 젊고 건강해서 살아 나올 거고, 누군 수영을 배워서 할 줄 아니 헤엄쳐 나올 거라는, 이런 조건들 모두 지우고, 내가 어느 한 명을 선택해 구하지 않으면 다른 한 명은 무조건 죽는다고 가정하겠습니다. 자, 여러분은 누굴 구하시겠습니까?"

효孝와 모성애母性愛 사이에서

강연장에서 이 질문을 할 때마다, 객석에 앉은 남편들의 얼굴은 난감한 표정이 됩니다. 마치 수많은 어른에게 둘러싸여 "엄마가 좋아? 아빠가 좋아?"라는 질문을 받은, 천진난만한 어린아이의 곤란한 표정처럼 말이죠. 그리고 누구 하나 선뜻 어느 쪽을 구하겠다고 대답하지 않지만, 사실 우리는 모두 누구를 구할지, 아니 누구를 구해야 한다고 말해야 할지 알고 있습니다. 그 답을 알기에 저는 남편들의 답이 없어도, 여러분이 마음속으로 생각하고 있는 그 답은 틀렸다고 말합니다.

이해합니다. 어머니를 구할 수밖에 없다고 답한 남편들의 마음을요. 왜냐하면 우리는 대한민국에서 나고 자랐으니까요. 대한민국은 500년 넘게 유교 국가였고, 유교의 가장 중요한 사상은 효孝거든요. 그러니 아내를 정말 사랑하는 남편이라고 해도 어머니라고 답할 가능성이 있습니다.

하지만 부모 역시 인간일 뿐이며, 부모와 자식 간의 관계도 일반적인 인간관계의 규칙이 적용되어야 합니다. 은혜를 받았으면 받은 만큼 보은해야 하지만, 공격이나 미움을 받았으면 복수도 해야 하죠. 인자하게 나를 키워준 부모는 존경받아 마땅하지만, 나에게 못되게 했으면 아무리 부모라도 벌을 받아 마땅합니다.

따라서 만약 내가 정말, 사랑하는 아내를 포기하고 엄마를 구할 것 같다면, 엄마에게 그럴 만한 '엄청난 가치'가 있어야 합니다. 단지 내 엄마라는 사실이나, 나를 낳고 키워주었다는 서사 말고요. 왜냐하면 아내에겐, 내가 사랑했던 사람이고, 내가 사랑하는 사람이며, 죽을 때까지 내 곁에 남아 있어줄 사람이라는 엄청난 가치가 있거든요. 그러니 남편 여러분, 여러분의 엄마를 구하겠다는 선택에 아무리 생각해도 내 의지와 무관하게 무조건 주입된 효가 깊이 영향을 준 것 같다면, 그 선택의 정당성에 관하여 깊이 생각해 보기를 바랍니다. 과연 무조건 아내 대신 엄마를 선택하는 게 옳은 일일까요?

아내도 마찬가지입니다. 남편과 아이가 물에 빠졌다고 가정한다면 남편 대신 아이를 구할 수밖에 없다고 답할 가능성이 높습니다. 남편에게 효가 부담이라면, 엄마라는 존재에게는 '모성애母性愛'가 부담일 테니까요. 대한민국은, 자신을 버리고 아이에게 최선을 다하는 엄마의 모습이 모성애라는 단어로 칭송되는 어이없는 나라니까요.

하지만 우리가 잊고 사는 게 있습니다. 우리가 태어날 때부터 엄마는 아니었다는 사실 말입니다. 나는 분명히 엄마이기 전에 여자입니다. 친구들과 떡볶이를 먹으며 수다를 떨고, 잘생긴 남자를 보면 얼굴을 붉히고, 미래의 자기 모습을 상상하며 꿈에 부풀던 여자 말입니다. 그렇게 한 명의 '여자'였던 나이기에 아무리 한 아이의 엄마가 되었다고 해도, 여전히 나에게 세상에서 가장 중요한 건 '내 아이'가 아니라 '나'여야 합니다. 희생과 헌신의 아이콘처럼 되어 있는 엄마의 이미지를 벗고, 내가 갖고 싶은 것을 요구하고, 내가 사랑하고 싶은 사람과 마음껏 사랑하며, 때로 욕심날 땐 가족보다 먼저 좋은 것을 차지하는, 모성애 따위는 개나 줘버린 엄마가 저는 보고 싶습니다.

그렇게 온전히 여자로서의 정체성을 찾은 엄마에게 나 다음으로 가장 중요한 건 누구일까요? 맞습니다. 내가 사랑했던 사람이고, 내가 사랑하는 사람이며, 죽을 때까지 내 곁에 남아 있어줄 사람이라는 엄청난 가치를 지닌 남편이 바로 그다음입니다. 그러니 다음에 다시 이 질문을 받았을 때는 의도적으로라도 아이 대신 남편을 선택해주길 부탁드립니다.

그렇게 남편은 '효'라는 사상을 몸에서 떼어내고, 아내는 '모성애'라는 강박을 뇌에서 지워냈다면, 이제 본인들의 곁을 바라보기 바랍니다. 지금 내 곁엔, 한때 나를 너무도 사랑했고, 내가 너무도 사랑했던 나의 배우자가 외롭게 서 있습니다. 만약 지금까지 제가 한 이야기에 아주 조금이라도 공감한다면, 이제부터는 나에게 뿌리 깊게 박혀 있는 '효'라는 사상이 내 아내를 서운하거나 아프게 해서는 안 됩니다. 내가 마치 종교처럼 믿고 숭배하는 '모성애'라는 가치가 내 남편을 외롭고 쓸쓸하게 하지 못하게 해야 합니다.

마음에 없는 이야기가 반복되면 마음에 자리가 생긴다

결혼은 그런 것입니다. 사랑하는 두 사람이 결혼했으니, 사랑하는 두 사람을 제외한 나머지 모든 사람은 엑스트라가 되는 거. 그게 그들의 부모님이 됐건, 그들의 자녀가 됐건, 부부 외의 존재는 모두 조연이 되는 거. 정작 내가 정말 관심을 주고 보살펴야 하는 존재를, 평생 엄한 곳을 바라보면서 외롭게 하지 않는 거. 그런 게 진짜 결혼입니다.

사실 강에 빠졌을 때 누구를 구하느냐에 관한 진솔한 대답은 전혀 중요하지 않습니다. 실제로 누구를 구할지는 닥쳐봐야 아는 것이기도 하고요. 그보다 중요한 건 배우자 앞에서 '어떻게 이야기하느냐'입니다. 실제로는 어머니나 딸을 구하더라도, 아내와 남편 앞에서는 "당연히 당신을 구해야지"라고 말하면 그만이거든요. 내가 그렇게 말하면 나의 배우자는 콧방귀를 뀌면서 믿지 않을지도 모릅니다. "흥, 퍽이나 그러겠다"라고 하며 비아냥거릴지도 모르죠. 하지만 그러면 어떻습니까. 내가 그런다는데. 내 마음을 전달했으면 그만이죠. 믿지 않으면 자기만 손해입니다. 하지만 장담컨대 그렇게 말하는 배우자도 돌아서서는 정말 기분이 좋을 것입니다.

더 놀라운 건, 그렇게 마음에도 없는 이야기를 자꾸 반복해서 말하다 보면, 언젠가는 내 생각이 정말 바뀔 수도 있다는 것입니다. 그렇게 생각이 바뀌면 배우자를 대하는 태도가 바뀌게 됩니다. 언제든 선택의 순간에 과감하게 포기하고 버릴 수 있는 존재에서, 선택의 순간에 적어도 한 번쯤은 고민하게 되는 존재로, 아니 선택의 순간에 무조건 우선하여 선택하는 존재로까지 말입니다. 이 정도까지 발전했다면, 이미 여러분은 다시 사랑하기 시작한 것입니다.

항상 독특한 감성으로 대중의 사랑을 받는 '핫초코 미떼'의 2007년 광고를 잊을 수가 없습니다. 밥상에서 반찬이 별로라고 엄마를 구박하는 아들. 공부하는 아들의 건강을 챙겨주려던 엄마를 쳐다보지도 않은 채 무시하는 아들의 모습을 물끄러미 바라보고 있던 아빠가 아들의 머리채를 잡아당기면서 하는 말. "너, 내 여자 괴롭히지 마라."

여러분, 이제부터라도 부모와 자식 말고, 부부의 이야기를 만드세요. 그 '부부의 이야기'를 어떻게 하면 잘 만들 수 있을지는 다음 장에서 저와 함께 고민해보겠습니다.

3부

다시
사랑해볼까?

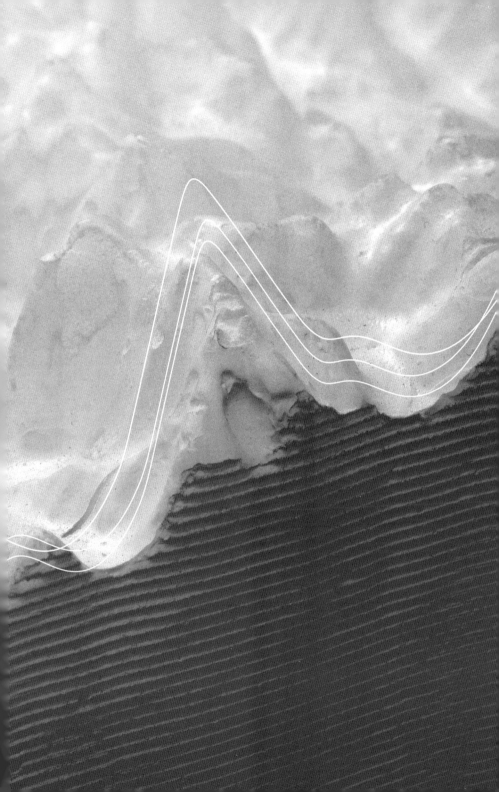

관계를 시작하는 방법, 미러링

"저는 마흔여섯의 모태 솔로입니다. 요즘 같은 시절에 믿기지 않으시겠지만, 저는 정말 남자 손도 한번 잡아본 적이 없습니다. 경험이 별로 없어서 그런지 좋아하는 사람은 있는데, 도무지 다가갈 수가 없네요. 뭘 어떻게 해야 할지도 모르겠고. 저 좀 도와주세요."

사랑을 흔히 교통사고에 비유하기도 합니다. 언제 어디서 훅 빠져버릴지 모르는 일이니까요. 내 마음은 기상캐스터가 예보해주지도 않고, 앞으로 만날 사람을 미리 브리핑해주지도 않습니다. 양방향의 사랑이 될 거라는 보장도 없습니다. 그러니 최소한 내가 좋아하는 사람을 만났을 때 호감을 양방향으로 만들 수 있을 만한 비장의 무기 하나쯤은 있어야겠죠. 이때 제가 권하는 강력한 무기는 바로 '미러링mirroring'입니다. 미러링은 타인의 외모, 행동, 말투 등을 모방하는 행위를 말합니다. 너무도 좋아한 나머지 유명 셀럽을 닮고 싶어서, 그들의 복장이나 행동을 따라 하는 것이 대표적인 미러링 행동이죠. 상대의 호감을 얻고 싶어서, 일부러 또는 무의식적으로 상대와 닮은 모습을 수행하는 행위 역시도 '미러링'의 한 형태입니다.

"다니던 상담센터를 바꿨는데 이번에 만난 상담사는 제 마음을 너무 잘 알아주는 것 같아요. 상담사와 내담자 사이에도 궁합이라는 게 있나요?"

심리상담사들은 내담자와 '라포', 즉 내담자와의 신뢰 관계를 형성하는 데 많은 힘을 쏟습니다. 이때 중요하게 쓰는 방법도 '미러링'입니다. 내담자와 처음 마주할 때 상담사는, 외모, 태도, 말투 등 수집할 수 있는 가능한 많은 내담자의 정보를, 순간적으로 빠르게 포착하여, 가장 내담자와 가까운 태도로 대화를 시작합니다. 내담자가 고개를 갸우뚱하는 습관이 있으면 상담사도 약간 갸우뚱 고개를 기울이고, 마음의 상처를 말할 때 내담자의 표정이 절망으로 일그러지면, (물론 감정이 동화되어 자신도 모르게 그런 표정을 짓기도 하지만) 상담사도 표정을 절망으로 일그러뜨립니다. 그러다 보면 내담자와 상담사 간에 친밀감과 믿음이 싹트기 시작합니다.

상담사는, 특정 내담자를 마주한 그 순간만큼은 개인의 가치관이나 철학을 모두 배제한 채 내담자의 이야기에 진심으로 공감합니다. 평소 상담사가 '양다리나 불륜은 부도덕한 행위'라는 철학을 지니고 있어도, 지금 마주한 내담자가 불륜의 주인공이라면, 상담사는 무조건 자기 철학을 버리고 내담자의 욕망을 이해하고 공감하려고 노력합니다. 그런 미러링 과정을 통해 상담사가 조금씩 자신과 닮아 보일 때, 비로소 내담자는 낯선 이를 향한 경계심을 풀고, 상담사에게 좀 더 자신의 속 깊은 이야기를 털어놓을 수 있게 됩니다. 이게 바로 미러링의 힘입니다. 사람은 본능적으로 자신과 비슷한 대상에게 친근감을 느끼거든요.

떨림을 증폭시키는 미러링

"이분이 가장 호감이 가네요. 보자마자 5명 중에서 가장 호감이 갔어요. 더 자세히 보고 싶어서 계속 보게 되고요."

2009년 EBS 다큐프라임에서 방영한 〈인간의 두 얼굴 2〉에는, 흥미로운 실험 하나가 등장합니다. 특정 방에 다양한 이성의 사진을 걸어두고 가장 호감이 가는 이성의 사진을 고르게 한 실험이었죠. 놀라운 건 참가자 전부가, 자기 얼굴과 이성의 얼굴을 교묘하게 합성한 사진을 골랐다는 것입니다. 내가 선택한 사진이 내 얼굴과 이성의 얼굴 형태를 합성한 사진이라는 사실을 나중에 안 참가자들은 모두 화들짝 놀랐습니다. 사실은 저도 영상을 보며 그들만큼 놀랐습니다. 단 한 명의 예외도 없이 모두 자기 얼굴을 합성한 사진을 선택했기 때문입니다. 이론상으로는 알고 있었지만, 미러링이 이렇게나 큰 힘을 발휘할지는 몰랐던 거죠.

그만큼 우린 본능적으로 나와 비슷한 사람을 좋아합니다. 얼굴뿐만 아니라 자신과 취향, 철학, 기호까지 같다면, 인간은 아마 무조건 상대에게 호감을 느낄 수밖에 없을 것입니다. 이것이 바로 제가 강하게, 좋아하는 이성을 향해 다가갈 때나 시큰둥해진 오래된 연인이나 배우자와 다시 친해지려고 할 때 제일 먼저 '미러링' 전술을 사용하길 권하는 이유입니다.

"이런 질문 어이없다고 하실지 모르지만, 수많은 여성과 성관계한 카사노바는 도대체 어떤 기술을 가졌던 건지 궁금합니다. 왠지 성 상담사는 그런 것도 잘 알 것 같아서요. 저도 많은 여성과 그러겠다는 게 아니라 제 여친에게 더 잘하려고 여쭤봅니다."

바람둥이의 대명사 격인 '카사노바'는, 얼굴이 잘생겼거나, 키가 크거나, 음경이 거대하거나, 성관계 기술이 뛰어나서 여성의 마음을 움직일 수 있었던 것이 아닙니다. 그의 최대 무기는 상대 여성에 관하여 미리 조사한 후, 그녀가 좋아하는 것을 준비하고, 그 여성에게 최대한 자기를 맞추며, 존중하고, 많은 대화를 나눈 것입니다. 중세 시대였으니, 아무리 상류사회라고 해도 대개 여성은 남편이나 다른 남성으로부터 존중받지 못했을 것입니다. 그런 부정적인 경험만 가득했던 여성에게, 나의 마음을 너무도 잘 알아주고, 나의 취향에 무조건 맞춰주는 카사노바는 행복 그 자체였을 테죠. 그렇게 행복한 인간관계가 구축되면 이후 성관계도 오르가슴으로 가득합니다.

미러링의 기술
_____

"제 고민은, 회사에서 잘 어울리지 못한다는 거예요. 제가 좀 차가운 인상이고, 여자 상사여서 그렇기도 하겠지만 남자 직원뿐만 아니라 여자 직원들도 왠지 저를 피하는 것 같다는 생각이 듭니다. 친한 친구에게 이 고민을 말했더니, 무조건 잘해주라고만 하는데 사적으로 다가가기만 해도 벌써 싫은 표정들이 역력해 보여서 잘해줄 수도 없어요. 어떡하면 좋을까요?"

미러링의 기술은 남녀 관계에서만 힘을 발휘하는 것이 아닙니다. 만약 지금 내가 직장이나 엄마 모임 등에서 스며들지 못하고 약간 겉돌고 있다고 생각된다면, 그래서 서운하거나 외롭다는 생각이 든다면, 미러링을 적극적으로 사용해보길 권합니다. 직장이나 모임에서는 한 사람을 대상으로 하는 미러링이 아니라, 구성원이 속한 조직의 전체 분위기나 철학, 습성에 미러링해야겠죠. 그렇게 내가 특정 집단의 속성과 닮으려고 하는 노력의 크기만큼, 나를 향한 그 집단의 관심과 애정도 커질 것입니다.

"이전에 보낸 사연의 답장에서 말씀해주신 미러링을 실행해보려고 했는데 친해지기 전에는 그 사람이 좋아하는 것을 알 수가 없을 것 같아요. 뭘 알아야 미러링해서 친해질 텐데, 친해지기 전엔 미러링할 수가 없으니, 어떻게 하면 좋을까요?"

맞습니다. 상대가 자주 읽는 책의 카테고리, 상대가 흥분하며 이야기하는 스포츠의 종류나 구단, 그 사람이 선호하는 복장, 그 사람이 좋아하는 대화 방식, 그 사람이 좋아하는 영화의 장르까지, 모두 그 사람과 친해지면 자연스럽게 알 수 있는 것들이지만, 문제는 친해지기 전에는 알기 어렵다는 겁니다. 심지어 내 남편이라고 해도 잘 알지 못할 때가 많죠. 뭐라도 알아야 미러링을 통해 가까워질 수 있을 텐데, 정말 안타깝고 아이러니한 상황입니다. 하지만 다행스럽게도 방법이 전혀 없는 건 아닙니다. 우리에겐

'질문과 답변 따라 하기' 기술이 있으니까요. 선을 본 남자가 마음에 들었던 여성이, 남자에게 적극적으로 대시하는 장면으로 예를 들어 볼까요?

"우리, 영화 볼까요? 어떤 영화 좋아하세요?"

"SF를 가장 좋아합니다."

"어? 나도 SF 정말 좋아하는데, SF 중에 가장 좋아하는 영화가 뭔데요?"

"〈매트릭스〉죠. 아마 10번도 더 봤을걸요."

"아, 〈매트릭스〉. 정말 명작 중의 명작이죠. 그 장면 기억하세요? 그…"

"아, 총알 피하는 장면이요?"

"네, 맞아요. 총알 피하는 장면."

상대와 친해지고 싶었던 여인이, 'SF'와 '매트릭스'라는 요소를 상대와의 대화 속에서 질문을 통해 자연스럽게 뽑아낸 후, 상대와 미러링하는 기술이 보이나요? 어쩌면 저분은 실제로는 SF영화에 관심도 없으며, 매트릭스라는 영화를 본 적도, 그래서 총알 피하는 장면이 무언지도 알지 못할지도 모릅니다. 하지만 문제될 게 없죠. 그저 질문을 던진 후 돌아오는 상대의 대답에 능숙하게 미러링만 하면 되니까요.

미러링에 진심을 더하면

단순히 상대와 닮은 점만을 부각하는 미러링이, 더 고급스럽고 강력하게 진화한 것이 바로 '공감'입니다. 공감이 더 고급 기술인 이유는, 기계적인 리액션도 통하는 일반 미러링과 달리 진심이 동반되어야 하기 때문입니다. 진심 어린 공감에 서툰 대한민국 남성은 종종 이런 상황을 연출합니다.

"여보, 내가 말했었나? 내 친구 미진이 남편이랑 이번 여름에 유럽으로 2주 여행 간대. 대박이지?"

"금수저는 역시 하는 짓도 금수저군."

"금수저는 무슨 금수저야. 부부가 함께 번 돈으로 가는 건데."

"원래 돈이 많으니 번 돈으로 그런 데도 갈 수 있는 거지."

"오빠는 왜 매사가 그렇게 부정적이야?"

"뭐? 내가? 부정적이라고? 와, 나 그런 말 너한테 처음 듣거든?"

"내가 이야기하면 그냥 '와, 좋겠다' 이래 주면 안 돼? 꼬박꼬박 토 달고 시비 걸고. 그럼 내 기분이 좋겠어?"

"그래? 그럼 만약 내가, 친구 와이프가 예쁘다고 하면 넌 기분 좋겠냐?"

"내가 언제 미진이가 부럽다고 했어? 그냥 그렇다는 거잖아."

"푸하하. 너 가슴에 손 없고 말해볼래? 그게 그냥이야? 부러워 미치겠다는 말투지."

타인의 죽을 것처럼 고통스러운 상처보다 내 손가락에 박힌 가시가 더 아픈 게 인지상정입니다. 타인의 고통은 내가 경험할 수 없지만, 내 손가락의 가시는 너무도 선명하게 그 아픔을 경험할 수 있으니까요. 그렇기에 두 사람 모두에게 일정 정도 책임이 있는 연인이나 부부 사이의 다툼과 갈등에서도, 대개 상대의 서운함에 공감하기보다는 오히려 상대에게 내가 서운했던 점, 상대가 나에게 잘못한 일, 그로 말미암아 내가 받은 심적 고통만을 주로 이야기합니다. 나 때문에 상대가 받았을지도 모를 상처는, 비록 상대의 말을 통해 듣게 되더라도, 깊이 공감하기 어렵죠. 아니 오히려 본능적으로 대응 논리를 만들어 반박하는 경우가 대부분입니다. 그저 "그랬구나. 몰랐어. 아팠겠다. 미안해." 이 한마디면 모든 것이 해결될 상황에서도 말입니다.

인간의 본성이 그렇기에, '공감'은 더욱 남녀의 관계를 단단하게 굳혀줄 신의 한 수입니다. 누구도 쉽게 할 수 없는 걸 내 연인이나 남편이 능숙하게 해준다면, 나는 감동하지 않을 수 없겠죠. 언제나 감동은 관심을, 관심은 애정을 만듭니다.

"제 남편은 그거에만 관심이 있습니다. 성욕이 병적이에요. 제가 성욕이 적은 걸 이해할 수 없다고 합니다. 거절당할 때마다 자존심이 많이 상해서 이젠 다가오기도 싫다네요. 결국 헤어지는 거 말고는 방법이 없을까요?"

　페미니즘이나 성인지 감수성 등 많은 남녀 사이의 문제가 사회적 이슈로 떠오르는 요즘, 저는 종종 그런 생각을 합니다. '남녀가 서로 상대의 성별이 되어보고 직접 경험할 수만 있다면, 이렇게 성 격차로 갈등하는 상황이 훨씬 줄어들 수 있을 텐데' 하고 말입니다. 이 역시 공감의 영역이죠.

　만약 여성이 단 일주일이라도 진짜 남성의 몸이 되어볼 수 있다면, 이후로 더는 성욕을 이유로 남성을 짐승이나 야만인 취급하지 않을 것입니다. 살면서 한 번도 경험해보지 못했던 강렬하고도 지속적인 성욕을 경험해볼 수 있을 테니까요. 이후로는 남성이 왜 그리도 야동에 집착하고, 거의 매일 성관계를 생각하며 사는지 이해하게 될 가능성이 큽니다. 인간의 성욕을 만드는 주 호르몬은 테스토스테론인데, 이 호르몬은 여성보다 남성에게서 월등하게 많이 분비되거든요. 여성의 성욕을 만드는 주 호르몬인 에스트로겐과는 그 강도가 비교도 되지 않죠.

　반대로 남성이 살면서 단 한 번이라도 진짜 여성의 몸이 되어 살아볼 수 있다면, 생리 중인데도 성관계를 하자고 덤비는 터무니없는 요구는 앞으로 절대 하지 않을 겁니다. 그럴 때 배우자가 얼마나 꼴 보기 싫어지는지 알게 될 테니 말입니다. 또, 호르몬의 영향으로 나도 모르게 감정이 특별히 예민해지는 걸, 자기밖에 모른다고 비난하지 않게 되고, 그런 고통과 불편을 잘 이해해주는 것만으로도 얼마나 배우자가 고맙고, 사랑스럽게 느껴지는지 분명하게 알게 될 테니 말입니다.

상대의 행동이나 취향, 생각이나 표정을 따라 하면서 그 사람의 호감을 얻고, 상대의 상황과 감정을 가슴 깊이 느끼면서 그 사람과 더욱 가까워지는 마법 같은 힘을 가진 미러링과 공감. 지금 만약 누군가를 바라만 보고 있거나, 너무 익숙해져 더는 연인과의 관계가 설레지 않거나, 또 오래 함께해온 남편과의 사랑에 드라마틱하게 다시 불을 지피고 싶다면 오늘부터 당장 미러링과 공감을 시작하기 바랍니다. 그렇게 미러링과 공감이 반영된 관계는 심지어 다른 인연보다 훨씬 오랫동안 행복하게 이어질 수 있습니다.

동화를 버리고
사랑을 얻다

"어릴 적부터 저는 동화 속 왕자님과 공주님의 사랑을 꿈꾸며 자랐습니다. 영화나 웹소설로 로맨스를 섭렵하고, 영원한 사랑을 믿으며 마치 운명처럼 나타난 남편과 만나 결혼하게 되었죠. 남편은 저에게 첫눈에 반했다고 했고, 우린 정말 동화같이 사랑했습니다. 아름다운 프러포즈도 받았고요.

하지만 결혼 후 모든 건 현실의 벽에 부딪혀 무너졌습니다. 남편의 사랑도 영원하지 않더군요. 작은 일들에도 불만이 쌓여가면서 요즘엔 정말 자주 싸웁니다. 이대로 포기하고 살아가야 할까요? 그러기엔 제가 너무 비참합니다."

영원한 사랑에 관한 환상

_____

　문학작품, 연극, 영화, 드라마 등 인간이 만든 거의 모든 예술 작품에서는 왜들 그리 '영원한 사랑'을 찬양하는 것일까요. 어떤 유혹이 있더라도 대체로 해피엔딩으로 마무리되는 사랑은 어쩌면 시청자들이 가장 보고 싶어 하는 환상일지도 모릅니다. 그러니 미디어 제작사에서는 소비자가 원하는 내용의 콘텐츠를 계속해서 만들어내는 것이죠.

　문제는 그렇게 구축된 미디어의 가치관이, 마치 그렇게 사는 것이 가장 잘 사는 모습인 것처럼 현실의 사랑을 포장한다는 것입니다. 현실에서는 거의 존재하지 않는 동화 같은 모습임에도 우린 그것의 영향으로, 평생 변함없이 애틋한 사랑의 감정을 유지하는 것이 가장 낭만적이고 일반적이며 정상적인 사랑의 모습이라고 규정합니다.

　하지만 오래된 사랑을 해봤거나 최소 10년 이상 부부생활을 해본 분은 알 것입니다. 그 많은 사람들 속에서도 오직 내 남자만 보이고, 내 남자가 세상에서 가장 멋져 보이며, 내 남자가 내 인생의 전부인 것처럼 여겨지던 상황에서 해제되어, 비교 대상이 생기고, 그 사람의 단점도 보이기 시작하면 그때부터는 예전처럼 사랑하는 건 '노력'이 아니면 어려운 상태가 되어버린다는 사실을 말입니다.

당황스러운 건 많은 분이 그런 '노력'을 정상적이지 않은 모습으로 생각한다는 것입니다. 진짜 사랑은 그렇게 노력하지 않고 그냥 두어도 영원히 변하지 않는 것이니, 만약 내가 지금 사랑을 유지하기 위해 노력해야 한다면 그건 내가 운명적인 남자를 만나지 못해서일 거라고 생각하기도 합니다. 그런 생각이 점점 커지면, 싱글인 분은 어떤 남자를 만나도 만족하지 못하게 되고, 남편이 있는 분은 새로운 인연을 꿈꾸게 됩니다. 언젠가 내가 스치듯 만났던 사람, 혹은 지금 내 곁에서 나와 함께 밥을 먹고 한 침대에서 잠을 청하는 내 남편이 어쩌면 내 인생에서 만나기로 결정된 수많은 남자 중에서 가장 최고의 남자일 수도 있는데 말입니다.

아름다운 사랑, 그 안에 감춰진 비밀

"마흔 넘어 새로 사귄 남친과 동거한 지 3년이 되어갑니다. 언젠가부터 남친은 저와 대화가 없어요. 성관계도 주에 한 번? 그나마 지금은 한 지가 한 달도 넘었죠. 남친에게 사랑받고 있다는 느낌을 전혀 받을 수가 없습니다. 요즘은 남친과 나란히 누워 있어도 외롭다는 생각이 드네요. 전에는 가장 행복한 순간이었는데 말입니다. 다시 누군가를 열렬히 사랑하고, 나도 그만큼 사랑받고 싶어요. 결국 헤어지고 다른 남자를 찾아야 하는 걸까요?"

사랑이 식어서 상대로부터 등을 돌리는 행위는 상대의 가슴에 큰 상처를 주곤 하죠. 하지만 애초 사랑하지 않았던 것이 아니라, 진심으로 열정을 다해 서로 사랑했음에도 지금은 사랑이 식어버려 이별을 고민하는 거라면, 무조건 이별을 바라는 그 사람만을 비난할 수는 없습니다. 겉으로 보기에는 사랑이 식은 쪽의 책임이 커 보이지만 실제 그들의 연애사史로 깊이 들어가 보면 과연 누가 사랑을 식히는 데 일조했는지 확정할 수 없는 경우가 대부분이기도 합니다.

서로 존중하며 오랫동안 사랑을 지켜가는 관계는 아름답습니다. 하지만 우리가 놓치지 말아야 할 것은 그 사랑이 아름다운 진짜 이유는, 두 사람이 헤어지지 않고 늙어 죽을 때까지 함께해서가 아니라, 그 사랑이 오래도록 이어질 수 있도록 두 사람이 노력했기 때문이라는 사실입니다. 오래 이어진 사랑이 아름다운 것은, 어느 한편의 헌신이나 희생이 아니라 둘 모두의 노력으로 유지되었기 때문입니다.

진짜 아름다운 사랑은 내 의지와 무관하게 영원히 이어지는 사랑이 아니라, 빛을 잃어가지 않도록 끊임없이 내가 노력해서 만들어가는 사랑입니다. 무료 공연보다 단돈 천 원이라도 받는 공연의 불참NO-SHOW률이 현저하게 낮은 것은, 단돈 천 원이지만 내 돈을 지급함으로써 그 공연에 대한 소유의식을 갖게 되는 것처럼 말입니다. 행복도 마찬가지입니다. 내가 스스로 노력하여 만든 행복이라면 평생 그것에 만족하며 살 수 있지만, 타인에 의해 주어진 행복은 그 가치를 깎아내리기 쉽고 지켜내기도 어렵습니다. 로또 당첨자가 당첨금을 쉽게 탕진하는 원리처럼요.

세상 모든 만물이 그렇듯, 사랑도 언젠가는 식을 수밖에 없습니다. 그러므로 오래 이어지지 못하고 깨어지는 관계를, 아무것도 모르는 제삼자가 무조건 비난하는 건 절대 바람직하지 않습니다. 내가 그렇게 인내력 있게 사랑하지 못했다고 해서 너무 자책할 일도 아니죠. 어쩌면 곧 대한민국에서도 유럽이나 서구권처럼 결혼이나 독점적 연애를 해체하려는 움직임이 생겨날지 모릅니다. 폴리아모리Polyamory 즉, 비독점적 다자간 연애는, 내 마음이 끌리는 다수의 사랑을 연인이나 부부 둘 다 동시에 인정하는 관계를 말합니다. 사실 그렇게 제도에 얽매이지 않고, 도덕에 짓눌리지 않으며, 그저 '나'와 '사랑'만 생각할 때, 우리는 사랑에 가장 솔직해질 수 있으며, 행복에 좀 더 가까워질 수 있을지도 모릅니다. 한 사람과만 영원히 행복한 사랑이 아니라, 한 사람이든 여러 사람이든 간에 그 과정에서 내가 영원히 행복할 수 있다면 그게 곧 영원한 사랑이 아닐까요.

사랑은 조건이 아니라, 경험입니다

―――――――――――――――――――

"마흔을 넘긴 미혼 여성입니다. 어릴 때부터 결혼하고 싶었고, 나름대로 이상적인 결혼 상대에 대한 조건을 마음속에 품고 있었습니다. 안정된 직업과 성실함, 배려심, 그리고 저와 맞는 가치관 정도? 돈이나 학력, 집안은 별로 중요하지 않습니다. 그것 때문인지는 모르지만, 아직 결혼은 하지 못하고 있고 심지어 나이가 들면서 이런 조건들의 중요성은 점점 더 커졌습니다. 이제 와서 현실과 타협한다는 게 용서가 안 됐죠. 하지만 지금은 무척 혼란스럽습니다. 주변 친구들은 이미 가정을 꾸리고 아이들을 키우고 있는데, 저는 아직도 이상적인 짝을 기다리며 혼자 지내고 있으니까요. 조건을 조금 내려놓아야 할까요, 아니면 더 기다리며 이상형을 찾는 게 맞는 걸까요? 이제는 저도 혼자인 생활이 조금 외롭고, 결혼을 진지하게 고민하고 싶습니다. 어떻게 해야 할지 조언 부탁드립니다."

어느 책에서 사랑을 "크게 이가 빠진 동그라미가 덜컥덜컥 구르며 세상을 다니다가, 만나는 조각 하나하나를 몸에 끼워본다"라고 표현한 삽화를 본 적이 있습니다. 언뜻 보기에 이야기에 등장하는 '내 몸에 맞는 조각'이라는 설정은 마치 '상대의 조건'을 말하는 것 같지만, 아닙니다. 그게 조건이라면 동그라미는, 그것을 바라보고 판단한 후 자기에게 맞지 않을 것 같으면 애초부터 끼워보려는 시도조차 하지 않고 다른 조각을 찾아 나섰겠죠. 하지만 그 삽화 속 동그라미는 만나는 모든 조각을 몸에 끼워보고 나서야 나의 조각이 아님을 확인했습니다. 그 과정이 모두 '경험'이었던 것입니다. 다수의 실패 경험 끝에 동그라미는 비로소 자기에게 맞는 조각을 찾게 될 것입니다. 조각을 끼웠다가 시간이 지난 후 낡고 닳아 덜그럭거리면, 빼고 다른 적합한 조각으로 갈아 끼울 수도 있을 테고요.

사랑은 하늘이 점지해준 거역할 수 없는 인연도 아니고, 한번 맺어지면 절대 부정해서도 안 되는 규율도 아닙니다. 사랑은, 많은 경험 속에서 나에게 가장 잘 맞고, 나를 가장 행복하게 해주는 것을 고르는 경험이며, 해보니 정답이 아니라면 언제든 바꿀 수도 있어야 합니다. 그게 나를 행복하게 해줄 수만 있다면 말입니다. 나도 상대에게 그런 경험을 줄 수 있다면 선택되는 거고요.

사랑은 서로 상대를 세상의 주인공으로 만들어주는 과정입니다. 나 때문에 상대가 주인공이 되고 상대 덕분에 내가 세상의 주인공이 되는 거죠. 모든 것이 흑백인 세상에서, 내가 사랑하는 단 한 사람만 컬러로 보이는 경험이며, 그 사람만 내 곁에 있을 수 있다면, 지금까지 소중하게 생각했던 나의 모든 것을 송두리째 버려도 기꺼이 행복한 경험입니다. 그런 '경험'을 할지 말지에 관한 결정 권한은 오직 나에게 있으며, 비록 그렇게 행복한 경험을 한 후 뒤에 따라오는 이별이 같은 크기의 절망을 준다고 하더라도 기꺼이 경험해보겠다고 마음먹는 것이 올바른 태도일 것입니다. 그래야 나에게 맞는 조각을 찾을 수 있을 테니까요. 물론 일단 선택했더라도 아니라는 판단이 들면 무를 수 있는 용기도 있어야 합니다. 그렇게 사랑을 목적이 아닌 단순한 경험 정도로만 생각할 수 있다면, 훨씬 접근이 쉬워질 것입니다. 덩달아 이별의 아픔도 훨씬 적을 수 있고요.

지금이 사랑하기 가장 좋은 때

나이 들수록 사랑할 때 상대의 조건을 더 많이 보게 되는 이유는 조금 속되게 표현하면 '본전 생각'이 들어서입니다. 이는 "내가 겨우 이런 조건의 연인을 만나려고 그토록 오랜 시간 상대를 살폈나?"라는 생각이 들면서 그간의 지나간 내 시간을 연인의 조건으로라도 보상받으려고 하는 심리입니다.

본전에 대한 생각으로 인연을 찾지 못하는 상황은 주식 투자자의 심리와도 흡사합니다. A라는 주식을 보유하고 있던 사람이 그간 팔까 말까를 망설이던 가격대에서 선뜻 매각하지 못한 이유는 조금만 더 기다리면 훨씬 더 좋은 가격에 팔 수 있을 거라는 기대 때문입니다. 하지만 시간이 한참 흐른 뒤 이전에 망설이던 가격대가 그나마 가장 좋은 시점이었다는 깨달음을 얻게 됩니다. 안타까운 건 그럼에도 여전히 A를 팔지 못합니다. 왜냐하면 '본전 생각'이 생겼으니까요. 이젠 가격에, 기다려온 시간의 가치까지 더해져 더 좋은 조건이 나타나지 않으면 주식을 팔 동기가 생기지 않습니다. A라는 주식은 다시 상승하여 원하는 가격에 팔 가능성도 있지만 그 회사가 상장 폐지되어 휴지 조각이 되어버릴 가능성도 생겨버렸습니다.

언급해드린 사례는 '주식'이므로 '연애'와는 다소 차이가 있을 수 있고, 사랑을 찾는 분들의 마음을 더 조급하게 만들 수 있다는 것을 압니다. 결혼 의지가 있는 분의 마음을 더 조급하게 만들 수 있다는 것도 잘 알고 있습니다. 그럼에도 굳이 설명하는 이유는 하나입니다. 지금이 주식을 팔기 위한 가장 최적의 순간일지도 모른다는, 지금이 사랑하기 가장 좋은 때일 수 있다는 이야기를 드리고 싶었거든요.

한 TV 예능 프로그램에 출연한 배우가 이런 말을 한 적이 있습니다. 자기 주변에 "나는 로또도 당첨되지 않는 불운한 사람"이라고 생각하는 사람들이 많은데 그런 말을 들을 때마다 이 배우는 그분들에게 이런 질문을 한다고 합니다. "얼마나 자주 사보셨는데요?" 로또는 확률 게임입니다. 자주 사면 그만큼 당첨될 확률이 높아지는 거죠. 그렇지 않으면 당첨될 확률은 거의 없습니다.

만약 내가 사랑하고 싶지만 사랑하지 못하고 있다면 얼마나 많은 경험을 했는지, 그 경험을 위해 나는 얼마나 열심히 노력했는지 돌아볼 필요가 있습니다. '경험'이라고 하니 싱글인 분에게만 해당한다고 오해할지 모르지만, 결혼한 분도 예외는 아닙니다. 여기서의 '경험'이 오직 사람을 의미하는 건 아니니까요. 남편 한 사람과도 많은 경험을 할 수 있습니다.

만약 그 고민 끝에 내 의지가 부족했다는 생각이 든다면, 일단 후회 없을 만큼 노력이라도 해본 후 다시 돌아봤으면 좋겠습니다. 그렇게 '경험'을 위해 열심히 노력하며 살다 보면 어느새 내 곁에 있는 이가, 또는 나의 배우자가 사랑하는 사람이 되어 있는 드라마틱한 변화를 마주하고 있을지 모릅니다.

마음을 돌리는 데
필요한 시간은 6개월

"안녕하세요. 저는 중년의 여성으로, 사춘기 아들도 하나 있습니다. 그간 엄마로서, 아내로서 가정을 위해 열심히 살아왔지만, 요즘 남편과의 관계로 고민이 깊습니다. 남편은 항상 바쁘고, 가정에도 소홀하고 무엇보다 저에게 관심이 없습니다. 직장 일에 매몰되어 집에 돌아오는 시간이 늦고, 주말에도 일로 나가는 경우가 많습니다. 제가 그를 기다리며 가족을 위해 애쓰는 동안, 남편은 저와 아들에 관한 관심이 없어 보입니다. 남편이 바쁘다는 건 이해하지만, 가끔은 저와 아이를 사랑하지 않는 것처럼 느껴져서 괴롭습니다. 서로의 마음을 나누는 시간이 없고, 감정적으로 연결되어 있지 않은 것 같아 외롭습니다. 사실 주말 같은 때 함께 있으면 불편하기도 한 걸 보면 이젠 없는 게 더 편할 수도 있겠다는 생각도 드네요. 이런 상황이 지속되면서, 이혼이라는 생각이 머릿속을 스쳐 지나가곤 합니다.

지금까지 가족을 위해 헌신했지만, 이제는 저 스스로도 행복을 찾아야 할 때라고 느끼고 있습니다. 남편과의 관계가 이렇게 계속된다면, 앞으로의 삶이 너무나도 힘들 것 같아요. 이혼을 결심하기 전에, 정말로 이게 최선인지 고민하고 싶습니다. 어떻게 해야 할까요?"

위 사연에는 온통 일밖에 몰라 가족에게 소홀한 남편으로부터 소외감과 외로움을 경험하면서, 사랑받고 싶은 마음 때문에 이혼까지 생각하는 아내의 안타까운 모습이 담겨 있습니다. 어쩌면 수많은 부부들이 직면한 문제이기도 하겠죠. 지금까지는 새로운 인연을 만드는 법에 주목했다면 이제부터는 지금 내 곁에 있는 소중한 사람에 대한 사랑을 회복하는 구체적인 전략과 전술을 살펴보려고 합니다. 틀에 박힌 위로나 조언이 아니라 행동주의와 인지행동치료의 이론을 바탕으로 한 원칙에 대해 설명드리고자 하니, 이를 일상에 적용하면 반드시 드라마틱한 변화가 찾아올 것입니다. 먼저 아내의 태도부터 살펴볼까요.

원칙 1. 원인과 결과의 법칙

———————————

 남편이 퇴근하고 집에 와도 아무 관심이 없는 아내가 있다고 가정하겠습니다. 이런 아내의 태도가 저절로 생긴 걸까요? 아닙니다. 남편의 퇴근에 아무 관심이 없는 듯 행동하는 아내의 태도는, 사실은 남편이 집에 일찍 오지 않거나 오더라도 집안일을 분담하지 않아 아무 도움이 되지 않는 것에 관한 서운함에서 비롯되었을 가능성이 큽니다. 아내는 온종일 집안일로 녹초인데, 남편은 집에 일찍 오지도 않을 뿐만 아니라 그나마 일찍 온 날도 소파에 누워 OTT나 보면서 자기 시간만 즐긴다면, 아내로서 굳이 남편을 반길 이유는 없는 거니까요.

 하지만 남편이 늦게 귀가하거나, 퇴근하고 집에 와서도 아내에게 아무 도움을 주지 않는 데도 나름의 이유가 있을 수 있습니다. 집에 와도 거들떠보지 않고 아이만 챙기는 아내에게 서운하지 않기는 쉽지 않죠. 온종일 전장 같은 일터에서 타인을 대하다가 집에 온 남편은 자신의 귀가를 환대하는 모습을 기대했을지도 모릅니다. 세상 모두가 나를 공격하고, 나를 힘들게 해도, 온전히 나를 믿고 응원해주며 편안하게 쉴 수 있게 해주는 가족의 따뜻한 환대 말입니다. 하지만 형식적이나마 인사라도 하는 회사 직원들과 달리, 아예 못 본 척 자신을 무시하는 아내의 태도는, 다음과 같은 남편의 속 좁은 다짐을 만들었을지도 모릅니다.

"네가 그런다면 나도 널 위해서는 아무것도 하고 싶지 않아."

저는 지금 남편과 아내 중 누가 먼저 잘못했는지를 이야기하는 게 아닙니다. 그건 하나도 중요하지 않으니까요. 중요한 건 어느 한 사람의 말과 행동이 상대의 말과 행동을 결정한다는 것입니다. 배우자가 나를 향해 어떤 말이나 행동을 한다면 반드시 그 말과 행동의 원인에는 나의 말과 행동이 있다는 것, 그게 바로 원인과 결과의 법칙입니다.

그렇게 아이만 챙겼던 아내, 그런 아내가 서운해서 집안일을 전혀 돕지 않았던 남편, 그런 남편이 꼴 보기 싫어 집에 와도 못 본 척 무시했던 아내의 행동은, 이제 아무것도 하지 않는 것을 넘어 아예 집에 오고 싶지 않아진 남편을 만듭니다. 들어가는 순간 서운해지고 마음이 상하는 집보다는, 나만의 공간이 보장된 회사에 남아 늦게까지 일이라도 하거나, 핸드폰 주소록을 뒤지고 여기저기 카톡을 날려 친구와의 술 약속을 잡는 게 훨씬 좋았을 테니까요.

하지만 남편의 이런 행동은 다시 아내의 생각과 태도에 나쁜 영향을 줍니다. 오랜 기간 그런 남편의 부재가 익숙해진 아내는 어느 순간 차라리 남편이 집에 없는 게 더 익숙해져 버리고 맙니다. 온종일 일하고 이제야 나만의 시간을 가지려고 했던 늦은 시간에 어쩌다 남편이 일찍 집에 오기라도 하면, 아내는 자기도 모르게 왜 이렇게 일찍 왔냐고 남편을 구박하게 됩니다. 남편이 없는 공간에 익숙해진 아내는, 나이 들어 은퇴하고 갈 곳 없어 집에 있는 남편을 삼식이라고 부르며 구박하는 아내가 되어버립니다.

여기서 끝이 아니겠죠? 남편의 이른 귀가를 부담스러워하고, 집에 있는 남편을 구박하는 아내의 말과 행동은, 다시 남편에게 더 깊은 외로움을 느끼게 하고, 그 외로움이 극한으로 치닫던 어느 날, 남편은 자신을 향해 웃어주는 어느 낯선 여자에게 마음을 빼앗기게 됩니다. 그렇게 불륜과 외도가 시작되죠. 결코 남편의 외도가 아내 탓이라는 이야기를 하는 게 아닙니다. 그런 아내의 태도를 만든 건 그에 앞선 남편의 잘못이니까요.

아내와 남편이 서로를 향해 주고받는 원인과 결과, 그 악순환에 누가 먼저이냐가 어디 있고, 누구의 책임이 어디 있겠습니까. 그런 건 하나도 중요하지 않습니다. 중요한 건, 이 악순환의 고리를 끊어내고 다시 선순환 구조를 만들 수 있는 방법이니까요. 저의 내담자 중에는 이런 원인과 결과의 법칙을 잘 이해한 후, 결국 드라마틱한 변화를 만들어낸 남편이 있습니다.

"성인이 된 딸아이를 축하해주기 위해, 둘만 꽤 비싼 오마카세 집에 갔습니다. 집으로 돌아오는 길에 아이가 그러더군요. 엄마하고도 이렇게 외식 자주 하냐고. 망치로 뒷머리를 한 대 강하게 맞은 기분이었습니다. 부끄럽지만 그때까지 전 단 한 번도 기념일 같은 날을 제외하고는 아내와 일상적인 외식을 해본 적이 없거든요. 해본 적이 없다기보다는 아내도 가끔은 나와 일상적인 외식을 하고 싶어 할지도 모른다는 생각을 살면서 단 한 번도 해보지 않았다는 게 더 충격이었습니다. 이후 저희는 가끔 일상적으로 외식을 즐깁니다. 아내와의 외식이 시작된 후로 아내는 이제, 직장에서 거는 제 전화를 반갑게 받아줍니다. 외식해서가 아니라, 배려받는 느낌이 고마웠다고 하면서요. 사랑받는 것 같다네요."

문제를 알았고, 그게 어떤 원리로 만들어지는지 알았으니 이제 해결책을 이야기할 차례입니다. 해결책은 간단합니다. 그게 어떤 노력이건, 배우자보다 내가 먼저 시작하는 것, 그게 바로 원인과 결과의 법칙을 적용한 선순환 구조의 시작입니다.

만약 아내가 먼저, 아무 이유도 계기도 없이, 무조건 아이보다 남편을 더 소중하게 챙긴다면, 그런 아내에게 고마운 남편은 아마 아내에게 도움이 되고 싶어서라도 집안일을 더 많이 하려고 노력할 것입니다. 그렇게 집안일을 많이 하는 예쁜 남편의 귀가를 반가워하지 않을 아내가 있을까요? 반가운 마음에 환한 얼굴로 남편의 귀가를 반기는 아내의 모습이 너무 보고 싶은 남편은, 있던 친구와의 약속도 취소하고 집으로 달려오게 됩니다. 그렇게 집에 일찍 와서 자신을 돕는 남편이 아내는 점점 더 익숙해지고, 어느새 남편이 온종일 집에 있어도 불편하긴커녕 뭐라도 함께할 수 있어서 더 기분이 좋아지겠죠. 그런 아내의 마음이 고맙고 사랑스러운 남편의 노후는 그 누구보다 행복할 것입니다.

선순환 구조로 바뀐 이 이야기의 시작은 '아이보다 남편을 소중하게 생각하는 아내'이어도 되고, '집안일을 더 많이 분담하려고 노력하는 남편'이어도 됩니다. 그 시작이 어떤 행동이건, 그 시작을 누가 먼저 하건, 선순환 구조의 목적은 이야기를 해피엔딩으로 만드는 것이니까요.

도로에서 운전하다 보면 우린 참 많은 사람과 다투게 됩니다. 그게 누구의 잘못인지 명확하지 않을 때 그 다툼은 극으로 치닫게 되죠. 그렇게 고성과 욕설이 난무하다가 때론 폭력으로 이어지기도 합니다. 하지만 혹시 최근에 그런 일이 있었다면 가만히 되돌아보기를 바랍니다. 만약 상대의 대응과 무관하게 무조건 내가 먼저 따뜻한 말투와 부드러운 행동으로 상대를 대했다면, 과연 그래도 그 과정의 엔딩이 그토록 폭력적이었을까요? 아닙니다. 오히려 서로 부드럽게 미소 지으며 자기가 먼저 미안하다 하고, 상대가 다치지는 않았는지 안부를 묻는 따뜻하고 인간적인 엔딩이 되었을 가능성이 큽니다. 그것이 바로, 내가 먼저 바뀌면 엔딩이 바뀌는, 원인과 결과가 만드는 선순환 구조의 원칙입니다.

내가 바뀌면 상대도 달라지는 건 우리네 인간이 사는 세상의 변하지 않는 원칙입니다. 그러니 제가 이후 이 책에서 알려드리는 사랑을 만드는 구체적인 노력과 방법을 먼저 수행해야 하는 건 배우자나 연인이 아니라 무조건 '나'여야 한다는 걸 절대 잊지 않았으면 좋겠습니다. 그렇게 내가 먼저 시작하면, 무조건, 그리고 반드시 상대의 변화가 시작됩니다.

원칙 2. 6개월의 노력

제가 부부 상담에서, 원인과 결과가 적용되는 선순환 구조와 그것을 만드는 나의 선행적인 노력의 중요성을 말하면, 어떤 분은 이렇게 묻습니다.

"하지만 우리 부부는 이런 갈등이 너무 오래됐어요. 결혼한 지 30년도 넘었거든요. 이렇게 오래된 부부도 단시간의 노력으로 회복할 수 있을까요?"

아니요. 절대 단시간의 노력으로는 단단한 선순환의 구조를 만들기 어렵습니다. 하지만 그렇다고 실망할 필요는 없습니다. 생각보다 정말 긴 시간이 필요한 것도 아니거든요. 결론부터 말씀드리면, 단 6개월이면 충분합니다. 이게 바로, 앞으로 제가 어떤 구체적인 방법을 말씀드리건 간에, 그 방법을 실행하는 데 반드시 적용되어야 하는 두 번째 원칙입니다. 적어도 6개월은 꾸준히 노력해야 한다는 것.

6개월의 노력은, 앞으로 정확히 6개월 동안 여러분의 마음 가장 중심에, 여러분의 인생 가장 우선에 '배우자 또는 연인'을 올려놓는 것입니다. 그래야 하는 이유 같은 건 없습니다. 그냥 무조건입니다. 가능한 많은 것을 칭찬하고, 항상 웃는 표정을 지으며, 사랑이 가득한 표정으로 바라봐 주면 됩니다. 배우자나 연인이 좋아하는 행동을 하고, 자기 시간을 보장해주며, 원하는 건 다 들어주면서, 절대 짜증 내지 않고, 충고하지 않고, 무언가를 요청할 때도 정중하게 부탁하기 바랍니다. 일과 관련한 성과를 칭찬하고, 배우자가 나에게 얼마나 소중한 사람인지 너무도 잘 알고 있다는 것을 배우자가 느끼게 해주면 됩니다.

무조건 존중하며 잘해주기만 해야 하고, 때로 부드러운 애정을 보여줄 수도 있다면 금상첨화입니다. 묻지도 따지지도 말고, 무조건이어야 하며, 간혹 '왜 내가 이래야 하는 거지? 잘못한 것도 없는데'라는 생각에 자존심이 상하거나, '상대는 바뀌지도 않는데 도대체 언제까지 나 혼자 이런 노력을 해야 하는 거야?'라는 생각에 지치더라도, 인내를 가지고 꾸준히 해야 합니다.

특히 중요한 건 감정이 이랬다저랬다 하는 모습은 절대 보여주지 않아야 한다는 것입니다. 6개월 동안은 무조건 한 가지 태도와 감정으로만 일관해야 하는 거죠. 6개월의 노력을 실행하다 실패하는 가장 큰 이유는, 자신도 모르게 무언가를 바라기 때문입니다. 나의 행동에 반응하는 상대의 변화를 서둘러 기대하고, 내가 한 만큼 상대도 나에게 당장 무언가를 해주어야 한다고 생각합니다. 어찌 보면 너무도 당연한 생각입니다. 세상 모든 것에는 주면 받는 것이 있어야 하니까요. 하지만 적어도 '6개월의 노력'을 하는 동안만은 받는 건 잠시 뒤로 미뤄두고 잊어주기를 바랍니다. 믿어도 좋습니다. 6개월 후에는 반드시 변화와 함께 받기도 시작될 것입니다.

그렇게 6개월간 오로지 '칭찬과 격려, 응원과 감사'만 배우자와 연인에게 주다 보면, 어느새 상대는 어디서도 받아 보지 못한 배려와 사랑에 크게 감동할 것이고, 그 감동은 서서히 스스로 변하는 계기가 될 것입니다. 그렇게 온전히 6개월이 지나고 나면 놀랄 만한 변화가 찾아오게 됩니다. 분명히 상대를 섬기고 배려하고 사랑한 것은 나인데, 어느 순간 오히려 내가 더 섬김을 받고 배려받고, 사랑받고 있다는 것을 느끼게 될 테니까요.

많은 분이 잘 모르는 부분이 있습니다. 그건 바로 나의 배우자나 연인도 '나로부터 사랑받기를 바라는 외로운 사람'이라는 사실입니다. 사이가 좋지 않은 부부나 오래된 연인은 종종 '내 배우자는 나를 사랑하지 않고, 나와 함께 있는 것을 싫어합니다'라고 오해합니다. 하지만 놀라운 건, 바로 그 오해를 받는 배우자도 '내 여친은 나를 사랑하지 않고, 나와 함께 있는 것을 싫어합니다'라고 말한다는 것입니다. 서로 같은 오해를 하며, 서로 상대의 변화만을 기다리고 있는 셈이죠.

이렇게 생각해보면 이해가 좀 더 쉽습니다. 만약 오늘부터 배우자(연인)의 태도가 180도 바뀌어, 항상 나에게 친절하고, 따뜻하게 대해주면서 매일매일 나를 사랑해준다면, 그리고 그런 태도를 6개월 이상 꾸준히 변함없이 보여준다면, 과연 나는 그를 어떻게 대하게 될까요? 상대가 나에게 하길 원하는 바로 그 행동을 지금부터 내가 먼저 그에게 하는 것입니다. 그럼, 상대도 반드시 나와 같은 감정의 변화를 경험하게 될 것입니다. 누가 먼저 하든 무조건 해피엔딩이 될 수밖에 없으니, 상대가 먼저 하게끔 할 자신이 없다면 내가 먼저 하면 됩니다.

6개월의 노력이 성공하려면 '의지'보다는 '진심'이 필요합니다. 과거의 행복했던 부부(연인) 관계를 되찾겠다는 '의지'가 아닌, "지구상에 최악의 바이러스가 돌아서 오직 우리 둘만 살아남아, 이 세상에서 의지할 사람도, 사랑할 수 있는 사람도, 나를 사랑해줄 사람도, 나의 편이 되어줄 유일한 한 사람도 오직 배우자뿐일 때, 과연 나는 그를 어떻게 대할 것인가?"라는 질문의 답이 될 수 있는 행동을 하는, 바로 그 '진심' 말입니다.

"무슨 말인지는 알겠는데요. 그래도 전 못할 것 같아요. 진심이 절대 되지 않아요. 그만큼 미워졌나 봐요."

충분히 그럴 수 있습니다. 결혼생활 혹은 연애하는 동안 내내 서로 상처 주고 상처받은 기억이 많으면, 트라우마 때문에라도 진심이 나오기 어렵죠. 만약 정말 너무 미운털이 박혀서 결코 진심을 만들 수 없다면, 마치 영화배우가 된 것처럼 철저하게 '연기'해도 효과는 같습니다. 아무것도 바라지 않고 온전히 주기만 하는 '연기 생활'을 정확하게 6개월만 실행하면 되는 거죠.

맞습니다. 고작 6개월입니다. 절대 쉽지 않은 노력이지만, 평생이 아닌 고작 6개월 정도이니 강한 의지로 해보셨으면 좋겠습니다. 그렇게 함으로써 반드시 상대의 변화를 만들겠다는 의지로 하는 게 아니라, 어떤 목적도 없이 그저 노력하는 것입니다. 나를 그토록 사랑해줬던 고마운 기억이 있는 사람이니 6개월 정도의 이런 배려는 받을 만하잖아요. 헤어지기 전에 마지막 선물 준다 생각하고 눈 질끈 감고 실행하는 겁니다. 그러다 보면 어느 날 불현듯 진짜 변화가 두 분 사이에서 시작됩니다. 그렇게 변화가 시작되면 선순환에도 점차 가속이 붙고요. 속는 셈 치고 꼭 한번 해보셨으면 좋겠습니다.

어느 날 문득 나의 배우자(연인)에게, 내가 너무도 소중하다는 깨달음이 생겨서 이후 상대의 말이나 행동과 태도가 저절로 바뀌는 마법 같은 일은 일어나지 않습니다. 오히려 그 마법을 내가 노력으로 만들어야 하는 거죠. 아무것도 하지 않으면 정말 아무 일도 일어나지 않습니다.

시선이 머무는 곳에서
피어나는 마음

"아내는 가정에 무관심하다고 생각할지 모르겠지만 이게 다 살아남기 위해서 하는 사회생활이잖아요. 회사에서 왕따당하지 않으려면, 영업실적 부진을 만회하기 위해 클라이언트를 접대하려면, 적당히 어울려주어야 한다고요. 나라고 마냥 좋아서 그러는 걸까요?"

남녀가 서로에게 온전히 집중할 수 있는 기간은 어쩌면 연애 초 정도가 아닐까 생각합니다. 이후에는 수많은 이유로 인해 서로에게 머물던 시선이 분산되기 십상이죠. 그럼에도 불구하고 서로를 응시하려는 노력이 필요합니다. 마음은 시선이 머무는 곳에서

꽃처럼 다시 피어나기 때문이죠.

'한 점 바라보기'라는 테스트가 있습니다. 같은 간격으로 수없이 많이 찍혀 있는 점 중 하나에 눈의 초점을 맞춘 뒤 한참 동안 뚫어지게 바라보면 어느 순간 그 점만 남고 주변 다른 점들이 희미해지거나 사라지는 경험을 하게 됩니다. 우리의 뇌는 그렇게 '내가 주목한 것'은 실제보다 더 강조해서 보여주고, '내가 주목하지 않는 것'은 실제보다 축소하거나 아예 삭제해서 보여주곤 합니다.

운전을 하다 보면 항상 내가 가는 길만 막히는 것 같은 경험도 마찬가지입니다. 사실은 그런 적도 있고, 아닌 적도 있는데, 잘 뚫릴 때는 주목하지 않다가 막힐 때는 그 상황에 주목하게 되니 나의 뇌에는 막히는 상황만 기록되어 항상 그런 것처럼 보이는 것입니다. 늦은 밤이나 새벽에 깨어 가만히 귀 기울이면 시계의 초침 소리가 정말 크게 들리는 것도 같은 원리죠. 시계 초침 소리는 온종일 같은 데시벨로 울리지만, 그 시간에는 나의 관심이 온통 초침 소리에 더욱 집중되기에, 그 소리가 더 뚜렷이 그리고 크게 들리는 것입니다.

부부나 연인 사이에서도 마찬가지입니다. 서로를 주기적으로 그리고 주변의 다른 것들로부터 분리해서 자주, 또 주목하여 바라보지 않으면 그는 내 생활에서 조금씩 지워지게 됩니다. 따라서 부부나 연인이 다시 행복하려면 서로에게서 멀어진 관심과 집중을 돌려놓을 필요가 있습니다. 단순히 그를 집중해서 바라보기만 해도 충분히 회복될 수 있습니다. 그에게 관심을 주고 집중하면 주변 것들이 모두 자연스럽게 사라지거든요. 물론 이 노력이 생각만큼 쉽진 않습니다. 우리의 일상에는 서로를 바라볼 수 있는 시간을 앗아가는 요인들이 너무 많거든요.

노동과 사랑의 외줄 타기

우선 '일'이 그렇습니다. 대한민국 국민은 안타깝게도 일을 너무 많이 합니다. 이건 직업을 가진 여성이나 전업주부나 같습니다. 절대적인 일의 양도 많지만, 급격한 산업 발전을 이룩하는 과정에서 일하는 건 선善이고, 노는 건 악惡이라는 터무니없는 선입견을 품게 되어 일하는 것을 숭배하는 문화까지 있습니다. 노는 것도 일하는 것만큼이나 중요한데, 놀면 무언가 잘못하는 거라 생각하며, 심지어 죄책감을 느끼는 분도 있습니다. 워커홀릭이라는 단어가 질병이 아닌 자부심처럼 소통되는 사회는 절대 바람직하지 않습니다.

더 놀라운 건 그렇게 죽을 만큼 일하면서도 그 상황을 불행하다고 생각하지 않는다는 것입니다. 내 인생이니 내가 그 안에서 행복하고 보람을 찾고, 자기 정체성을 느끼는 건 나쁠 게 없습니다. 하지만 문제는 그 과정에서 연인이나 배우자가 소외된다는 것입니다. 내가 일에 집중하는 동안 바라보지 못하는 나의 연인이나 남편은 나에게 사랑받는다는 느낌을 받을 수 없습니다. 특히 질병 등으로 그의 신변에 변화가 생겼거나, 그가 부정적인 감정으로 혼자 힘들어할 때, 자신의 그런 상황보다 일이 더 우선인 연인이나 아내의 태도를 만나면 그는 이내 마음의 문을 닫게 됩니다. 자기는 하다못해 일만도 못한 사람이 되어버린 거니까요.

일에 집중하면서 남편을 외롭게 하는 건, 직업을 가진 여성이나 전업주부나 크게 다르지 않습니다. 매일 엄청나게 쌓이고 끊임없이 반복되는 집안일은 어쩌면 회사생활보다 더 아내의 시선을 잡아둘지도 모릅니다. 식사 준비, 빨래, 설거지, 음식물 처리, 쓰레기 버리기, 청소, 그 외 잡다한 집안일을 하고 또 했음에도, 남편이 퇴근한 후에도 해야 할 일이 남아 있다면, 그런 아내가 남편을 사랑스러운 눈으로 바라볼 여유가 있을까요? 그럼에도 불구하고 바쁜 틈 사이에 잠시나마 눈을 돌려 남편을 바라봐 줄 수 있다면, 내 남편은 요즘 어떤 고민을 하고 있고, 어디가 불편하며, 가장 하고 싶은 게 무엇인지 궁금해하는 시간을 낸다면, 그렇게 자신에게 관심을 주는 아내를 사랑하지 않을 남편은 없습니다.

직업을 가지고 경제 활동을 하는 분도, 가사 노동에 지쳐 힘든 분도, 모두 자기 몫을 충실히 하다가 의도치 않게 연인이나 남편을 외롭게 하는 거라 억울할 수 있겠지만, 어쩔 수 없습니다. 원인이야 어찌 됐든 간에 내가 그를 외롭게 했고, 외로웠던 그의 감정이 다시 나를 향한 무시라는 반작용으로 돌아오는 거니까요. 대안은, 어떻게든 이런 일들에서 잠시라도 눈을 떼어 그를 바라보는 것입니다.

'일'뿐만 아니라 각자의 '인간관계'도 연인과 부부가 서로를 집중해서 바라보지 못하게 하는 큰 이유 중 하나입니다. 특히 남성은 친구, 동료와의 잦은 술자리로 연인 혹은 아내를 바라보지 못하는 경우가 많죠. 절대 핑계라고 생각하지 않습니다. 나만 독야청청한다고 홀로 소나무로 우뚝 설 수 있는 세상은 아니니까요. 다만 문제는 그 과정에서 내가 정말 사랑하는 연인이, 세상에 하나밖에 없는 내 아내가 외로움을 경험하게 된다는 것입니다. 얻는 게 있으면 잃는 것도 있으니 그 정도 희생은 감수해야 한다고 자위하기엔, 가족과 연인은 내 인생에서 정말 중요한 존재입니다. 지금은 와닿지 않더라도 아마 시간이 꽤 지난 후에는 반드시 깨닫게 될 겁니다. 일 따위와는 비교도 되지 않는 게 사랑하는 사람의 소중함이라는 것을 말입니다. 그때는 너무 늦은 후회일지도 모른다는 게 안타깝지만요.

일주일에 하루나 이틀이라도 일에서 멀어져 그(그녀)에게 데이트를 신청해보는 건 어떨까요? 그저 평소에 가보고 싶던 맛집에서 저녁 식사만 같이하더라도, 두 분 다 음주를 즐긴다면 가볍게 술도 한잔 곁들이는 것도 좋을 것 같네요. 오래된 연인이나 부부가 잊고 있는 것이 있습니다. 지금 내가 주목하여 바라봐 주지 않는 이 사람을, 나 외의 다른 사람은 매력적으로 바라본다는 사실을 말입니다. 바로 그런 귀한 존재가, 타인에게 갈 가능성을 모두 거부한 채 내 곁에 기꺼이 머물러주고 있는 거라는 사실을 말입니다.

시선은 사랑하는 사람에게로

우리의 시선을 연인이나 배우자에게서 떼어놓는 또 하나의 적은 미디어입니다. 예전에는 남편이 집에 와도 거들떠보지 않게 아내의 시선을 붙들고, 아내가 여전히 집안일에 매여 있는 동안 퇴근 후 소파와 한 몸이 된 남편의 시선을 온전히 잡아두던 게 TV였다면, 요즘은 그 자리를 OTT와 유튜브라는 녀석이 차지한 것 같습니다. 골라 볼 수 있는 OTT는 그나마 낫지만, 유튜브는 한번 시선을 뺏기면 절대 놓아주지 않죠. 하나를 보면 이어서 더 강력한 다른 하나를 알고리즘으로 추천하고, 평소에 내 취향을 눈

여겨봐두었다가 호기심을 불러일으킬 만한 콘텐츠를 기가 막히게 골라 화면에 띄웁니다. 그러니 정말 강력한 의지로 화면에서 눈을 떼지 않는 한 이것들로부터 시선을 떼어 내 사람에게로 돌리는 건 그야말로 불가능해 보입니다.

하지만 우린 지금 당장 화면에서 눈을 뗀 후, 빨래를 개고 있는 아내 곁으로 가서 함께 빨래를 개고, 직장에서 돌아와 피곤한 남편 등 뒤로 가서 어깨를 주물러주어야 합니다. 지금 당장 화면에서 눈을 떼고, 마주한 연인의 사랑스러운 눈빛을 바라보면서 그(그녀)가 요즘 가장 관심 있어 하는 주제를 공유해야 합니다. 그렇게 서로의 눈을 마주해야 비로소 사랑하는 사람입니다. 그래야 사랑하는 사람이 내게서 멀어지지 않습니다. OTT의 드라마 한 편이, 유튜브의 숏츠 한 편이 내 인생의 행복을 책임져줄까요? 절대 아닐 겁니다. 하지만 장담컨대 사랑하는 사람과의 잠깐의 눈맞춤은 반드시 내 인생의 행복을 책임져줄 수 있습니다.

육아를 통해 단단한 사랑을 만들려면

만약 당신이 '한 아이의 엄마'라면, 당신의 시선을 가장 많이 빼앗는 존재는 따로 있습니다. 바로 아이입니다. 어리면 어릴수록 더 부모의 관심이 필요하고, 안전을 지켜주는 부모의 시선이 필요한 우리 아이는, 사랑스럽고 예쁘지만 사실 부부의 사랑을 가장 많이 갉아먹는 해맑은 빌런이죠. 육아하면서 사랑이 더 깊어졌다는 부부를 본 적이 있나요? 아이들 등하교를 봐주는 과정에서 부부간 신뢰와 믿음이 더 단단해졌다는 부부는요? 아이가 없을 때는 자주 성관계를 즐기지 못했지만, 아이가 태어난 이후부터는 활발하고 행복하게 주기적으로 성관계를 즐기고 있다고 만족스럽게 말하는 부부 역시, 저는 이제껏 본 적이 없습니다.

그렇다고 당장 아이를 내팽개치고 무조건 남편을 챙기라고 말하는 건 아닙니다. 하지만 혹시 아이를 챙긴다는 명목으로 내가 남편을 외롭게 하는 건 아닌지는 반드시 돌아봐야 합니다. 오늘부터는 아이를 조금 덜 챙기더라도, 남편에게 그만큼 더 시선을 주세요. 이렇게 아이를 방치해도 되는지에 관한 걱정은 하지 않아도 됩니다. 내가 덜 준 시선만큼을 내가 시선을 준 남편이 대신해 줄 것입니다. 부부가 사랑하면, 어느 한편이 해야 한다고 일방적으로 생각했던 일도 분담하려고 노력하는 게 인지상정이거든요. 사랑하는 사람이 힘든 건 절대 보고 싶지 않거든요. 그렇게만 된다면 이제 아이는 사랑을 방해하는 귀여운 빌런에서 사랑을 단단하게 해주는 작은 히어로로 거듭날 수 있습니다.

사소한
스킨십의 중요성

"스킨십이요? 에이, 가족끼리 그런 게 어디 있어요. 연애할 때야 손도 잡고 했지만 이제는 아이도 있고요. 그저 동지처럼 의리로 같이 사는 거죠. 언젠가부터 스킨십이 어색한 사이가 됐네요. 이제 와서 노력하고 무언가를 하는 게 의미가 있을까요?"

위로와 안정감을 전해주는 허그

제가 오래된 연인과 부부에게 가장 많이 제안하는 스킨십은 '허그', 즉 '포옹'입니다. 허그는 인간이 서로에게 하는 스킨십 중 가장 깊은 의미가 있는 행위입니다. 한때 프리허그 캠페인이 길거리를 휩쓸기 전까지만 해도, 저는 허그가 그토록 사람들에게 깊은 울림과 응원을 주는 궁극의 스킨십일 거라고는 생각해본 적이 없습니다. 한 번도 본 적 없는 낯선 사람의 허그에, 반감조차 없이 그토록 많은 사람이 위로와 힐링을 받다니 말입니다.

생각해보면 허그에는 정말 다양한 의미가 담겨 있습니다. 우선 사랑하는 연인에게 허그는 단단한 사랑의 표현입니다. 또, 분쟁지역이나 갈등 상황에서의 허그는 평화를 의미하기도 하죠. 때로 허그는 믿음을 전달하는 몸의 표현이기도 하고, 할 수 있다는 용기를 불어넣어 주는 응원의 몸짓이기도 합니다. 어쩌면 허그는 서로 의지하려는 인간의 본능적인 욕구에 가장 부합하는 스킨십일지도 모르겠습니다. 허그는 연결을 통해 서로의 생명을 확인하는 에너지의 통로이며, 감정을 더욱 끓어오르게 하는 촉매제고, 세상을 더 아름답게 보게 해주는 계기이기도 합니다. 단단하게 안은 채 어떤 시련에도 상대를 놓지 않는 허그는 보는 이를 뭉클하게 하죠. 그렇게 허그에는 그 행위만의 깊은 울림이 있습니다. 허그는 우리에게 희망을 주고, 체온을 나눠줍니다.

기억하시나요. 여러분 인생에서 최고의 허그 상대는 누구였는지? 새로운 사랑을 시작하는 연인 혹은 다시 사랑하기 시작한 부부에게 꼭 부탁드리고 싶은 건, 그토록 의미 있는 행위인 허그를,

내가 사랑하는 사람에게, 좀 더 많이 그리고 자주 선물하라는 것입니다. 내가 그를 단단하게 안아줄수록, 나를 향한 그의 신뢰와 사랑은 더 깊어질 테니까요.

허그와 관련하여 특히 남성에게 꼭 드리고 싶은 이야기는, 아주 많은 여성이 '백허그'를 정말 좋아한다는 사실입니다. 뒤에서 가만히 안아주는 백허그는 마치 따스한 햇살이 온몸을 감싸는 듯한 행복한 순간을 경험하게 하죠. 두 사람의 몸이 포근하게 맞닿아, 서로의 온기를 나누면서도, 둘 다 한 방향을 바라보는 이 특별한 순간은, 말로 다 표현할 수 없는 깊은 감동을 전해줍니다. 이렇듯 백허그는 단순한 신체적 접촉을 넘어, 마음의 벽을 허물고 소통의 장을 열어주는 행위입니다.

백허그는 서로의 몸이 가장 많이 닿는 포옹 방법이기도 합니다. 침대에서 돌아누운 상대의 몸을 가만히 안아보세요. 마치 퍼즐 조각을 맞추듯, 그녀가 취한 자세와 같은 자세를 하고 그녀의 몸에 살짝 밀착하면서 말입니다. 그 순간, 나와 그녀의 몸은 조화롭게 어우러지고, 우연히 닿는 잔잔한 나의 숨결은 그녀의 목을 통해 가슴으로 전달됩니다. 쿵쾅거리며 뛰는 내 심장의 진동까지도 그녀는 느낄 수 있죠. 그렇게 소리와 체온과 감정이 온통 전해지는 백허그는 사랑과 애정으로 가득한 정서의 연결 고리를 만듭니다.

여성이 백허그에서 경험하는 또 다른 감정은, 세상의 모든 걱정과 고통으로부터 나를 지켜주는 듯한 단단한 보호와 지지를 느낄 수 있다는 것입니다. 백허그의 따뜻한 품 안으로 들어가는 순간 그녀는 모든 위협이 사라지는 듯한 편안한 안도감을 느끼게 되죠. 백허그는 따뜻한 위로가 담긴 사랑의 상징이자, 서로에 대한 깊은 이해와 믿음, 그리고 지지를 전달하는 편안하고 안전한 의식입니다. 단순히 일회성으로 가볍게 안고 떨어지는 허그도 좋지만, 긴 시간 함께하는 백허그를 통해 사랑이 이어지는 긴 흐름을 만들어 보세요. 우리는 백허그를 통해 서로의 마음을 감싸고, 영원히 기억될 소중한 순간을 만들 수 있습니다.

손을 잡는다는 것

연인과 부부 사이에 가장 손쉽게, 하지만 의미 있게 할 수 있는 또 다른 스킨십은 '손잡기'입니다. 손잡기는 신체에서 가장 안전한 부위를 서로 닿게 하는 의식이죠. 적당한 거리를 두고 있으면서도, 신체 일부가 닿고 있어 감정의 소통을 유발합니다. 그렇기에 처음 만나는 사람도 가벼운 인사의 의미로 손을 내밀 수 있고, 누군가 연애를 시작했다고 하면 우리가 제일 먼저 묻는 질문도 "손은 잡았어?"인 것입니다.

일본의 한 콘돔 브랜드가, 젊은 다섯 커플을 초청해 차례로 눈을 가리고, 자기 연인을 포함한 이성 5명의 손을 만져보고 정확하게 자기 연인을 구별할 수 있는지에 관한 실험을 했습니다. 5명의 여성은 모두 손만 만져보고 자기 연인을 정확하게 찾아냈고, 남성은 단 2명만 자기 연인을 식별할 수 있었죠.

누군가는 이 실험의 결론으로 여자가 남자보다 훨씬 민감하고 감각적인 감성을 지녔다고 말하지만, 제가 발견한 것은 성별에 따라 연인의 손을 확인하는 손동작이 다르다는 사실입니다. 여성은 대개 가만히 이성의 손에 손을 얹거나 가볍고 부드럽게 손을 감싸 쥐고 자기 연인인지 확인하는 반면, 남성은 이성의 손을 전체적으로 쓸어보고, 자기 손안에 넣고 꼭 쥐거나 심지어 주물럭거리기도 하면서 자기 연인인지 확인했으니까요. 내 연인을 확인하기 위한 전술의 관점으로만 보면 남성의 방법은 영리하지 못합니다.

손은, 부드럽게 스치거나 가만히 닿을 듯 말 듯 쥐면 전해지는 미세한 감각 하나하나를 온전히 느낄 수 있는 도구입니다. 하지만 단단하게 쥐면서 확인할 수 있는 것은 고작 손의 형태 정도죠. 손의 형태는, 남성과 여성의 차이는 있을지 모르지만, 개개인의 특성을 담기엔 부족합니다. 동양사상은 오래전부터 손의 접촉을 통해 '기氣'라고 불리는 생명 에너지가 교환된다고 말합니다. 서로

간 기의 흐름을 조화롭게 하고, 신체 간 에너지 흐름을 만드는 데 중요한 역할을 한다고 믿어왔죠. 혹시 위 콘돔 브랜드 실험의 여성들은, 평소 나와 사랑을 나누었던 연인의 기를 느껴 인지할 수 있었던 건 아닐까요?

이처럼 많은 의미를 담은 '손잡기'이기에, 연인이나 부부가 서로의 손을 잡는 것은 그 작은 행위만으로도 둘 사이의 관계를 부드럽고 친밀하게 만들어줍니다. 심지어 손잡기를 하면 코르티솔이라는 독성 호르몬도 감소합니다. 사랑을 나누고, 감정을 교류하고, 독성 호르몬을 감소하게 해주는 일거삼득의 효과가 있는 이 행위를, 오늘부터는 더 많은 연인과 부부가 외출할 때 실행했으면 좋겠습니다. 그의 손을 부드럽게, 그리고 아주 가만히 살짝 쥐고 감촉을 느껴보세요. 그리고 기억하세요. 내 사랑의 손이 주는 감촉은 이러했다는 것을 말입니다.

마지막 칭찬은
언제였나요?

"남편은 제가 미용실에서 머리를 하거나 새 옷을 입어도 알아차리지 못할 때가 많아요. 저도 남편이 왼쪽으로 가르마를 타는지 오른쪽으로 가르마를 타는지 평소에는 잘 모르고 신경도 안 쓰죠. 그런데 언젠가 저에게 넌지시 새치가 많아졌다고 하더라고요. 너무나 서운했어요. 다른 건 알아주지도 않으면서 흰머리가 많아진 건 또 신경이 쓰이는가 봐요. 제가 더 이상 매력적이지 않은 걸까요?"

"당신은 생각보다 더 아름답습니다"

미용용품 브랜드 도브Dove는, 20년 넘게 'Real Beauty' 캠페인을 전개하면서, 여성의 진정한 아름다움은 무엇인지에 관한 진지한 화두를 던지고 있습니다. 그중 저에게 가장 깊은 울림을 주었던 캠페인이 바로 'Real Beauty Sketches'였습니다.

특정 공간을 둘로 나누고, 한쪽 공간에는 용의자의 얼굴을 그리는 법의학 아티스트가 그림 그리는 도구를 가지고 들어가 있고, 다른 공간에는 익명의 여성이 등장합니다. 공간은 막으로 가려져 서로의 얼굴을 볼 수 없죠. 아티스트는 그림의 대상이 될 주인공에게 질문을 던지고 그 대답만으로 그녀의 얼굴을 묘사합니다. "당신의 헤어스타일을 말해주세요", "당신의 턱은 어떻게 생겼나요?", "얼굴 형태는요?" 같은 질문들입니다.

여성들의 답변은 생각보다 꽤 부정적입니다. 턱이 조금 튀어나왔다든가, 뚱뚱하고 둥근 얼굴을 가졌다든가, 주근깨가 많고 이마가 비정상적으로 넓다는 등의 이야기를 하죠. 몇 개의 질문이 끝난 후 아티스트는 "조금 전 대기실에서 함께 순서를 기다리던 여성"에 관해서도 묘사해달라고 말합니다. 그녀의 외모에 관한 당신의 생각을 말입니다. 그리고 대답을 기반으로 그 여성의 모습도 그립니다. 신기한 건 여성 대부분이 타인의 모습을 묘사할 때는 무척이나 관대하고 긍정적으로 말한다는 것입니다. "날씬했다. 갸름하고 예뻤다. 코가 귀여웠다. 파란 눈이 매력적이었다."

그렇게 자신을 묘사한 말과 타인이 자신을 묘사한 말을 기반으로 그린 두 개의 그림이 완성되면, 그녀를 다시 불러 두 그림을 동시에 보여줍니다. 같은 인물임에도, 내가 나를 묘사한 왼쪽 그림은 꽉 막힌 성격을 가진 뚱뚱하고 슬퍼 보이는 여성인데, 타인이 나를 묘사한 오른쪽 그림 속 여성은 밝고 개방적인 성격에 친근하며 행복해 보입니다. 너무도 명확하게 비교되는 좌우 그림을 보면서 여성들은 이런 이야기를 하죠.

"앞으로는 나에 관해 더 자신감을 가져도 될 것 같아요."

"내가 나를 이렇게 부정적으로 보는지 몰랐네요."

"앞으로는 좀 더 긍정적으로 보려고 노력해야겠어요."

"자존감은 행복을 느끼는 데 정말 중요한 요소인데 나에게 너무 엄했던 것 같습니다."

"생각한 것보다 내가 더 예쁠지도 모른다는 생각이 들어서 행복했어요."

"여자들은 대개 자기를 분석하고 그걸 고치려고 많이 노력하는데, 이젠 달라져야겠네요."

"앞으로는 나를 더 좋아하려고 노력해보려고요."

이 캠페인 영상의 마지막 자막은 "당신은 생각보다 더 아름답습니다"였습니다. 사실 우린 생각보다 칭찬과 인정에 익숙하지 않습니다. 겸손이 미덕이라고 배우고 자란 한국인은 자기를 칭찬하거나 스스로 인정하는 데 특히 더 익숙하지 않죠. 누군가가 자기 자신을 칭찬하거나 인정하면 우린, 나르시시스트라고 비아냥거리거나 겸손하지 않다고 비난합니다. 그런 타인의 반응이 예상되기에 우린 더 겸손하려 하고요. 하지만 앞으로는 타인이 해주지 않더라도 적어도 나만은 나를 스스로 칭찬하고 인정하기 바랍니다. 누가 뭐라 하든, 무조건 나를 인정하고 아끼며 칭찬하고 존중하는 마음을 지니는 것, 이것이 바로 단단한 자존감을 장착하는 비법입니다.

그리고 이왕 그렇게 나를 칭찬하고 인정하면서 자존감을 높여줄 거라면, 내가 사랑하는 사람에게도 칭찬과 인정을 마구 쏟아부어 주세요. 세상이 그에게 해주지 않을 때 적어도 나만이라도, 세상이 그를 무시할 때 유일하게 나만이라도, 사랑하는 사람의 편이 되어 함께 세상과 맞서 싸워주는 거죠. 그렇게 주눅 든 상대의 자존감을 높여주면, 그도 나를 고마워하고, 더 사랑하게 될 것입니다. 이것이 바로 연인이나 배우자를 많이 또 자주 칭찬하고 인정하면 사랑이 회복되는 이유입니다. 다만, 우리는 칭찬에 익숙하지 않기에, 더 바람직하게 칭찬하는 방법도 잘 모릅니다. 이왕하려면 제대로, 효과적으로 하는 게 좋겠죠. 큰마음 먹고 하는 건데 말입니다.

칭찬의 기술

더 효과적으로 칭찬하는 방법 첫 번째는 '구체적으로 해야 한 다'입니다. 아내가 헤어숍을 다녀왔습니다. 칭찬하려고 벼르고 있 던 남편은 찬스라는 생각에 한마디 하죠. "머리했구나. 예쁘다." 말하고 나서 남편은, 아내를 칭찬한 자기가 너무도 대견했을지 모 릅니다. 아마 "어머. 알아봐 주니까 너무 기분 좋다. 사랑해. 여보" 라는 리액션을 기대했을지도 모르죠. 그런데 아내의 반응이 뜻밖 에 미지근합니다. "웬일로 머리한 걸 다 알아봐" 정도의 리액션을 하고 방으로 들어가네요. 이때부터 남편의 머릿속은 복잡해집니 다. '뭐지? 내가 뭘 잘못한 거지?'

잘못한 건 없습니다. 칭찬한 거 자체는 무척 잘한 행동이니까 요. 다만 칭찬이 조금 더 구체적이었다면 훨씬 더 진심이 전달되 었을 것입니다. 단순히 인지하는 칭찬은 무성의해 보이지만, "어? 머리했구나. 예쁘다. 이번엔 많이 잘랐네. 당신은 역시 단발이 더 어울려." 이렇게 구체적으로 하는 칭찬은 진심이 담겼다고 느끼게 하거든요. 그냥 립서비스가 아니라 실제로 나에게 관심이 있어서 하는 말이라는 느낌을 주니까요.

구체적으로 칭찬하려면 상황을 잘 관찰하는 노력을 곁들여야 하므로 실제로도 더 진심인 게 맞습니다. 단순한 결과보다 과정까지 칭찬하려면 내용을 잘 이해하고 있어야 하거든요. 그 상황을 경험하는 배우자의 감정까지 고려하여 칭찬하려면 공감도 해야 하고요. 그러니 사실 구체적인 칭찬은, 무늬만 진심인 게 아니라 정말 진심이어야 할 수 있습니다. 바로 그 진심이 전달되는 것입니다.

더 효과적으로 칭찬하는 방법 두 번째는 '칭찬에 바로 질문을 이어 대화가 되게 하라'입니다. 옷을 못 입기로 유명한 남친이 어느 날 너무 세련된 옷을 입고 왔습니다. 기회는 찬스라고 생각한 여친은 자세히 살펴보고 남친의 감정까지 공감한 후 "와, 옷 너무 예쁘다. 색도 맞춰 입었네. 멋져"라고 말합니다. 하지만 칭찬이 바로 연인 간의 사랑 회복으로 이어지길 바라는 분이라면 바로 이어 "혹시 누가 추천해줬어? 아니면 옷 입는 방법 유튜브에서 배운 거야?"라고 질문 한 줄을 덧붙일 것입니다. 그 질문에 이어지는 남친의 대답을 활용하면 연인 간의 긴 대화가 이어질 수 있으니까요.

더 효과적으로 칭찬하는 방법 세 번째는 '당장의 변화를 기대하면 안 된다'입니다. 철학자 헤겔의 변증법에 '양질전환의 법칙'이 있습니다. 양의 변화가 진행되다가 어느 순간이 되면 질적인 변화가 일어난다는 법칙인데, 달리 말하면 질적인 변화가 일어나려면 긴 시간의 혹은 다량의 양적 변화가 필요하다는 뜻입니다. 양적 변화의 과정은 지루할지 모르지만, 어느 순간 갑자기 질적 변화가 나타나니 꾸준하게 기다려야 한다는 거죠. 99도까지 온도가 오르던 물은 내내 액체지만, 100도가 되는 순간 갑자기 수증기로 변하는 것처럼 말입니다.

연인과 부부 사이의 변화도 마찬가지입니다. 아무리 노력해서 구체적으로, 또 질문을 이어 칭찬해도 한동안 그(그녀)는 여러분의 진심을 믿지 않을 것입니다. 칭찬 없이 살아온 시간이 얼만데 한두 번의 칭찬으로 여러분의 진심이 전달되겠습니까. 이때가 중요합니다. 아무리 '그래. 한두 번으로 되겠어? 더 노력하면 언젠가는 되겠지'라고 생각하며 좀 더 노력하던 사람도, 자기의 노력이 반복적으로 무시당하거나 조롱거리가 되면 회의가 들기 마련이거든요. '내가 왜 이러고 있지? 내가 뭘 잘못했다고? 자긴 뭘 잘했다고 저렇게 당당한 거야? 은근히 열 받네'라고 생각하면서 말입니다.

하지만 여러분은 이제 막 17도 정도 물의 온도를 올렸을 뿐입니다. 뒤로 갈수록 속도는 빨라지겠지만 100도가 되려면 아직도 더 많은 노력이 필요합니다. 확실한 건, 그렇게 인내를 가지고, 변화의 가능성을 믿고, 지속적으로 실행하다 보면 어느 순간 갑자기 물이 수증기가 되는 드라마틱한 변화를 만나게 된다는 것입니다. 그리고 그 변화는 아무리 늦어도 6개월 안에는 반드시 옵니다. 그러니 절대 포기하거나 지치지 않았으면 좋겠습니다.

더 효과적으로 칭찬하는 방법 네 번째는, 남자에게는 칭찬보다 인정이 효과적이라는 것입니다. 그가 직장에서 중요한 프로젝트를 성공적으로 수행했거나 승진했을 때, 만약 당신이 "진짜? 그 어려운 걸 어떻게 했어?"라고 말하며 성과를 축하하는 동시에 그의 능력을 인정한다면 그에게 그것만큼 최고의 찬사는 없습니다.

그가 장거리 여행 중 안전하게 운전하여 무사히 목적지에 도착했을 때, 당신이 운전 실력을 칭찬하며 "당신 덕분에 편안하게 여행할 수 있었어"라고 말한다거나, 도심의 복잡한 도로에서 내비게이션을 활용하면서 능숙하게 운전할 때, "당신 정말 운전 잘한다! 이런 복잡한 도로를 어떻게 그렇게 부드럽게 잘 가는 거지?"라고 말함으로써 그의 운전 실력을 인정한다면, 아마 그는 애써 표정 관리를 하면서도 뿌듯함을 감추지 못할 것입니다. 그 뿌듯함은 당신의 남자를, 모든 궂은일을 웃는 얼굴로 기꺼이 처리해주는 슈퍼맨으로 만들 테고요.

칭찬은 고래도 춤추게 한다는 말이 있습니다. 칭찬이 얼마나 대단하면 그 크고 무거운 고래까지 춤추게 할까요. 그러니 오늘부터는 그 효과적인 무기를 활용하여 여러분의 연인이나 배우자를 기꺼이 스스로 춤추게 해주세요. 그건 곧 나의 행복으로 돌아오게 될 것입니다.

남녀의 대화에는
기술이 필요하다

"어떻게 내 생일을 잊을 수 있어? 혹시 이렇게 될까 봐 몇 번이고 전화도 했는데 지금 바쁘니까 나중에 전화한다고 그래서 혹시 이벤트라도 준비했나? 그래서 일부러 이러는 건가? 생각했었는데 기대한 내가 바보지."

"아, 미안. 내가 어떻게 네 생일을 잊었지? 정말 미안해. 다신 그런 일 없을 거야. 요즘 내가 너무 바쁘고, 이직 때문에 스트레스도 받는 상황인 거 알잖아. 아마 그래서 그랬나 봐. 미안해."

남편이 퇴근해서 집에 돌아와 보니 아내가 엄청 화가 나 있습니다. 내가 뭘 잘못했는지 하나도 모르겠는데, 아내가 화가 나 있는 상황은 대개의 남편이 가장 긴장하는 순간이죠. 더 입을 열면 오히려 매를 벌게 될 것 같아 불안은 점점 커져만 갑니다. 하지만 다행스럽게 아내가 먼저 벌컥 화를 내네요. 언뜻 아내의 실망에, 남편이 자상하게 진심으로 사과한 듯 보이는 이 상황은, 실제로는 어떤 사과도 전달되지 않았습니다. 남편이 지금 한 말은 사과가 아니라, 아내의 생일을 잊은 자기 행동이 얼마나 정당했는지를 말하는 것이니까요.

일반적으로 대화를 원활하게 이끌어 가기 위해서는 기술이 필요합니다. 영업 현장에서 클라이언트의 감정을 건드리지 않고 제품 필요성을 강조한다거나, 누군가의 요청을 거절할 때도 상대를 덜 기분 나쁘게 할 수 있는 건 대개 대화의 기술 덕분이죠. 마찬가지로 남녀라는 인간관계에서도 알아두면 유용한 '대화의 기술'이 있습니다. 여기엔 성별에 따른 특성이 적용된 기술도 있고, 연인이나 부부이기에 적용되어야 하는 기술도 있으며, 일반적인 인간관계에도 적용할 수 있는 보편적인 기술도 있죠.

'진짜? 정말이야?'의 힘

_____

연인이나 부부 사이에 적용하면 좋은 첫 번째 대화의 기술은, '남녀의 특성을 반영하라'입니다. 좋은연애연구소 김지윤 소장은 남녀의 특성과 관련한 강연에서 남성들에게 '진짜? 정말이야? 웬일이야. 헐.' 이 네 가지 표현이면 모든 여자와 손쉽게 대화를 이어 나갈 수 있다고 말합니다. 여성과의 대화가 항상 어렵고 난해한 남성에게는 한 줄기 빛과도 같은 이론이죠. "정말 여성과의 대화가 이렇게 쉬웠다고?" 하면서 놀라지 않을 수 없습니다.

김지윤 소장은 계속해서, 신도림역에서 영숙이를 만난 여자가 남친인 오빠를 만나 이야기하는 사례를 소개합니다. 신도림역에서 영숙이를 만난 여친은 오빠에게, "오늘 신도림역에서 영숙이를 만났어"라고 말합니다. 오빠는 그래서 "그래서 그게 왜? 커피 마셨어? 아님, 밥 먹었어? 아님, 언제 다시 만나기로 했어?"라고 연이어 묻죠. 여친은 다 "아니"라고 합니다. 그러곤 다른 이야기를 시작하죠. 논리적으로 앞뒤가 들어맞아야 이해가 되는 남자인 오빠는 혼란스럽습니다. '그러면 도대체 그 이야기를 나한테 왜 한 걸까?' 이해할 수 없죠.

하지만 만약 이 여성이 (오빠가 아닌) 여사친에게 오늘 신도림역에서 영숙이를 만났다고 카톡했다면 바로 이런 답이 올 거라고 김지윤 소장은 말합니다. "야, 너 신도림역에서 영숙이 만났어?" 잠시 후 말도 하지 않은 다른 여사친에게서도 카톡이 오죠. "웬일이야. 너 신도림역에서 영숙이 만났다며?" 그녀들에게는 신도림역에서 영숙이를 만난 사실 자체가 중요하지, 그것의 의미 같은 건 중요하지 않다고 합니다.

그냥 만났다고 이야기하는데 도대체 남자들은 왜 그렇게 '왜'에 집착하는 걸까요. 바로 이 포인트에서 남녀의 성향 차이가 등장합니다. 여자에게 대화는 공감과 경청의 경험이지만 남자에게 대화는 이해와 분석의 대상이거든요. 만약 두 사람이 성별에 따른 서로의 차이를 인지하고 있었다면, 여친은 남친을 배려하고, 남친도 여친을 배려하는 대화가 가능했겠죠. 저는 대화법에 대한 남녀의 차이가 꽤 오래전부터 만들어져왔을 거라고 추측합니다. 원시시대, 근력에서 조금 더 우월한 남성은 부족 전체 또는 가족을 부양하기 위해 주로 사냥을 담당했을 테고, 그런 남성에게는 먹고사는 문제를 해결해야 하는 것이 가장 시급한 과제였을 것입니다. 그러니 남성에게는 과제를 만나면 해결하는 의무 또는 강박이 생겼을 가능성이 크죠. 그 성향이 지금까지도 남아 어떤 이야기만 만나면 해결해야 한다는 강박에 시달리는 것입니다. 1980년대 남자들이, 모든 것을 해결해내는 〈맥가이버〉라는 드라마에 그토록 열광했던 것도 이런 이유고요.

반대로 원시시대의 여성은, 남성이 사냥 가고 없을 때 가족과 자신의 안전을 지켜야 했을 테니, 무리를 지어 서로를 살피고 보호할 필요가 있었을 것입니다. 공동체 전체가 가사노동이나 육아를 공동 분담했을 가능성도 크죠. 그때는 지금처럼 혼자 살아도 너끈히 모든 걸 해결할 수 있는 환경이 아니었을 테니, 그런 '공동체' 분위기 속에서 무리에서 소외된다는 것은 곧 죽음을 의미합니다. 그러므로 무리에서 소외되어 죽지 않기 위해 여성은 본능적으로, 상대의 이야기를 경청하고, 기분을 파악하며, 감정에 공감하는 것에 익숙해졌을 것입니다. 남자와 여자가 이런 서로의 성향을 이해하고 정확하게 반걸음씩만 가까이 다가온다면 사랑하는 사람과의 대화는 지금보다 훨씬 더 수월해질 것입니다.

비약 대신 맥락이 있는 대화로

연인이나 부부 사이에 적용하면 좋은 두 번째 대화의 기술은, '주제를 유지하라'입니다. 앞서 언급했던 좋은연애연구소 김지윤 소장은 남녀가 다툴 때, 한 주제로만 대화하면 절대 싸움이 커지지 않는다고 말합니다. 싸움이 커지는 대개의 이유는 이전 주제를 벗어나 계속 다른 소재가 등장하여 대화의 주제가 심각해지기 때문이라는 거죠. 예를 들어 만약 여자가 "당신은 왜 친구들만 만나면 전화를 안 받아?"라는 A 주제로 말할 때, 현명한 남자는 A 주제로 답변한다고 합니다. "아, 진짜 미안해. 안 그러려고 노력하는데 왜 자꾸 이러지. 무조건 고칠게" 하는 식으로요. 하지만 현명하지 못한 남자는 주제를 벗어나 B 주제로 답변한다네요. "근데 당신 말투가 좀 그렇다." 남자가 이렇게 '말투'라는 B 주제를 언급했으니 이제 여자도 '태도'라는 C 주제로 받아치는 건 인지상정이겠죠. "말투? 왜 또 나이로 찍어누르려고? 나이가 벼슬이니? 넌 항상 그런 식이야."

대화의 주제를 유지하는 건 생각보다 쉽지 않은 일입니다. 싸울 때 우리 뇌는 본능적으로 자기방어 기제를 발동하거든요. 모임에 나가면 연락하지 않는다는 여친의 질책을 받았다면 그것에 관하여 사과하면 그만인 것을, 남친의 뇌는 그 순간 폭주하면서 자기를 방어합니다.

'과연 내가 그렇게까지 잘못한 걸까?'

'그러는 넌 잘했니?'

'왜 항상 나를 아이 다루듯 하지? 내가 그렇게 만만한가?'

'그래. 난 처음부터 이 여자의 이런 태도가 마음에 들지 않았어.'

'아니, 나를 구속하지 말고 자기가 이해하면 되는 거 아닌가? 왜 나한테만 뭐라 그래?'

'매사에 저런 식이야. 안 고쳐지겠지.'

더군다나 이 자기방어 기제는 대개 상대가 받을 상처를 고려하지 않습니다. 한 번이라면 잊을 만도 한데, 만약 함께하면서 평생 이런 상처를 준다면 상황은 심각해질 수밖에 없습니다.

누군가는 싸우면서 정든다 하고, 누군가는 쌓아두는 것보다 차라리 싸우는 게 낫다고도 말하지만, 저는 둘 다 인정할 수 없습니다. 싸움은 어떤 방식으로든 트라우마를 만들기 때문입니다. 따라서 연인이나 부부라면 무조건 싸우지 않는 게 중요합니다. 싸울 일은 계속 생길 테니 싸우지 않기 위해서는 그때마다 필요한 이런 작은 기술들을 잘 익혀 활용하면 좋을 것 같습니다.

담백한 사과, 천 냥 빚을 갚는다

_____

연인이나 부부 사이에 적용하면 좋은 세 번째 대화의 기술은 바로 '사과는 사과로 끝내라'입니다. 사과는 언제나 사과로 끝내야 합니다. 진심을 담아 사과했다면 거기서 끝내는 것이 무엇보다 중요합니다. "이런저런 일로 내가 이러저러하게 말하고 행동한 거 정말 미안해. 진심으로 반성하고 있어"라고 사과했다면 반드시 그냥 거기서 끝내야 한다는 뜻입니다. 그 말 뒤에 "그런데" "하지만" 등을 붙인 후, 핑계를 대거나 마치 상대의 탓을 하는 것처럼 오해받을 수 있는 표현을 이어서 말하면, 그 앞에 했던 사과는 아무 의미가 없어집니다. 그렇다면 올바른 사과 방법은 무엇일까요? 쉽습니다. 그냥 사과만 하고 거기서 입을 닫으면 됩니다. 생일을 잊은 남편이 할 수 있는 가장 효과적인 말은 다음과 같이 간단합니다.

"어떻게 당신 생일을 잊었지? 정말 미안해. 다신 그런 일 없을 거야."

여기서 멈추면 아마 아내는 이렇게 답을 해줄지도 모릅니다.

"당신 요즘 이직 때문에 스트레스 많아서 그런 건 알겠는데, 담부터는 그러지 말아줘. 아주 서운하니까."

꼭 잊지 마세요. 반드시 '사과' 뒤에는 아무 말도 덧붙이지 않아야 합니다.

속는 셈 치고
'이럴 때' 웃어보세요

'처음 본 사람들인데 언제 봤다고 인사를 하지?'
'왜 웃는 거야? 기분 나쁘게.'
'내 뒤에 자기들 아는 사람이 있나?'
'영어도 잘 못하는데 민망하게 자꾸.'

결혼하고 처음으로 해외에 나갔을 때의 충격을 지금도 잊을 수가 없습니다. 호텔 엘리베이터에서 층마다 타는 외국인들이 하나같이 "굿모닝!" 하고 저희 부부를 보고 웃는데 저는 그 인사를 받고도 자연스레 웃어줄 수가 없었거든요.

처음엔 한두 명의 성격이 유별나게 활달한 거겠지 했는데, 타는 사람마다 같은 행동을 하고, 자기들끼리도 반갑게 웃으며 인사하는 겁니다. 이후 몇 번을 더 해외에 나가고 나서야 비로소 저는 알게 되었습니다. 낯선 사람과도 자연스럽게 웃으며 인사를 나누는 게 그들의 문화라는 사실을 말입니다.

전쟁 이후 먹고사는 문제에 집중하다 보니 즐겁고 흥겨운 생활 문화를 갖기 어려웠고, 1970~1980년대 군사독재의 서슬 퍼런 사회 분위기에서 살다 보니 타인을 경계하는 게 너무도 당연했던 그 시절의 한국인은 대개 근엄한 표정을 지으며 낯선 사람은 일단 경계부터 하고 보는 습관이 있었거든요. 그런 저에게 그 일은 그야말로 문화적 충격이었습니다. 하지만 이제는 제가 먼저 인사하고 웃습니다. 그게 상대와의 불필요한 긴장을 없애고 마음까지 녹인다는 걸 이젠 너무도 잘 알고 있으니까요.

웃는 데 돈 드나요?

수많은 미디어에서 강조해왔기에 웃음과 미소의 힘은 아마 많은 분이 잘 알고 있을 것입니다. 웃음과 미소는 사람과 사람 사이의 자연스러운 친밀감을 형성합니다. 처음 만나는 사람에게 미소 지으며 인사하는 것은 상대방에게 긍정적인 첫인상을 주고, 서로의 긴장을 풀어주는 효과가 있죠. 이런 작은 행동이 쌓여서 신뢰의 기초가 됩니다. 미소를 통해 우리는 상대방에게 따뜻함을 전하고, 그 결과로 더 깊은 대화를 나눌 기회를 얻게 됩니다.

또, 웃음과 미소는 스트레스를 줄이고 긍정적인 분위기를 만듭니다. 힘든 하루를 보낸 뒤 술 한잔 하며 지인과 농담을 나눌 때 짓게 되는 웃음은 그날 쌓인 마음의 짐을 덜어주는 효과가 있습니다. 함께 웃는 순간 서로의 감정을 공유하게 되고, 이는 관계의 유대를 강화하는 데 큰 도움이 되죠. 웃음은 마치 마음의 약과 같아서, 힘든 상황에서 나를 지탱해주는 큰 힘이 됩니다.

웃음과 미소는 대화의 장벽을 허물어주기도 합니다. 문화나 언어가 다르더라도, 웃음은 보편적인 언어로 작용합니다. 서로 다른 사회적 배경을 가진 사람도 웃음을 통해 쉽게 소통할 수 있으며, 이는 문화적 이해와 존중을 높이는 데 도움을 줍니다. 웃음과 미소는 때로 말보다 더 많은 의미를 전달합니다.

웃음과 미소는 개인의 행복에도 긍정적인 영향을 미칩니다. 웃는 순간, 우리 뇌에서는 행복 호르몬인 엔도르핀이 분비되고, 엔도르핀은 자연스럽게 기분을 좋게 만들어줄 뿐만 아니라 상대에게도 긍정적인 에너지를 전달합니다. 이런 선순환이 사람과 사람 사이의 관계를 더욱 건강하고 행복하게 만들어주죠. 즉, 웃음과 미소는 단순히 감정 표현을 넘어 타인과의 관계에서 중요한 역할을 하는 도구입니다. 친밀감을 형성하고, 소통의 장벽을 허무는 작은 행동이 우리의 관계를 더욱 풍요롭고 의미 있게 만들어주니까요.

여기까지는 여러분에게 너무도 익숙한 이야기여서 아마 '운동하면 건강해집니다'라는 말만큼이나 식상하게 들릴지도 모릅니다. 하지만 그게 전부가 아닙니다. 웃음과 미소의 진짜 힘은, 웃음과 미소가 어울리지 않는, 아니, 웃음과 미소를 지었다가는 더 큰 화를 부르거나 난리가 날 것 같은 상황에서 비로소 그 진가를 발휘합니다.

웃음의 무장해제 효과

앞서 언급한 '아내의 생일을 잊은 남편' 커플을 예로 들어 볼까요? 아내는 불같이 화가 났으니 아마 남편은 진지한 표정으로, 혹은 더없이 불쌍한 표정을 지으면서 아내에게 사과할 것입니다. 남편은 그게 미안한 자기 진심을 보여주는 최고의 방법이라고 생각할 거고요. 하지만 앞으로는 화난 아내에게 미안한 마음을 전할 때, 살짝 미소를 지어봐 주세요.

언뜻 생각하기에는 더 화를 돋워 아내가 "지금 장난해? 내가 화난 게 웃겨?" 할지도 모른다는 생각이 들 겁니다. 실제로도 그럴 가능성은 있고요. 하지만 꿋꿋하게 계속 미소를 지으며 사과하다 보면, 잠깐 더 발끈하는 것처럼 보였던 아내는 이내 분노의 동력을 상실하고, "몰라. 꼴도 보기 싫어" 하면서 방으로 들어가버릴지도 모릅니다. 어쩌면 이혼하네, 마네까지 갔을지도 몰랐을 다툼이 싱겁게 끝나버린 것입니다. 이제 남편이 할 일은, 서둘러 고급스런 맛집을 예약한 후 삐친 아내를 잘 설득해 함께 멋진 생일 데이트를 하는 것입니다.

위 이야기가 그냥 이론일 뿐인 예시라는 생각이 든다면, 웃음과 미소가 어울리지 않을 것 같은 상황에서 꼭 한번 도전해보기 바랍니다. 집안일은 잔뜩 쌓였는데, 아이는 빽빽 울어대고, 심지어 생리 중이라 통증까지 심한 상황인데, 남편이라는 작자는 친구들과 술 마시고 노래방까지 갔다가 기분 좋아서 집에 왔다면, 아내는 폭발하지 않을 수 없습니다. 이런 상황을 마주하면 대개의 남편은 굳은 표정이나 정말 미안한 표정으로 대응하게 되죠. 하지만 앞으로는 사과하고, 당장 설거지를 향해 달려가거나, 아이를 둘러업거나, 아내가 가만히 누워 배에 얹어둘 핫팩부터 서둘러 준비하면서 동시에, 밝고 환한 미소를 지어주세요. 그냥 저만 믿고 속는 셈 치고 꼭 해보길 바랍니다. 아마 놀라운 변화를 만나게 될 것입니다.

회사에서 승진 탈락하여 풀죽은 남친을 대할 때, 밤새 게임한다고 혼내는 아내를 대할 때, 스트레스 해소용으로 어마어마하게 질러댄 쇼핑 금액에 불같이 화를 내는 남편을 대할 때, 반드시 사용해보기를 바랍니다. 웃으며, 미소 지으며 나를 대하는 배우자를, 변함없이 죽도록 미워하는 사람은 절대 없습니다. 그것이 바로 웃음과 미소의 힘입니다.

동의가
중요한 이유

"성관계는 부부의 의무 아닌가요? 하지도 않을 거면 결혼은 왜 했죠?"

쉬는 부부를 상담하다 보면 가끔 이런 이야기를 하는 분을 만나게 됩니다. 남편 쪽이 조금 더 많긴 하지만, 아내 쪽도 없는 건 아니죠. 그분들에게 저는 이렇게 답을 드립니다. 부부 사이에도 동의가 필요하다고 말입니다. 그러면 거의 십중팔구 돌아오는 반응이 있습니다.

"네? 동의요? 결혼한 게 동의지, 동의는 무슨. 그건 성폭력 교육 같은 데서 사용하는 개념 아닌가요?"

네. 남녀 관계에서의 '동의'라는 개념이 가장 많이 언급되는 분야는 '성폭력 예방'이나 '성인지 감수성'에 관한 교육입니다. 동의는, 그게 무엇이든 간에 서로 하고 싶은 마음이 있어야 할 수 있으며, 그 과정에서 어느 한편이 다른 한편을 강압적으로 눌러 그 일이나 행동을 하게 한다면 그건 폭력이라는, 너무도 당연한 인간관계의 철칙입니다. 그런데 과거에는 여성이 남성과 함께 호텔 룸에 들어갔다는 사실을 동의로 간주했습니다. 실제로 그녀가 어떤 의도로 그 행동을 했는지와 무관하게, '여자도 성관계 생각이 있어서 그랬다'라는 남성 중심의 논리로 해석되곤 했습니다. 심지어 같은 여성조차 '헤픈 여자'라는 논리로 그 여성을 비난하기도 했죠. 하지만 호텔에 함께 갔더라도 대화하려고 갔을 가능성도 있으며, 심지어 성관계를 목적으로 동행했어도 가서 마음이 변했다면, 그때부터의 일방적인 육체적 관계 요구는 폭력입니다. 이런 생각을 상식으로 만들어주는 게 동의에 관한 교육이고, 이 노력은 이제 꽤 결실을 보는 중이죠.

하지만 이 상식적인 인간관계의 철칙이 부부나 연인 관계에도 적용된다는 사실은, 안타깝게도 아직 '상식'의 범주에 속하지 못하고 있습니다. 많은 분이 '결혼했다'라는 사실이나, '사귀고 있다'라는 사실 자체가 이미 '성관계해도 좋다'라는 말과 동의어라고 생각하거든요. 결혼이나 연애라는 단어의 의미는, 나는 당신 외다른 사람과는 사랑을 하거나 성관계하지 않겠다는 약속이지, 당신과 무조건 성관계를 하겠다는 약속이 아닙니다.

배려와 사랑의 다른 이름, 동의

부부나 연인이 성관계에 만족하지 못하는 이유 1위는 상대의 배려 부족(24.1%)입니다. (출처: 2016년 강동우 성의학연구소, 20세 이상 성인 남녀 1,090명 대상) 이때 '상대의 배려'는 '성관계하고 싶게 만들어주는 노력'을 말하며, 그런 노력을 추구하는 행위 중 하나가 바로 동의입니다.

성욕만으로도 낯선 여성과 성관계를 할 수 있는 일부 남성과 달리, 여성 대부분에게 감동적일 만큼 충만한 성관계는 마음속 깊이 하고 싶은 마음이 있어야 할 수 있는 경험입니다. 그렇게 마음속 깊이 하고 싶은 마음이 들려면, 상대를 향한 호감과 선호가 충분히 선행되어야 하죠. 아무리 내가 왕자라고 해도, 잠이 들어, 어떤 감정도 느낄 수 없는 상태인 공주에게 함부로 다가가 동의도 없이 키스한다면, 사랑은커녕 따귀와 법적 처벌이 돌아올 수밖에 없는 것과 같은 이치입니다. 그러므로 연인이나 부부라는 관계와 무관하게 여성의 감정을 항상 세심하게 살피고 존중해야 합니다. 그것이 바로 배려의 마음이고, 배려를 받는다는 건 사랑을 받는다는 것과 같은 느낌을 줍니다. 이것이 바로 연인이나 부부 사이에 동의에 관한 공감대가 있으면 관계가 더 좋아지고, 관계가 더 좋아지면 오르가슴에 오를 확률도 훨씬 높아지는 이유입니다.

정서적 공감이 오르가슴을 부른다

"결혼한 지 15년이 조금 넘은 부부입니다. 별로 하고 싶지 않은데도, 하고 싶어 하는 남편에게 미안해서 나도 좋은 척 연기할 때가 많습니다. 그때마다 종종 그런 생각이 들어요. 혹시 성매매 업소에서 일하는 여성이 이런 마음은 아닐까 하고요."

'정서적 공감'이란, 상대를 이해하고 배려하는 것뿐만 아니라, 상대에게 심적인 상처를 주지 않는 것까지도 포함합니다. 말이나 행동으로 마음의 상처를 받아, 둘의 관계가 서먹해지면 성관계는 물론이고 손도 잡고 싶지 않게 되니까요. 반면 언제나 상대를 먼저 이해하려고 노력하며, 항상 자주 대화하면서 갈등을 해결하는 부부는, 성관계에서도 최고의 오르가슴을 경험합니다. 정서적 공감 하나하나가 모두 짜릿한 성감대가 되어 성관계에서 두 사람을 흥분시키니까요. 따라서 성관계를 잘하기 위해서는 '기술'을 배워야 하는 게 아니라, '관계'를 배워야 합니다. 잊지 마세요. 아무리 연인이나 부부라도 성관계는 의무가 아니라 하고 싶어야 할 수 있는 행위입니다. 하고 싶을 때 해야 행복하므로 하고 싶을 때까지 기다려주거나 하고 싶게 만들어주는 것이 진짜 사랑입니다.

지금까지 새로운 사랑을 만들거나 연인 또는 부부 사이의 사랑을 회복하는 데 필요한 정서적인 조건을 살펴봤습니다. 이제 남은 과제는 그렇게 피어오른 사랑에 활활 타오르는 불을 당겨줄 '육체적인 조건'을 갖추는 것입니다. 다음에 이어질 내용은 여러분을 대한민국에서 가장 행복하고 모두가 부러워하는 관계 마스터로 만들어 드릴 것입니다.

4부
_____

때로는 과감하게,
때로는 조심스럽게

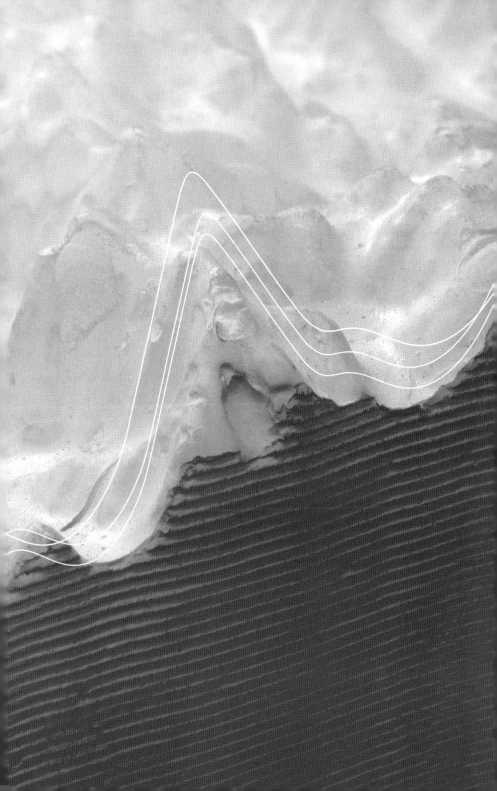

우린 여태껏
성관계를 잘못해왔습니다

"제가 성관계를 잘못해왔다니, 이게 도대체 무슨 말이죠? 학교
다닐 때 성교육도 받았고, 지금껏 본 야동이 몇 갠데. 심지어 성인
되고 지금까지 성관계해온 횟수가 얼만지 아세요?"

이렇게 발끈하는 분이 있을지도 모르겠습니다. 사실 실제 상
황은 제목보다 더 안 좋은데 말입니다. 단순히 잘못 배운 게 문제
라면 지금이라도 다시 배우면 쉽게 고쳐질 수 있지만, 우린 잘못
배웠을 뿐만 아니라 그걸 너무도 오랜 기간 습관으로 굳혀 버렸으
니 바꾸기가 더 힘든 상황이거든요. 도대체 우린 왜 지금껏 잘못

된 방법으로 성관계를 해왔던 걸까요?

알맹이가 빠진 성교육

우리가 여태껏 성관계를 잘못한 첫 번째 이유는, 성관계에 꼭 필요한 내용을 제대로 교육받지 못했기 때문입니다. 대한민국 학교 성교육에서 가장 중요한 주제는 임신, 출산, 피임입니다. 우리는 남녀의 신체와 관련한 정보를 '어떻게 하면 임신이 되고, 어떤 과정을 거쳐서 출산하게 되는지'의 관점에서 배우고, 그런 임신을 막을 수 있는 주된 피임방법에는 무엇이 있는지 정도의 정보를 교육받아 왔죠.

물론 임신, 출산, 피임에 관한 교육을 하지 말자는 게 아닙니다. 당연히 해야죠. 다만 그것만 가르치고, 그것만 강조하는 것이 문제입니다. 그래도 과거에는 거의 해부학 수준의 수업이었지만, 요즘 성교육은 피임과 안전한 성관계를 강조하는 정도까지는 업그레이드된 게 다행이라면 다행일까요. 조금 더 진보적인 학교에서는 아이들의 성인지 감수성을 높이기 위해 인간관계와 성폭력 예방, 성적지향과 정체성 정도의 커리큘럼까지 포함하기도 하니 어찌보면 그나마 다행일 수도 있습니다.

하지만 한번 생각해봅시다. 우리가 평생 해왔고 앞으로도 할 성관계의 가장 큰 목적은 무엇일까요? 임신인가요? 임신, 출산을 위해 성관계하던 시대는 적어도 우리 세대의 기억 속에는 없습니다. 그런데도 우린 왜, 우리 몸은 어떤 방식으로 임신을 준비하고, 어떻게 하면 실제 임신이 되며, 어떤 방법으로 임신을 예방할 수 있는지에 관한 교육만 배우는 걸까요? '행복하고 짜릿한 쾌감'이라는 성관계의 주목적을 생각해본다면 실제 교육에서도 어떻게 하면 더 즐겁고 행복하게 성관계할 수 있는지에 관한 정보를 배워야 하지 않을까요?

만약 이런 질문을 학생이 던진다면 아마 다수의 어른은 화들짝 놀라며 이렇게 말할 겁니다. "크면 다 알게 돼. 그러니까 지금은 공부나 해." 그럴까요? 정말 크면 다 알게 되나요? 여러분은 크고 나니 정말 어디선가 행복하고 짜릿하게 성관계를 잘하는 법을 배우셨나요?

성관계에 무심한 건지, 아니면 창피한 건지, 그도 아니면 아예 성관계를 배척이라도 하려는 건지 모르겠지만, 우리 사회는 성적 쾌락에 관하여 터놓고 이야기하는 걸 원천 봉쇄하고 있습니다. 심지어 최첨단의 정보기술인 대화형 AI 플랫폼에서도 성적인 정보는 검색되지 않죠. 아이러니한 건 그럼에도, 대한민국 성인 남녀 전체의 93.9%는 내 삶에서 성생활이 무척이나 중요하다고 답변한다는 사실입니다. (출처: 2016 〈헤이데이〉 & 강동우 성의학연구소 공동조사, 전국 성인 남녀 1,090명) 중요하다고도 생각하면서, 어떻게 하면 더 행복하고 짜릿하게 누릴 수 있는지는 몰라야 한다고요? 도대체가 말이 안 되는 이 아이러니가 바로 대한민국의 성교육에 변화가 꼭 필요한 이유입니다.

그렇게 '잘하는 법'까지 포함된 제대로 된 성교육을 받아 두어야, 성인이 되어 관계할 때 너무도 당연하고 자연스럽게 오르가 슴을 경험할 수 있습니다. 만약 미성년자인 학생에게까지 그런 교육을 하는 게 조금 우려된다면, 전 국민 누구나 성인이 되어서라도 바로 공식적으로 그런 교육을 받을 수 있게 해야죠. 누구나 궁극적으로는 행복하기 위해 성관계하는데, 우리 몸의 쾌감에 관하여 이야기하는 것이 선정적인 일이나 부끄러운 일이 되어서는 안 되잖아요. 그런 걸 모르고 결혼부터 덜컥하니, 성적 갈등이 생기면 해결할 줄 몰라 끙끙대다가 결국 성 격차로 이혼하게 되는 것입니다. 그러니 지금부터라도 그리고 이 책을 보는 우리라도 제대로 다시 배워서 과감하게 실행하며 더 행복해지자고요. 이제껏 정말 열심히 그리고 진지하게 인생을 살아온 우리에겐 당연히 그럴 자격이 있습니다.

야한 동영상은 정말 야할까?

    우리가 여태껏 성관계를 잘못한 두 번째 이유는, 학교에서 받지 못한 '행복하게 성관계하는 방법'을 국민 모두 각자가 알아서 야동을 통해 받았기 때문입니다. 야동을 통해서라도 받았으면 다행인 거 아니냐고요? 앞서 말씀드렸듯이, 차라리 안 배웠다면 처음부터 제대로 배우면 그만인데, 잘못 배워서 이미 습관이 됐다면 바꾸기 쉽지 않아 앞으로도 그 피해를 고스란히 나와 내 연인(배우자)이 받아야 합니다.

    야동을 통해 배운 경험은 왜 잘못된 걸까요? 이유는 하나입니다. 모든 야동은 상업적, 즉 돈을 벌기 위한 동영상이기 때문이죠. 돈을 벌려면 팔려야 하는데, 사람들에게 팔리기 위해서는 정해진 규칙이 있거든요. 거의 모든 야동은 이 '잘 팔리는 조건'을 준수하여 제작됩니다.

    우선 야동이 잘 팔리려면 절대 지루하면 안 됩니다. 남녀가 사랑에 빠지는 걸 보고 싶다면 드라마나 영화를 보지 절대 야동을 보지 않습니다. 야동은 남녀가 성관계하는 걸 보기 위한 도구입니다. 그런 소비자의 바람을 충족하기 위해 야동 속 남녀는 만나자마자 마치 기다렸다는 듯이 서로의 육체를 탐하고 기꺼이 내어 줍니다.

문제는 이런 야동의 만남 구조에 익숙해지면, 성관계까지 가는 과정의 애틋하면서도 조심스러운 감정과 시간이 모두 쓸모없게 느껴진다는 것입니다. 여성의 몸이 충분히 성적으로 흥분하여 비로소 오르가슴에 오를 수 있게 되려면 최소 16분이라는 시간이 필요합니다. 하지만 야동에서는 이만큼의 시간을 애무에 할애할 수 없습니다. 야동의 소비자는 어서 빨리 영상의 두 주인공이 성관계하는 걸 보고 싶어 하거든요. 그러니 그런 야동으로 성관계를 배운 남자 역시도 16분의 자상하고 부드러운 애무의 필요성을 알지 못합니다. 그들이 보아온 영상 속 여자는 눈만 맞아도 옷을 훌렁훌렁 벗었으니 현실의 여자도 모두 그럴 거로 생각하게 되는 거죠.

사실 더 큰 문제는 따로 있습니다. 야동 속 여자는 낯선 남자의 손이 닿아도 그 순간 야릇한 표정을 지으며 신음부터 내기 시작합니다. 그래야 바로 시청자가 기다리는 장면을 보여줄 수 있으니까요. 하지만 실제 현실의 남녀에게는 만나 서로를 탐색하는 과정, 소통하는 과정, 그리고 조심스럽게 스킨십을 시도하는 과정에 이르기까지 긴 시간 서로의 몸과 마음을 배려하는 아름다운 시간이 필요합니다. 야동을 보는 시청자는 이런 과정에 관심이 없죠.

따라서 그렇게 만나자마자 다짜고짜 옷부터 벗기기 시작하는, 그래도 여성이 황홀한 표정을 짓는 모습에 익숙한 남자는, 현실에서도 자기 손이 닿으면 상대 여성이 무조건 성적 흥분을 경험할 것으로 착각합니다. 그 착각이, 배려 없는 남자를, 애무할 줄 모르는 남자를, 심지어 강압적인 관계를 꿈꾸는 남자를 만들게 되는 것입니다.

성관계하는 방법에서도 야동의 가르침은 0점입니다. 우선 야동 속 애무에는 정성이나 진심이 없습니다. 야동에서 애무하는 과정을 보여주는 목적은 오직 하나, 여성의 신체 부위를 자세하게 보여주기 위함이거든요. 그러니 일단 신체 부위 몇 군데가 화면에 충분히 드러나고 나면 바로 삽입에 들어가야 합니다. 그래야 시청자가 지루해하지 않습니다. 이게 바로 현실 속 남성이 충분하고도 정성이 가득한 애무에 익숙하지 않은 이유입니다.

야동 속 남녀가 성관계를 시작하면 그때부터는 더 가관입니다. 마치 벽에 못이라도 박는 것처럼, 질에 음경을 빠르고 강하게 퍽퍽 찔러넣으니까요. 야동에서는 그래야 합니다. 빠르고 강하게 왕복 운동하고, 그 리듬에 맞게 고성으로 여성의 신음이 이어져야 시청자도 흥분하니까요. 하지만 현실에서 그렇게 성관계를 하면 성관계하는 행복의 10%도 느끼지 못합니다. 행복을 모르는 것뿐이라면 그나마 다행이게요. 더 큰 문제는 그렇게 성관계하면 아프거나 상처를 입을 수도 있고, 방광염에 걸릴 가능성도 커진다는 것입니다.

도대체 하나부터 열까지 어느 것 하나 제대로 현실의 건강한 성관계를 대표하지 못하는 동영상이 왜 대한민국 성인의 성교육 선생님이 되어야 하는 걸까요? 그렇게 야동으로 성관계를 배운 남성은 오직 사정만을 향해 빠르고 강하게 달려가다가 조루를 만나고, 야동처럼 성관계하는 게 당연한 거로 생각하는 여성은 오르가슴도 한번 경험해보지 못한 채 평생 의무적으로 성관계하게 되는 것입니다. 이제라도 바꿔야 하지 않을까요?

내 몸이 부끄러운가요

우리가 여태껏 성관계를 잘못한 세 번째 이유는, 우리는 대개 몸을 민망해하고, 심지어 부정적으로 생각하기 때문입니다. 남성 위주의 가부장적 성격이 강하고, 특히 여성의 '몸'에 관한 터부가 존재하는 오랜 유교의 전통 덕분에 대한민국의 여성은 자기 몸을 민망해하고 심지어 부정적으로 생각하는 경향이 강합니다. 이런 철학과 감성이 단단하게 똬리를 틀고 있는 뇌를 뚫고 들어올 수 있는 오르가슴은 없습니다. 뇌는 우리 생각보다 단순하거든요. 몸을 부끄러워하면 몸이 만드는 쾌감에도 둔해집니다.

이 책을 읽는 여성 중에 겨드랑이털을 밀지 않고도 수영장에서 수영할 자신이 있는 분이 몇이나 될까요? 여름에 브래지어도 입지 않고 얇은 반소매 티 하나만 걸쳐, 걸을 때마다 유두의 윤곽이 보이는데도, 그 상태로 거리를 당당하게 걸어갈 수 있는 분은요? 하지만 수영장에서 수영하는 대개의 남자는 겨드랑이털을 밀지 않습니다. 여름 상의에 유두의 윤곽이 비치는 남자도 꽤 많죠. 왜 남자는 되고 여자는 안 되는 걸까요? 그나마 젊은 여성은 레깅스를 입고 거리를 활보하는 당당함이라도 있어서 다행인데, 나이가 있는 여성은 그렇게 하기도 어렵습니다.

제가 몸에 관한 자존감을 중요하게 생각하는 이유는, 몸 자존감이 단단하게 장착되어 있어야 내 몸도, 상대의 몸도 당당하고 강렬하게, 그리고 진심으로 사랑할 수 있기 때문입니다. 그렇게 사랑할 수 있어야 오르가슴도 강렬하게 경험할 수 있거든요. 내가 환한 불빛 아래에서 당당하게 옷도 벗지 못하는데, 어떻게 내 몸이 느끼는 성적 자극을 온전히 뇌로 전달할 수 있겠습니까. 내가 내 몸을 사랑하지도 않는데, 어떻게 그에게 온전히 오랄 애무를 맡기고 짜릿함을 즐길 수 있겠습니까. 내 남자의 알몸을 당당하게 바라보고 탐닉할 수 없는데 어떻게 내 남자를 세상에서 가장 자극적으로 애무해줄 수 있을까요. 뇌는 단순해서 잡음이 없을수록 더 강렬하게 느낄 수 있습니다. 민망함과 창피함, 부끄러움이 가득한 뇌는 결코 온전히 오르가슴을 느낄 수 없다는 뜻입니다.

저는 종종 상담에서 "다음에 오실 때는 꼭 손거울로 내 외음부가 어떻게 생겼는지 살펴보고 오세요"라고 부탁드립니다. 자기 몸을 그토록 민망하게 생각해왔기에, 특히 나이가 있는 여성 중에는 내 외음부를 제대로 살펴본 적도 없는 분이 태반이거든요. 그러니 내 외음부가 전체적으로 어떻게 생겼는지, 색은 어떤지, 대음순과 소음순은 어떻게 구분되는지, 음핵과 요도, 질 입구는 정확하게 어디 있고 어떻게 생겼는지에 관한 정보가 정작 여자인 나에게 없습니다. 내 몸인데 말입니다. 이렇듯 나도 내 몸을 모르는데 내 연인이 내 몸을 더 잘 알고 날 행복하게 애무해줄 수 있을까요? 그런 터무니없는 일은 절대 벌어지지 않습니다.

서로의 몸, 얼마나 알고 있나요

우리가 여태껏 성관계를 잘못한 네 번째 이유는, 서로의 몸에 관한 지식이 부족하기 때문입니다. 나의 몸에 관해 잘 알면 그에게 나의 몸을 다루는 방법을 알려줄 수 있고, 그의 몸에 관해서 잘 알면 그를 더 행복하게 해줄 수 있고 지금보다 훨씬 배려 깊고 행복한 성관계를 할 수 있습니다.

여자가 남자의 몸에 관하여 잘 모르는 대표적인 소재는 '성욕'

입니다. 미국의 성관계 테라피스트 루스 클라렌스Ruth Clarence는 그녀의 유튜브 강연에서, 남성은 하루에 최소 20번 이상 성에 관하여 생각한다고 말합니다. 살면서 가장 중요하다고 생각하는 주제에서도 남자는 항상 성이 1순위라고요. 그렇게 남자를 마치 성관계에 중독된 사람처럼 보이게 만든 범인은 바로 남성 호르몬인 테스토스테론입니다.

아주 잠깐이라도 여성이 남성과 몸을 바꿔볼 수 있다면, 그래서 테스토스테론이 얼마나 강력하게 내 성욕을 자극하는지 알게 된다면 더는 성욕을 이유로 남자를 짐승 취급하지 않게 될 것입니다. 살면서 한 번도 경험해보지 못했던 강렬하고도 지속적인 성욕을 매일 경험하게 될 테니까요. 그러고 나면 남자가 왜 그리도 야동에 집착하고, 거의 매일 성관계를 생각하며 사는지 이해하게 될 것입니다.

루스 클라렌스는 이어 아내의 67%는 고작 한 주에 한 번, 혹은 월에 몇 번 정도만 성에 관하여 생각한다고 말합니다. 인생의 가장 중요한 주제에서 성이 차지하는 우선순위도 14번째 정도 된다고 하죠. 참고로 13번째는 '식물 가꾸기'입니다.

서로의 몸에 관해 잘 모르기는 남자도 마찬가지입니다. 대표적인 것이 '생리'죠. 남자가 생리를 경험해본다면, 그런 상황에서 성관계를 요구하는 것이 얼마나 난처하고 꼴 보기 싫은지도 알게 될 것입니다. 물론, 생리에 대한 이해 부족은 온전히 남자의 탓만은 아닙니다. 이런 오해를 만드는 데는 대중매체도 한몫했죠. TV에서 상영하는 생리대 광고에서는, 피를 표현해야 하는 장면에 붉은색 대신 파란색 액체를 사용하고, 아버지를 아버지라고 부르지 못하는 홍길동처럼 '생리 기간'을 '그날'이라고 부르며, 아프고 귀찮고 힘든 모습 대신에 환한 미소를 지으며 "밝고 맑고 자신 있게"를 외치면서 푸른 자연을 질주하는 예쁜 모델이 등장합니다. 이러니 도대체 어떤 남자가 생리를 그토록 귀찮고 힘들며 아프고 괴로운 경험이라고 생각할 수 있을까요. 그런 생각을 하지 못하니 생리휴가를 쓴다고 하면 남성 직장 상사는 여직원이 마치 핑계라도 대는 것 같다는 표정을 짓는 것입니다. 여자도 엄연한 필수 생활용품인 생리대를 부끄러운 제품인 양 항상 보이지 않는 곳에 숨겨야 하고요.

만약 이런 여자의 몸 상황을 남자가 잘 알고 있다면, 호르몬의 영향으로 감정의 기복이 심한 상황을, 자기밖에 모른다고 비난하지 않고 지금보다 훨씬 더 잘 이해할 수 있을 것이고, 그렇게 여자로서의 고통과 불편을 잘 이해해주는 남자는 여자에게 더 사랑받을 수 있을 텐데 말입니다.

베일에 싸인 클리토리스

우리가 우리 몸에 관해 잘 모르는 대표적인 영역은 클리토리스입니다. 들어본 적은 있지만, 정확하게 그 실체를 이야기할 수 있는 분은 아직도 많지 않을 것입니다. 왜냐하면 클리토리스의 해부학적 실체를 세상에 제대로 알린 의학 논문이 발표된 게 겨우 1998년이니까요.

2015년 〈허핑턴포스트〉는 거리에 나가 사람들에게 클리토리스 그림을 보여주고 이게 무엇일 것 같냐고 물어봤습니다. 요리도구, 허파, 닭 목뼈, 양파, 아이스크림, 콧수염, 튤립 등 정확하게 아는 사람이 거의 없었죠. 그게 무언지 알려주고 나면 대부분은 깜짝 놀랍니다. "정말 이런 게 제 몸에 있다고요?" 2021년 MBC TV에서 제작한 다큐멘터리 '아이엠 비너스'에도 비슷한 장면이 등장하죠. 사람들은 옷걸이 같다고도 하고, 여자 가슴이나 고환 같다고도 답합니다. 클리토리스라는 단어를 듣고 나서야 비로소 "아, 이게 그거예요?"라고 말하죠.

여러분은 클리토리스를 잘 알고 있나요? 내 몸속 클리토리스가 발기하면 얼마나 커지는지요? 손가락 한 마디? 아님, 손바닥 전체? 클리토리스가 남자의 음경처럼 발기한다는 사실은 알고 있나요? 몰라도 괜찮습니다. 이제부터 알아가면 되니까요.

남자와 여자는 서로의 성감대에 관해서도 정확하게 알지 못합니다. 대충 어디가 민감한 성감대인지에 관한 상식은 있지만, 어느 부위가 어떻게 민감하고, 순위가 어떻게 되는지에 관한 구체적인 정보는 없죠. 예를 들어 많은 남성이, 여성이 가장 민감하게 반응하는 부위를 외음부 혹은 질이라고 생각합니다. 하지만 실제로 여성의 가장 민감한 성감대는 클리토리스입니다.

남성이 가장 민감하게 반응하는 성감대는 음경입니다. 하지만 2위인 음낭과의 민감 지수 차이가 크게 나죠. 여성이 가장 민감하게 반응하는 성감대 1위인 클리토리스와 2위인 외음부의 격차가 얼마 되지 않는다는 걸 생각해보면 대개의 남자가 얼마나 음경 애무에 진심인지 알 수 있습니다. 만약 서로의 몸에 관한 이런 정보를 잘 알면 더 많은 시간을 민감한 부위에 집중해 상대를 기쁘게 해줄 가능성도 커집니다.

직업상 저는 섹스리스 부부를 많이 만납니다. 어느 한편은 성욕이 강한데 다른 한편이 생각이 없어서 쉬는 부부도 있고, 두 분 모두 성욕이 없어서 굳이 성관계를 해야 하나 싶다고 고백하는 부부도 있습니다. 그런 문제로 저를 찾아오는 부부가 공통적으로 던지는 질문은 하나입니다. "어떻게 하면 섹스리스를 극복하고 행복하게 성관계할 수 있을까요?" 이 질문의 답변으로 저는 수영을 예로 들곤 합니다.

만약 부부 모두 수영을 잘하고 싶긴 한데, 물에 대한 공포가 있거나, 크게 내키지 않는다면 이분들은 어떻게 해야 할까요? 제일 먼저 할 일은 전문 수영강사의 수업을 함께 수강하는 것입니다. 전문 수영강사는 아주 조금씩 부부가 물과 친해질 수 있게 하는 수업을 진행하면서, 자유형, 배형, 평형과 접영하는 법을 순차적으로 가르쳐줄 것이니까요. 이처럼 배우는 건 강사에게 맡기면 됩니다. 그렇게 여러 번의 강습을 거치면 남편과 아내 모두 조금씩 수영 실력이 나아질 것입니다.

　　익숙해지면 이 부부는 수영을 더 잘하고 싶은 마음에 관련 책을 읽고, 유튜브 영상을 보며, 더 나은 장비를 준비할 것입니다. 주변에 수영을 좋아하거나 잘하는 지인이 있다면 수영 관련 정보도 공유하게 될 테고요. 부부가 서로 수영에 관하여 자주 대화를 나누고, 강습 외에도 '자유 수영' 계획을 세워 틈틈이 수영장에 가서 배운 걸 함께 연습한다면 더 빠르게 실력이 향상되어 갈 것입니다. 그러다 보면 기본 영법 외에도 다이빙이나 윈드서핑에까지 관심이 확장될지도 모르죠. 성관계도 마찬가지입니다. 아는 만큼 더 알고 싶고, 잘하게 되는 만큼 더 잘하고 싶어 욕심이 납니다. 모르면, 안 해도 그만이라는 생각이 들면서 쉽게 포기하게 되고요. 그러니 아는 것이 우선입니다.

　　제가 지금부터 할 일은, 여러분이 수영처럼 성관계를 재밌어하고 진심으로 즐기게 하는 것입니다. 여러분의 전문 수영강사로서, 여러분이 지닌 물에 대한 공포를 없애고, 제대로 수영하는 법을 안내해 드리겠습니다. 여러분이 할 일은, 제 이야기를 잘 따라오는 것과 수영 실력이 더 나아질 수 있도록 끊임없이 연습하는 것입니다. 그러다 보면 반드시, 일하다가도, 자려고 누워도, 수영을 더 잘하고 싶어서 이것저것 머릿속으로 시뮬레이션해보는 때가 반드시 올 것입니다. 그 시기가 지나면 여러분은 매일매일 오르가슴에 환호성을 지르는 행복한 성관계를 하게 될 것이고요. 수영으로 올림픽 금메달을 따는 그날을 위해, 지금부터 본격적으로 우리의 몸을 이야기해볼까요?

의사들도 몰랐던
클리토리스

"사춘기 딸을 둔 주부입니다. 어느 날 딸이 클리토리스가 뭐냐고 묻는데, 답을 해주지 못했습니다. 검색해보니, 태어날 때부터 제 몸에 있는 쾌락을 위한 기관이라고 하더군요. 저는 어떻게 이 나이가 될 때까지, 제 몸속에 버젓이 존재하는 기관에 관하여 전혀 몰랐을까요? 도대체 왜 아무도 제게 클리토리스는 무엇이고 어떻게 활용할 수 있는지 가르쳐주지 않은 거죠?"

그러게나 말입니다. 도대체 왜 사람들은 여성의 몸에 버젓이 존재하는 클리토리스에 관하여 지금껏 그토록 몰랐을까요? 결론부터 말씀드리면, 언젠가부터 남성은 여성이 성적으로 마음껏 즐거움을 누리는 건 곧 여성의 자유와 권리를 상징하고, 그렇게 획득한 여성의 자유와 권리는 곧 남성 권위의 상실로 이어진다고 생각했기 때문입니다. 클리토리스가 성적 쾌락의 주인공이라는 걸 남성들은 이미 오랜 과거부터 막연하게나마 알고 있었습니다.

클리토리스 히스토리

아주 오래전 인간의 삶을 엿보기 위해 《성경》부터 확인해보겠습니다. 인간의 역사가 처음 시작된 창세기. 이 시기 여성은 오히려 주체적으로 성적 쾌감을 주장하며 즐길 줄 알았습니다. 인류 최초의 여성 '릴리스Lilith'를 아시나요? 인류 최초의 여성은 '아담과 이브'의 이브가 아니라, 이브 이전에 하느님께서 창조한 릴리스입니다. 제가 하는 주장이 아니라 성경에 적힌 내용입니다.

천지창조 5일째 되는 날인 성경 창세기 1장 27절에는 "하느님이 자기 형상 곧 하느님의 형상대로 사람을 창조하시되 남자와 여자를 창조하시고"라는 구절이 등장합니다. 즉, 천지창조 5일째 되는 날, 하느님은 이미 남자와 여자를 창조하신 거죠.

그러다 천지창조 7일째 되는 날인 성경 창세기 2장 18절에는

"여호와 하느님이 이르시되 사람이 혼자 사는 것이 좋지 아니하니 내가 그를 위하여 돕는 배필을 지으리라 하시니라"라는 구절이 등장하고, 22절에는 "여호와 하느님이 아담에게서 취하신 그 갈빗대로 여성을 만드시고 그를 아담에게로 이끌어 오시니"라는 내용이 등장합니다. 즉, 성경대로라면 하느님은 여성을 두 번 창조하신 셈입니다. 왜 그러셨을까요?

자못 혼란스러운 이 창세기 구절에 관한 해답은 유대교 신화에 담겨 있습니다. 유대교 신화에는, "인류 최초의 여성 릴리스는 아담과의 성관계 중, 똑같이 흙으로 만들어졌는데 왜 나만 당신 밑에 누워야 하냐며 자기가 위로 올라가길 주장했다. 이를 두고 릴리스와 다투던 아담은 하느님에게 이 사실을 고했고, 하느님에게 혼이 날 게 두려웠던 릴리스는 도망갔다. 그렇게 혼자된 아담을 불쌍히 여긴 하느님은 천지창조 마지막 날 아담을 위해 이브를 만들었다"라는 이야기가 전해져 내려오거든요.

우리는 이 이야기에서 세 가지 사실을 알 수 있습니다. 1) 인류 최초의 여성은 릴리스다. 2) 인간 역사의 시작부터 남녀는 평등했다. 3) 여성은 태초부터 여성위 체위를 통해 클리토리스를 자극하길 원했다.

개인적으로는 태초에 관한 이야기에 여성위 체위가 나오는 게 무척이나 인상적이었습니다. 이후 '체위 편'에서 더 자세하게 알려드리겠지만, 여성위 체위는 여성이 가장 주체적으로 본인의 클리토리스를 자극함으로써 확실하게 오르가슴을 경험할 수 있는 체위이기 때문입니다.

《성경》 이후에도 클리토리스는 많은 기록에 등장합니다. BC 400년 고대 그리스 의학의 아버지라 불리는 히포크라테스는 "임신하기 위해서는 여성이 오르가슴을 느껴야 하며 그러려면 음핵(클리토리스)을 자극해야 한다"라고 클리토리스의 중요성을 이야기했습니다. 물론 의학적으로 클리토리스 자극이 임신을 촉진한다는 증거는 없습니다. 하지만 여성이 충분히 흥분하면 더 자주 성관계를 원할 테니, 클리토리스 자극으로 흥분을 만들면 임신할 확률이 높아지는 건 사실일 것 같네요.

AD 129년 로마 시대 의학자인 클라우디오스 갈레노스는 "남성의 몸에 있는 기관은 여성의 몸에도 다 있다. 다른 점은 여성은 몸 안에 있고, 남성은 몸 밖에 있다는 것이다"라는 말로 클리토리스의 존재와 그것이 음경과 상동기관임을 이야기했습니다.

1844년 독일의 해부학자 게오르그 루드비히 코벨트는 클리토리스 내외부의 세밀한 구조도를 그린 최초의 인물입니다. 이후 만연했던 '클리토리스를 배척하는 경향'이 없었다면, 클리토리스의 구조를 전 세계에 알린 최초의 인물이라는 역사적 타이틀은 게오르그가 받았을 가능성이 큽니다.

1953년 발간된 알프레드 킨제이 박사의 책《인간 여성의 성적 행위Sexual Behavior in the Human Female》는, 여성의 절반은 혼전에 성교 경험이 있으며, 유부녀의 26%는 간통 경험이 있다는 이야기 같은, 그때까지 모두가 쉬쉬하던 여성의 성에 관한 충격적인 비밀을 세상에 폭로한 놀라운 책이었습니다. 바로 여기에 "여성 대부분은 클리토리스를 자극하지 않고는 오르가슴에 도달할 수 없다"라는 표현이 있습니다. 이 킨제이의 보고서는 수많은 보수 남성단체로부터 '비윤리적인 변태 성욕자이자, 소아성애자의 책'이라고 비난받았는데, 이런 상황은 여성 신체의 진실을 향한 남성의 전형적인 역사 속 대응과 닮았습니다.

클리토리스 수난사

역사적으로 남성은, 여성의 주체적인 성욕을 자신의 지위에 방해가 되는 요소라고 판단했습니다. 비록 남성이 권력이나 금전적으로 성공하여 자존심이 높더라도, 성적으로 자신에게 만족하지 못해 다른 남자를 찾아 떠나는 여성 앞에서는 초라해질 수밖에 없으니, 그런 상황은 처음부터 막아야 했던 거죠. 여성들이 성욕에 관한 깨달음을 얻기 전에 남성들은, 여성이 성욕을 느끼는 것은 나쁜 것이라 규정하여 변수를 없애고, 만약 성욕이 강한 모습을 보이는 여성이 있다면 음탕한 여자라는 굴레를 씌워 매장하는 본보기를 보여 자신의 지위를 지키려고 했습니다. 여성들은 그런 주홍 글씨의 낙인과 불이익을 받지 않기 위해서 자신의 성욕을 숨겨야 했죠. 그 과정에서 여성 성욕과 쾌락의 상징인 클리토리스는 남성에 의해 탄압받고 숨겨졌습니다.

역사적으로 클리토리스를 가장 잔인하게 학대했던 시기는 아이러니하게도 인간 중심의 인본주의와 문화예술 부흥 운동인 르네상스가 만연하던 중세 시대였습니다. 15세기에서 18세기에 이르는 긴 시간 동안 중세 유럽의 남자들은, "악마와 결탁하여 어둠의 마법을 시행했다"라는 누명을 씌운 마녀사냥이라는 이름으로 50만 명 이상의 여성을 처형했습니다. 그때 사냥꾼들이 마녀를 감별하는 방법으로 사용한 것 중 하나가 바로 '마녀의 젖꼭지'라고 부른 클리토리스였습니다. 선한 여성에게서는 찾을 수 없는 젖꼭지가 마녀의 성기에는 있어서, 악마가 이를 빨며 마녀와 성관계했다는 논리죠. 종교와 남성의 권위를 세우기 위해 공포를 퍼뜨리는 행위가, 여성들을 찍소리하지 않고 엎드려 있게 했을 뿐만 아니라, 클리토리스의 존재 자체를 감추는 이유가 됐던 것입니다. 그렇게 존재 자체를 부정당하며 클리토리스는 역사 속으로 사라졌고, 여성은 자신들의 성욕을 감추고 숨기려고 애쓰며 생존해

왔습니다.

중세가 지나도 클리토리스를 향한 박해는 여전했습니다. 1865년 영국 의학협회의 회원이자 의사인 아이작 베이커 브라운 박사는 클리토리스를 히스테리, 간질 등 정신병의 원인으로 간주하고 수술로 제거해야 한다고 주장하면서, 실제 수많은 여성의 몸에서 클리토리스를 도려냈습니다. 여성의 성기를 훼손하는 할례가, 아프리카 같은 낙후된 지역에서 성행한 것이 아니라, 19세기 영국이라는 선진국에서 의학이라는 명목으로 버젓이 시행된 것은 그야말로 경악할 만한 일이 아닐 수 없습니다.

20세기에 들어 클리토리스는, 심리학자이자 의사인 지그문트 프로이트에 의해 또 다시 박해를 받습니다. 프로이트는, 클리토리스 오르가슴은 사춘기 소녀나 즐기는 미성숙한 오르가슴이고, 성숙한 성인 여성은 질 오르가슴을 느낀다고 주장하면서 클리토리스의 가치를 폄훼했습니다. 참고로 현재의 성학은 오히려 질 오르가슴의 실체가 모호하다고 생각합니다. 질에 감각신경이 있어서 오르가슴을 경험하는 게 아니라, 질을 통해 클리토리스를 자극함으로써 오르가슴을 경험하는 것이니까요.

클리토리스의 존재를 지워버린 놀라운 사건은 1948년에 발생했습니다. 의사들의 해부학 교과서인 《그레이 아나토미》 25판의 개정 과정에서 찰스 마요 고스가 클리토리스의 이미지와 명칭을 아예 교과서에서 삭제해버린 것입니다. 이유는 지금까지도 미스터리이지만, 덕분에 그때부터 가장 최근까지도 인체에 관하여 가장 잘 알아야 하는 의사들조차 클리토리스의 존재와 구조를 잊고 있었습니다.

이렇게 박대받던 클리토리스의 실체를 세상에 다시 꺼내놓은 건, 호주의 비뇨기과 전문의 헬렌 오코넬 박사입니다. 그녀는 1998년 〈요도와 클리토리스의 해부학적 관계〉라는 논문에서 클리토리스의 전체 모습을 세상에 공개합니다. 비로소 클리토리스의 수난 시대가 끝나고 번영의 시대가 시작되는 순간이었습니다.

클리터러시

클리터러시Cliteracy는, 클리토리스Clitoris와 글을 읽고 쓸 줄 아는 능력을 지칭하는 리터러시Literacy의 합성어입니다. 다양한 매체를 접하면서 각 매체의 특성을 이해하고, 그 매체가 전하는 메시지를 분석, 평가한 후 이를 바탕으로 사람들과 의사소통할 수 있는 능력을 미디어 리터러시Media Literacy라고 하는 것과 유사한 개념입니다. 클리토리스란 어떤 기관이며, 여성의 성생활에 있어서 클리토리스가 얼마나 중요한 기관인지를 깨닫고, 그것을 활용하여 성적 쾌감을 만드는 다양한 방법을 배우고 익혀 활용할 뿐만 아니라, 그 결과물을 주변인과 기꺼이 공유하고 전파하는 행위가 바로 클리터러시Cliteracy입니다. 클리터러시는 예술가 소피아 월러스Sophia Wallace에 의해 처음 주장되었고, 저를 포함한 다수의 성학자가 그 의미에 공감하고 있죠.

여성이 클리토리스를 알아야 하는 이유는 명확합니다. 여성이 오르가슴에 오를 수 있는 유일한 방법이 바로 클리토리스를 자극하는 것이기 때문입니다. 자극하려면 어떻게 생긴 녀석이, 내 몸 어디에 있으며, 성적 자극을 받으면 녀석이 어떻게 반응하는지 또, 녀석에게 성적 자극을 주려면 어떻게 해야 하는지를 알아야 하니, 클리토리스에 관하여 배우고 익히지 않는다면 오르가슴은 포기하는 것이 좋습니다.

"여성이 알아야 하는 건 알겠는데 왜 남자도 클리토리스를 알아야 하죠? 클리토리스는 여성의 성적 만족을 위한 기관 아닌가요?"

만약 정말 이렇게 생각하는 남성이 있다면, 저는 그분에게 '조루를 이겨내려고 애써 노력하고, 여성을 성적으로 만족시켜주기 위해 애무 테크닉과 체위를 고민하고 연마한 적'은 없는지 묻고 싶습니다. 그분은 그걸 왜 한 걸까요? 그런 노력 모두 결국 여성의 성적 만족만을 위해 남성이 일방적으로 희생하는 건데 말입니다.

남성이 조루를 이겨내려고 노력하거나 여성을 성적으로 만족시켜주기 위해 노력하는 것은, 일차적으로는 여성의 성적 만족을 위해서이지만, 그렇게 여성을 성적으로 행복하게 해주는 것이 곧 남성의 '뿌듯함과 만족' 그리고 '성적 쾌감'까지 만들어주기 때문입니다. 내가 사랑하는 여성을 행복하게 해주었다는 뿌듯함과 그런 여성은 이제 다른 남자에게는 눈길도 주지 않을 거라는 자신감이 '만족'이고, 그렇게 행복해진 여성이 더 자주 나와 성관계하려 하고, 평소에도 더 자주 로맨틱하게 나를 대할 거라는 게 '성적 쾌감'입니다. 일차적으로 상대를 위하는 행위가, 이차적으로는 나에게 행복을 주는 셈이죠.

　　마찬가지입니다. 남성이 클리토리스에 관하여 자세히 알고 그것을 활용하여 여성을 흥분하게 만들어야 하는 이유는, 남성이 클리토리스에 관하여 잘 알면, 여성에게 오르가슴을 선물할 가능성이 커지고, 그렇게 오르가슴에 올라 잔뜩 흥분한 여성의 몸에 삽입된 음경은 평생 한 번도 느껴보지 못했던 성적 쾌감을 경험할 수 있기 때문입니다. 자, 그럼 도대체 클리토리스가 뭔데 그리도 대단하다는 건지, 지금부터 좀 더 자세히 배워볼까요?

클리토리스에 관한 해부학적 기초지식

"40대 유부녀입니다. 최근 유튜브 영상을 보다가 성에 관한 관심이 생겨서 자위라는 걸 태어나서 처음 해봤습니다. 그러다 궁금한 게 생겼는데요. 클리토리스라는 게 있다고 해서 여러 가지 방법으로 자극해봤는데 샤워 물줄기로 하면 악! 소리가 저절로 나고 바로 주저앉게 되는데, 바이브레이터나 남편이 손으로 애무해줄 때는 느낌이 오질 않습니다. 클리토리스가 살짝 드러나도록 위쪽 살을 들어 올려주고 물줄기를 대면 10초도 안 돼서 금방 다리 힘이 풀리는데, 바이브레이터는 시간도 엄청 많이 걸리고, 남편이 해주는 애무도 좋긴 하지만 쾌감이 강렬하진 않습니다. 이유가 뭘까요?"

우선 사연에서 언급한 "위쪽 살을 들어 올려 자극"한 건, 정확하게 말하면 클리토리스가 아니라 클리토리스의 극히 일부인 음핵, 즉 클리토리스의 머리 부위입니다. 클리토리스의 머리는 1천 개 이상의 감각신경이 존재하는 엄청나게 예민한 부위라서 강한 샤워 물줄기를 사용하면 악 소리가 날 만큼 자극적이거나 때론 아플 수도 있습니다. 따라서 음핵이 민감한 분은 머리만 공략하지 말고, 클리토리스 몸 전체를 대상으로 공략하는 게 좋습니다.

자세한 이야기는 뒤에 다시 말씀드리겠습니다.

서양엔 이런 우스갯말이 있습니다. "술집과 클리토리스의 차이가 뭔지 아니? 모든 남자가 술집은 잘 찾는데, 클리토리스는 있는지도 모른다는 거야." 그럼 혹시 이 책을 읽는 여성 본인은 클리토리스가 정확하게 내 몸 어디에 있는지 알고 있을까요? 잘 모르는 걸로는 남녀의 차이가 없을 것 같지만, 괜찮습니다. 지금부터 저와 함께 클리토리스에 관해 학습하면 되니까요.

남성의 음경과 상동相同기관

여성의 클리토리스는 남성의 음경과 상동기관입니다. 상동기관은 발생학적으로 애초에 같은 기관이었던 것을 말합니다. 따라서 음경과 클리토리스가 상동기관이라는 말의 뜻은, 아직 남녀로 분화되지 않은 배아기에는 음경과 클리토리스가 같은 기관이었다는 뜻입니다. 이후 배아가 남성으로 분화하면 이 기관이 음경으로, 여성으로 분화하면 클리토리스로 업그레이드되는 겁니다.

음경과 상동기관이, 질이 아닌 클리토리스라는 건 무척이나 중요한 이야기입니다. 많은 사람이, 질에 음경을 삽입하면서 성관계를 즐기기에 음경의 상동기관을 질이라고 생각하기 때문입니다. 그렇게 오해하면, 질로 무언가를 느끼려 노력하고, 성적 쾌감을 위해 질을 단련하려 하며, 질 시술을 받으려고까지 하게 되죠.

하지만 질은 그저, 클리토리스를 자극하기 위해 음경이 삽입되는 '몸속 통로'일 뿐입니다. 질이 없었다면 클리토리스를 음경으로 제대로 자극하는 건 불가능했을 것입니다. 질 내벽에는 감각신경이 적습니다. 감각을 제대로 느낄 수 없는 기관이라는 뜻입니다. 만약 질 내벽에 감각신경이 풍부했다면, 여성 대부분은 출산 중 질이 확장할 때 발생하는 통증으로 사망했을 겁니다.

2008년 2월 11일자 〈LA Times〉에는 성관계할 때마다 오르가슴을 경험하는 여성은 단 7%에 불과하며, 심지어 27%의 여성은 평생 한 번도 오르가슴을 느껴본 적이 없다는 기사가 실렸습니다. 평생 오르가슴을 경험해보지 못한 여성이 이렇게나 많은 이유는, 음경의 상동기관이 질이 아니고 클리토리스이기 때문입니다. 남성을 성적으로 흥분하게 하려면 음경을 자극해야 하는 것처럼, 여성을 성적으로 흥분하게 하려면 상동기관인 클리토리스를 자극해야 하는데, 많은 분이 음경의 상동기관을 질로 오해하고 있어 분명 질 삽입 성관계를 했는데도 별 느낌이 없는 걸 이해하지 못하거든요. 이렇듯 질에 음경을 삽입해도 성적 흥분이 오지 않는 여성은 평생 자신이 불감증이라고 오해하며 살아가기도 합니다. 질을 통해 전달된 자극이 클리토리스까지 이어지지 않은 것뿐인데 말입니다. 클리토리스 자극이 없는 한 오르가슴은 없습니다.

음경과 상동기관이기에, 클리토리스도 음경처럼 몸통과 다리 전체가 해면체로 되어 있고, 흥분하면 이 해면체에 혈액이 유입되면서 커지고 단단해지며 뜨거워지는 발기를 합니다. 남성의 음경이 발기해야 질 삽입 성교도 가능하고 쾌감도 더 강하게 경험하는 것처럼, 여성도 이렇게 클리토리스가 발기해야 비로소 오르가슴에 오를 가능성이 생깁니다. 이런 클리토리스의 발기는, 음경의 질 삽입으로 생기는 현상이 아닙니다. 음경이 발기해야 질에 삽입될 수 있는 것처럼, 클리토리스도 음경이 삽입되기 전에 미리 발기해 있어야 제대로 성적 쾌감을 느낄 수 있습니다. 우선 음경을 충분히 발기하게 해준 후에 삽입해야 성적 쾌감이 높은 것처럼, 클리토리스 역시 음경 삽입 전에 충분히 발기하게 해주어야 성적 쾌감을 강하게 경험할 수 있습니다.

클리토리스가 음경과 상동기관이라는 것을 알 수 있는 근거 중 하나는 '거대 클리토리스'입니다. 거대 클리토리스는, 클리토리스가 몸 밖으로 돌출되어 남성의 음경처럼 커지는 것을 말합니다. 이런 거대 클리토리스를 가진 여성은 자칫, 남녀의 성기를 모두 지닌 사람으로 오해받기 쉽죠. 《조선왕조실록》에는 세조 시절, 주인마님과 정사를 벌인 스캔들로 조선을 발칵 뒤집었던 여종 사방

지숨方知에 관한 이야기가 나옵니다. 남녀의 성기를 모두 지녔다고 알려진 이 사방지는 아마 거대 클리토리스를 지닌 여성이었을 것입니다.

생김새와 기능

인터넷 이미지 검색창에 '클리토리스'라고 치면, 뚱뚱한 몸과 다리로 요도와 질을 감싸 안은 클리토리스의 이미지를 볼 수 있습니다. 이 이미지에서 약간 앞으로 고개를 숙인 듯 보이는 제일 윗부분이 '음핵'이라고 불리는 클리토리스의 '머리'입니다. 클리토리스의 머리는 원통 모양의 돌기처럼 생겼고, 1만 개 이상의 신경 말단이 존재해 여성의 신체 중에서 성적 자극에 가장 민감한 부위입니다. 남성으로 치면 음경 귀두에 해당하죠. 머리의 가장 끝부분은 몸 밖으로 드러나 있는데, 평소에는 포경수술 전의 음경처럼 포피로 덮여있다가 흥분하면 포피가 벗겨지면서 머리를 드러냅니다. 이게 바로 많은 분이 알고 있는 '음핵'입니다.

클리토리스 머리에서 내려오면서 양 갈래로 찢어진 부위를 저는 '다리'라고 부릅니다. 클리토리스 다리는 클리토리스 전체를 지탱하는 해면체 조직입니다. 남성으로 치면 음경 피부에 해당하죠. 그 다리가 감싸고 있는 내부의 통통한 부위를 저는 '몸'이라고 부릅니다. 클리토리스의 몸통은 질과 요도를 둘러싼 해면체 조직입니다. 남성으로 치면 음경 몸통에 해당하죠.

클리토리스의 머리와 다리, 몸통은 모두 압력이나 마찰 등의 성적 자극을 받으면 혈액이 몰리면서 발기합니다. 성적 자극을 주면 혈액이 유입되면서 커지고 단단해지며 뜨거워지는 음경처럼, 클리토리스도 혈액이 유입되면서 커지고 단단해지며 뜨거워집니다. 같은 기관이니까요. 이렇게 클리토리스의 몸체가 발기하면서, 감싸고 있는 질을 단단하게 조이면, 질에 삽입되는 음경은 '꽉 찬다' 또는 '조인다' 등의 느낌을 받게 되는 것입니다.

상동기관이긴 하지만, 남성의 음경과 클리토리스의 역할은 조금 다릅니다. 남성의 음경은 소변과 정액의 배출 통로이면서, 동시에 성적 쾌감을 느끼는 성감대의 역할도 하지만, 클리토리스는 온전히 성적 쾌감만을 위해 존재하는 기관입니다. 그러니 여성이 클리토리스의 존재를 모른다는 건, 오르가슴을 포기하는 것과 같습니다.

클리토리스의 크기와 위치

클리토리스의 평소 크기는 발기 전 음경과 유사합니다. 음경의 크기가 남성마다 모두 다른 것처럼 클리토리스의 크기도 여성마다 모두 다르지만, 평균적으로 높이는 손가락 길이 정도, 넓이는 손가락 3개를 합친 정도라고 보면 됩니다. 이 정도 크기였던 클리토리스가 발기하면 거의 본인의 손바닥만큼 커집니다. 평소 5~8cm 정도였던 남성의 음경이 발기하면 10~15cm가 되는 것과 같은 원리입니다.

성관계를 위하여 여성이 반듯하게 천장을 바라보고 누워 있다고 가정하면, 여성의 외음부는 지면과 수직입니다. 이때 클리토리스는, 마치 말을 타고 있는 것처럼, 질의 입구 부위를 두 다리와 몸통으로 감싸 안은 채 타고 앉은 형상을 하고, 질로 들어오는 남성의 음경을 정면으로 바라보고 있습니다. 이 클리토리스의 위치 때문에, 질 삽입 성교에서 실제로 가장 중요한 부위는 질 입구에서 5cm 깊이까지의 부위라고 말하는 것입니다. 더 깊은 질 내부에는 클리토리스와의 접점이 없거든요. 질 입구에서 5cm 깊이까지의 질 내벽 윗부분을 자극하면 여성에게 큰 성적 쾌감을 줄 수 있는데, 사람들은 이 부위를 지스팟G-Spot이라고 부릅니다. 지스팟은 그 위치에 별도의 기관이나 부위가 존재하는 것이 아니라

질과 질을 타고 앉은 클리토리스의 가랑이가 질과 만나는 접점을 말합니다.

클리토리스의 위치는 사람마다 조금씩 다릅니다. 어떤 여성의 클리토리스는 질과 꽤 먼 거리에 있기도 하죠. 그런 신체 구조를 지닌 여성은, 안타깝게도 클리토리스가 충분히 발기해도 질로 삽입된 음경으로부터 자극을 직접적으로 받지 못해, 평생 자신이 불감증이라고 오해하며 살기도 합니다. 그저 질에 삽입된 음경으로는 성적 자극을 느끼지 못할 정도의 거리에 클리토리스가 있는 것뿐인데 말입니다. 이런 분은 아무리 남성이 질에 음경을 삽입하고 열심히 왕복 운동을 해도, 아무런 감각이 느껴지지 않습니다. 음경의 자극이 클리토리스에 닿지 않으니까요. 하지만 걱정할 필요는 없습니다. 다른 대안으로 클리토리스를 자극하면 됩니다.

클리토리스와 질의 거리가 먼 신체 구조를 가진 분은 '여자위' 체위가 효과적인 대안이 될 수 있습니다. 여자위 체위는, 단순히 남자위 체위에서 남자가 했던 왕복 운동을 여성이 위로 올라가서 하는 체위가 아닙니다. 남성의 몸 위에서 여성이 주도적으로 몸을 움직이면서, 남성의 몸과 내 몸의 클리토리스를, 적절한 방식과 강도로 마찰하면서 압박을 주는 체위입니다. 그 마찰과 압박에 중력도 일조합니다. 이렇게 하면, 질과 클리토리스의 거리가 멀어서 삽입 성교로 쾌감을 경험하지 못하는 여성도, 얼마든지 자기 클리토리스를, 자신이 창조한 주도적인 움직임으로 자극하여 스스로 오르가슴을 만들 수 있습니다. 오르가슴에 오르는 방법을 모르는 여성은 있을지언정, 태어나면서부터 불감증인 여성은 없는 셈입니다.

질과 클리토리스와의 거리에 관한 가장 안타까운 에피소드는, 20세기 초 프랑스 공주이자 나중에 그리스 왕자의 아내가 되는 마리 보나파르트에 관한 이야기입니다. 프로이트의 제자이기도 했던 마리는 평생 단 한 번도 오르가슴을 경험해본 적이 없었습니다. 스스로 이 상황을 극복하고 싶었던 마리는, 클리토리스와 질의 거리가 멀면 오르가슴을 경험하기 어렵다는 가설을 세우고 여성 243명의 클리토리스와 질의 거리를 재고 그 가설을 논문으로 증명합니다. 하지만 그럼에도 마리는 죽을 때까지 오르가슴을 경험해 보지 못했습니다. 그때는 지금처럼 성학이 발전하여 질과 거리가 먼 클리토리스를 자극할 다양한 방법을 알 수 있는 시대가 아니었으니까요.

모르고 살기에는
너무 억울한 오르가슴

"결혼 전에 저는 오르가슴이라는 걸 몰랐습니다. 그래도 심각하게 생각하지 않았고 결혼하면 자연스럽게 느낄 수 있을 줄 알았죠. 그런데 지금까지 가져온 남편과의 관계에서, 저는 한 번도 오르가슴을 느껴본 적이 없습니다. 결혼 전 다른 남자와의 관계에서도 그랬으니 이건 분명 저의 문제가 맞는 거 같은데, 도무지 그 답을 모르겠습니다. 해결책을 찾으려고 나름 온갖 방법을 쓰고, 비용도 꽤 낭비했습니다. 정신적으로 성적인 상처도 없고, 산부인과에서도 정상이라고 하는 걸 보면, 몸에 문제는 없는 거 같은데, 도대체 왜 저는 오르가슴을 느끼지 못하는 걸까요? 죽기 전 한 번만이라도 그 느낌을 알고 싶습니다."

오르가슴은 성적 자극을 통해 신체적으로나 정신적으로 극도의 쾌감을 느끼는 상태를 의미합니다. 주로 자위나 성행위 중에 경험하게 되고, 짧은 시간 동안 지속되지만 한 번의 성관계 중 반복해서 경험할 수도 있습니다. 오르가슴은 근육의 수축, 심장 박동 수와 호흡의 증가, 그리고 성적 긴장의 해소와 같은 신체적 반응을 동반합니다. 오르가슴이 주는 성적 만족감 때문에 사람들은 더 성관계를 원하게 되므로, 행복한 성관계에서 오르가슴은 필수조건입니다.

오르가슴은 사람마다 경험하는 강도나 빈도가 다를 수 있습니다. 따라서 오르가슴을 표현하는 언어의 내용도 다양하죠. 그 안에는 감정적인 표현도 있고, 육체적인 변화를 묘사하는 표현도 있습니다.

"구름 위에 떠 있는 것처럼, 정신이 아득해지고 온몸이 둥둥 뜨는 느낌이에요."

"영혼과 육체가 분리되어 내 몸 밖으로 무언가가 빠져나가는 느낌입니다."

"기절할 것처럼 정신이 혼미하고, 온몸이 산산이 녹아내리는 듯이 짜릿해요."

"그냥 이대로 시간이 정지되어버렸으면 좋겠다는 생각을 해요. 끝내고 싶지 않거든요."

"허리와 엉덩이가 저도 모르게 들썩거리고 다리가 꼬일 때도 있어요."

"고개를 좌우로 저으면서 막 크게 소리를 지른대요."

"나도 모르게 남편의 허리를 잡아당긴다고 하더라고요. 정신이 없어서 기억은 안 나요."

"눈을 뜰 수 없고, 얼굴이 달아오르고, 유방도 단단해지는 것 같아요."

오르가슴의 발생 원리와 방법

이렇게 좋은 경험이라면 꼭 해봐야 할 것 같은데 어떻게 하면 오르가슴을 경험할 수 있을까요? 온전히 내 남자가 내 몸을 성적으로 크게 흥분하게 만들어주길 기다리기만 하면 될까요? 그럴 리가 없습니다. 그에게도 방법을 알려주고 나도 노력해야죠. 오르가슴은 그렇게 둘이 만드는 합작품입니다. 만들어지는 감정이니 그 원리를 알면 더 쉽게 만들 수 있겠죠? 오르가슴을 만드는 두 가지 조건인 화학적 감정 반응과 물리적 신체 반응을 활용해서 말입니다.

화학적 감정 반응

───────────

　오르가슴을 위한 화학적 감정반응을 만드는 첫 번째 호르몬은 '옥시토신'입니다. 옥시토신은 자궁수축 호르몬으로, 분만을 촉진하거나 모유 수유할 때 생성되어 빠른 자궁 회복을 돕습니다. 옥시토신은 상대로부터 신뢰감, 애정감, 친밀감을 느낄 때 생성되고, 생성된 옥시토신은 다시 상대와의 신뢰, 애정, 친밀감을 증폭합니다. 따라서 오르가슴을 만들기 위한 첫 번째 조건은, 내 몸에서 옥시토신이 분비되게 만드는 사람과 성관계하는 것입니다. 보고 싶고, 대화하고 싶고, 눈만 바라보고 있어도 행복하고, 함께하는 것만으로도 가슴이 설렐 때, 우린 그 사람이 내 몸을 만지는 촉감 하나하나에도 온몸으로 전율할 수 있습니다. 따라서 오르가슴을 경험하고 싶다면, 남녀 모두 사랑하는 사람과 성관계해야 합니다. 다만, 행복과 희열을 경험할 때 활성화되는 뇌 영역은, 상상만으로도 활성화되니, 진심으로 사랑하지 않더라도 그렇다고 자기 최면을 걸면, 옥시토신이 생성되어 오르가슴을 만드는 뇌 영역이 활성화할 수 있습니다.

　오르가슴을 위한 화학적 감정반응을 만드는 두 번째 호르몬은 '도파민'입니다. 도파민은 성취감과 보상감, 쾌감을 느끼게 하는 호르몬으로, 과하면 감각 역치값을 높여 중독에 이르게 하는 단점도 지니고 있죠. 그런데 오르가슴을 위해 꼭 필요한 호르몬인 이 도파민이 안타깝게도 스트레스를 받을 때는 원천 차단됩니다. 스트레스는 도파민을 원천 차단할 뿐만 아니라 동시에 코르티솔이라는 독성 호르몬을 생성해서, 내 몸을 아예 오르가슴을 느낄 수 없는 상태로 만들어 버리죠. 따라서 만약 시험, 경제적인 어려움, 가족과의 갈등 등 지금 나에게 스트레스를 주는 요소가 있다면 그것부터 해결하고 성관계를 하기 바랍니다. 만약 당장 해결할 수 없는 일이라면, 적어도 성관계를 앞둔 시점에서는 그 모든 스트레스를 나의 뇌에서 지우는 연습을 해야 합니다. 뇌는 단순해서, 지우려는 내 의지를 결국 이기지 못합니다. 평소에 요가나 명상 등을 경험해두면 유사시 이렇게 뇌를 통제하는 데 도움이 됩니다.

물리적 신체 반응

오르가슴은 음경과 클리토리스를 둘러싼 구해면체근과 좌골해면체근의 수축과 이완이, 음경과 클리토리스에 존재하는 다수의 감각신경을 자극해서 생기는 쾌감입니다. 따라서 그 근육들을 단련하면 더 강렬하게 오르가슴을 경험할 수 있습니다. 그러므로 오르가슴을 만들려면 해당 근육을 단련하는 케겔 운동을 하면 됩니다.

케겔 운동은 골반 기저의 다양한 근육을 동시에 단련할 수 있는 좋은 운동입니다. 맨몸보다는 기구를 활용하는 게 훨씬 효과적이죠. 케겔 운동기구나 필라테스 링을 검색해서 구매 후 활용하기 바랍니다. 절대 비싼 거 사지 마세요. 6천 원에서 1만 원 정도면 충분합니다. 구매한 기구를 허벅지 사이에 두고, 내 신체에 무리가 가지 않는 횟수와 강도로 조이고 풀기를 반복하면 됩니다.

물리적 신체 반응의 관점에서 오르가슴을 만드는 가장 완벽한 방법은 누가 뭐라 해도 역시 '애무'입니다. 남녀 모두 충분히 시간과 정성을 들여 상대 몸의 성감대를 애무하면 음경과 클리토리스가 한껏 발기하게 되니까요. 발기의 강도가 강한 만큼 오르가슴의 강도도 강해집니다.

주체적 오르가슴

_____

여자의 오르가슴은 일반적으로 남자가 만들어주는 것으로 생각하기 쉽습니다. 그가 내 몸을 정성 들여 애무해 내 클리토리스를 한껏 발기하게 해주어야 경험할 수 있으니까요. 하지만 스스로 주체적으로도 더 자주, 좀 더 강한 오르가슴을 만들 수 있습니다. 이게 바로 주체적 오르가슴입니다.

주체적으로 오르가슴을 만드는 대표적인 방법 중 하나는 '자위'입니다. 여성의 자위는 대한민국에서 무척이나 민감하고 부정적인 이미지를 가진 소재입니다. 가장 친한 친구들과 만나 성생활에 관해 허심탄회하게 이야기하는 자리에서도 '나의 자위 생활'이 소재가 되는 일은 드뭅니다. 대한민국에서 자위는 '바람직하지 않은 행위' 또는 '중독될 수 있는 행위' 또는 '잘은 모르겠지만 막연하게 하면 안 될 것 같은 나쁜 행위'라는 오명을 뒤집어쓰고 있으니까요. 그렇다 보니 가끔 "전 진짜로 여자도 자위하는지 몰랐어요"라고 말하는 내담자도 만나게 됩니다. 이 말은 "난 그런 여자가 아닙니다"라는 뜻이기도 하죠. 하지만 일본의 토이 브랜드 텐가TENGA의 2021년 설문조사(18세~54세 성인 남녀 1,000명 대상, 성생활 실태조사) 결과를 보면, "자위 경험이 있다"라고 대답한 비율이 남자는 98%, 여자는 70%입니다. 성적인 소재에 솔직한 것 역시도 오르가슴에 오를 가능성을 높이는 훌륭한 방법이라는 걸 꼭 알려드리고 싶습니다.

단, 오르가슴에 오를 수 있는 훌륭한 몸을 만드는 도구로써의 자위는, '건강한 자위'이어야 합니다. 우리가 흔히 하는 자위를, '성욕 해소를 위해, 또는 일시적인 쾌감을 얻기 위해' 하는 자위라고 한다면 건강한 자위는, '만지면 행복한 내 몸 구석구석을, 나스스로 만져주는 마사지 같은 자위라고 할 수 있습니다.

일반적인 자위와 건강한 자위는, 방법과 시간의 관점에서 매우 다릅니다. 일반적인 자위는 성기만을 대상으로 하며, 짧은 시간, 강한 쾌감에 집중합니다. 그러므로 시간도 5분 전후, 길어도 10분을 넘지 않는 경우가 대부분이죠. 하지만 건강한 자위는, 사정이나 오르가슴에 집착하지 않고 내 몸을 만지는 데 집중하고 많은 시간을 할애하는 자위를 말합니다. 단순히 성기뿐만 아니라 만져주면 기분 좋아지는 내 몸의 다양한 부위를 모두 만져줍니다. 그러다 보면 15분은 기본이고 30분 이상 훌쩍 지나갈 수도 있습니다.

만져주는 방법도 클리토리스의 머리(=음핵)를 손가락이나 바이브레이터로 빠르고 강하게 자극하는 방식이 아니라, 오일을 손에 바르고 천천히 그리고 부드럽게 내 몸의 성감대를 마사지하듯 만져주는 방식이 좋습니다. 이렇게 천천히 부드럽게 내 몸을 만져주는 과정 내내 은근하고도 강렬한 쾌감을 반복적으로 경험할 수 있을 것입니다. 그렇게 내 몸 전체를 만져주는 과정에서, 나 자신을 위로하고 힐링하는 경험을 할 수 있으며, 내 몸 어느 부위를 어떻게 만져주면 내가 쾌감을 경험하는지도 알 수 있습니다. 그렇게 습득한 정보를 연인에게 알려주면 당신은 성관계마다 오르가슴에 오를 수 있는 것입니다.

만져주는 방법 외에, 자위의 포즈에도 다양한 변화를 줄 수 있다면 더 좋습니다. 만약 항상 다리를 벌리고 자위했다면 이번에는 다리를 오므리고 해보세요. 이제까지 오므리고 했다면 한껏 벌리고도 해보고요. 항상 천장을 바라보고 했다면 오늘은 엎드려서 베개 위에 몸을 두고 누르듯 또는 비비듯이 해보고, 엎드려서만 했다면 오늘은 그 상태에서 엉덩이만 하늘로 한껏 들고 해보기 바랍니다. 이런 수많은 시도가 여러분이 가장 선호하는 자세와 부위, 방법을 결정해줄 것이고, 그것이 바로 여러분이 오르가슴에 오르기 위해 그에게 알려주어야 할 정보입니다.

그렇게 내 몸을 확인하고, 내 몸에 닿는 다양한 자극에 단련되면, 길게 애무하지 않아도 쉽게 흥분하고, 쉽게 오르가슴에 오르는 몸이 만들어집니다. 평소에 운동으로 근육을 단련해두면, 유사시 팔굽혀 펴기 몇 번만으로도 가슴 근육이 울퉁불퉁 튀어나오는 몸이 만들어지는 것처럼 말입니다. 이것이 바로 건강한 자위가 오르가슴 경험에 도움이 되는 이유입니다.

주체적으로 오르가슴을 만드는 또 다른 방법으로는 '움직임'이 있습니다. 아무리 파트너가 성관계를 잘하는 남자라고 해도, 여자인 내 몸을 남자가 더 잘 알 수는 없습니다. 그러므로 그가 삽입 후 왕복 운동할 때, 나 스스로 더 기분 좋은 각도와 방향, 위치를 찾아내 몸과 골반을 움직여주면 오르가슴에 오르기 수월합니다. 골반을 조금씩 좌우, 위아래, 또는 원형으로 움직이는 것입니다. 이렇게 하다 보면 내 기분이 더 좋아지는 각도도 찾을 수 있고, 그도 음경을 통해 훨씬 다채로운 감각을 느낄 수 있습니다.

주체적으로 오르가슴을 만드는 마지막 방법은 '여자위 체위'입니다. 여자위 체위는 내 클리토리스와 그의 몸이 가장 완벽하게 밀착하는 체위이며, 내 클리토리스 자극 방법을 나 스스로 조절할 수 있는 체위입니다. 이 이야기는 뒤의 '체위' 편에서 더 자세하게 말씀드리겠습니다.

놀라운 변화를 만드는
슬로우 섹스

"성관계하고 나면 자주 아픕니다. 복부 아래가 욱신욱신하게 아플 때도 있고 통증이 심해 병원에 갈 때도 있는데 그때마다 방광염 진단을 받고 약을 타 옵니다. 그래서 자료를 찾아보다가 선생님 강의에서 슬로우 섹스에 관한 이야기를 들었는데 처음 들은 개념이라 어떻게 하는지 들어도 잘 모르겠습니다. 처음부터 끝까지 계속 느리게만 하면 되는 건가요?"

성 상담사라는 직업을 가지고 있다 보니 많은 남성분이 제게 연인이나 배우자를 성적으로 흥분하게 만들 수 있는 유용한 기술을 알려달라고 요청합니다. 그때마다 저는 기술보다 중요한 건 '속도와 강도'라고 알려드립니다. 우리는 대개 '너무 빠르고 강하게' 성관계를 하거든요.

우리가 빠르고 강한 성관계를 하는 이유는, 이제껏 보아온 야동이나 영화 등 모든 영상에서 그렇게 했기 때문입니다. 야동이나 영화에 등장하는 남자배우가 거의 움직임이 느껴지지 않을 만큼 아주 천천히 움직이며 성관계한다면 과연 그걸 인내심을 가지고 볼 사람이 있을까요? 그런 이유로 영상에서의 성관계는 언제나 급하게 이루어지고 빠르고 강한 왕복 운동을 합니다. 보기에 강렬하니까요. 문제는 그걸 보며 자란 우리가, 성관계는 당연히 그렇게 하는 것으로 생각한다는 것입니다.

우리가 빠르고 강하게 성관계하는 또 다른 이유는, 빠른 자위에 익숙해서입니다. 대개의 남자는 어려서부터 가족에게 들킬까 봐 최대한 조심해서 빠르고 강하게 자위하고 마무리했을 겁니다. 그런 습관이 오래 이어졌으니 남자에겐 빠르고 강하게 음경을 자극하는 게 너무도 자연스럽습니다. 다른 방법은 생각해본 적도 없죠. 하지만 그렇게 빠르고 강하게 성관계를 하는 것은 절대 바람직하지 않고 단점이 너무 많습니다. 그리고 그 단점을 뒤집은 모든 것이 슬로우 섹스의 장점이 됩니다.

빠르고 강한 성관계의 네 가지 단점

빠르고 강한 성관계의 첫 번째 단점은, 빨리 사정하고 빨리 끝난다는 것입니다. 이른바 조루입니다. 정식으로 조루 진단을 받은 적은 없다 하더라도 내가 아직 충분히 오르가슴에 오르지 않았음에도 그가 나보다 앞서 사정하고 마무리한다면 그는 조루입니다.

물론 대개의 남자는 빠르고 강하게 하면서도 오랜 시간 성관계하려고 노력합니다. 하지만 빠르고 강하게 왕복 운동하면서도 사정하지 않고 오래 성관계를 하는 일은 거의 불가능에 가깝습니다. 야동에나 등장하는 판타지에 불과하죠. 많은 남성이 오래 성관계하길 바라면서도 오래 할 수 없는 방법으로 임합니다. 아이러니죠.

빠르고 강한 성관계의 두 번째 단점은, 제대로 느낄 수가 없다는 것입니다. 읽던 책을 내려놓고 오른손과 왼손을 눈앞으로 올려주세요. 왼손은 (꽉 쥐는 게 아니라) '질' 역할을 할 수 있도록 가만히 살짝 말아쥐고, 오른손은 (대단하다고 칭찬할 때 보여주는 것처럼) 엄지만 치켜듭니다. 왼손바닥이 질 내벽이고 오른손 엄지가 음경이 되는 것입니다. 이제 말아쥔 왼손에 오른손 엄지를 아주 천천히 그리고 부드럽게 넣어보세요. 왼손바닥으로는 오른손 엄지의 굴곡과 엄지손톱의 단단함, 엄지의 두께감과 온도 등을 느끼고,

오른손 엄지로는 왼손바닥의 부드러움과 따뜻함, 혹 땀이 났다면 촉촉함까지 느껴보세요. 뺄 때도 느끼는 포인트는 같습니다. 이처럼 부드럽게 그리고 아주 천천히 들어가고 나오면 두 피부의 접촉면을 통해 수많은 감각을 경험할 수 있습니다. 손가락으로도 이러니, 감각신경이 잔뜩 몰린 귀두나 부드러운 점막조직인 질 내부의 피부로는 얼마나 많은 것을 느낄 수 있을지 말할 필요도 없겠죠.

이번에는 엄지를 빠르게 넣었다 빼는 왕복 운동을 해보기 바랍니다. 평소 성관계할 때의 왕복 운동 속도만큼 빠르고 강하게 하면 됩니다. 아마 이번에는 좋은 감각이 느껴지기는커녕 열감과 마찰로 왼손바닥과 오른손 엄지손가락의 피부가 얼얼하기만 할 것입니다. 이게 바로 빠르고 강한 섹스의 단점입니다.

빠르고 강한 성관계의 세 번째 단점은, 오르가슴 갭Orgasm Gap의 극복이 어렵다는 것입니다. 성학자 마스터스 앤 존슨 부부는, 남녀는 모두 성관계하는 동안 흥분기와 고조기, 오르가슴기와 해소기를 경험하는데, 남녀가 오르가슴에 오르는 데 남자는 최소 2분 30초, 여자는 최소 16분의 시간이 필요하다고 했습니다. 우린 이걸 '오르가슴 갭Orgasm Gap'이라고 부릅니다. 남녀가 오르가슴에 도착하는 시간이 서로 다른 이 오르가슴 갭을 줄여 둘 다 행복한 성관계를 하기 위해서는 남자의 사정을 늦출 필요가 있습니다. 하지만 빠르고 강한 성관계는 남자의 사정을 촉진하므로,

여자가 오르가슴을 경험할 수 있는 최소한의 흥분 시간을 확보하기가 어렵습니다.

빠르고 강한 성관계의 마지막 단점은, 여성의 생식기를 붓거나 아프게 하여 방광염을 유발할 수 있다는 것입니다. 여성의 질은 소변이 배출되는 요도와 맞닿아 있는데, 삽입 각도상 빠르고 강한 왕복 운동은 질 상부를 통해 요도를 자극하게 됩니다. 이 자극으로 부은 요도가 좁아져 방광의 소변을 모두 배출하지 못하면 방광에 남은 소변에서 쉽게 세균이 발생하며, 이 세균이 바로 방광염을 일으키는 원인이 됩니다. 만약 내 남자와의 성관계 후 자주 병원을 찾게 되고, 그때마다 방광염 진단을 받는다면, 내 남자가 빠르고 강하게 성관계하면서 내 몸을 자극하는 건 아닌지 점검해보아야 합니다.

슬로우 섹스 하는 방법

_____

슬로우 섹스는, 말 그대로 '느리게 그리고 천천히' 성관계하는 것입니다. 물론 성관계 내내 느리고 천천히 해야 하는 건 아닙니다. 시작은 더없이 느리게 하는 것이 좋지만, 오르가슴이 물밀듯이 몰아칠 때는 빠른 왕복 운동으로 그 감각을 더 강하게 만드는 것도 필요합니다. 즉, 슬로우 섹스는 성관계하는 내내 빠르게와 느리게를 반복하는 과정이라고 보는 것이 더 정확한 표현입니다. 성관계를 느리게 그리고 천천히 하는 것은 오래 하기 위함이 아닙니다. 더 큰 목적은 삽입할 때마다 매 순간 질과 음경을 통해 전달되는 성적 감각을 두 사람 모두 온전히 느끼는 것입니다.

속도는, 처음 질에 음경이 들어가기 시작해서 음경 전체가 질에 다 삽입될 때까지 10분 정도 걸린다는 생각으로 천천히 그리고 느리게 들어가고 나오면 됩니다.

"네? 다 들어가는 데 10분이요? 너무 오래 걸리는 거 아닌가요? 그 정도면 거의 서 있는 건데."

물론 한 번의 왕복에 10분이 걸린다는 뜻은 아닙니다. '음경 전체'가 질에 다 들어간 상태가 되기까지 10분이라는 뜻입니다. 예를 들면, 처음에는 귀두 끝이 질 입구에 살짝 닿은 상태로 1분 동안 있다가, 잠시 후 아주 천천히 귀두 끝부분만 질에 들어갔다가 나오는 데 다시 2분이 걸립니다. 그다음은 이전보다 1mm 정도 조금 더 깊게 들어갔다가 나오는 데 2분, 그다음은 2mm, 그다음은 3mm 더 깊게 들어갔다가 나오면서 들어가는 깊이를 조금씩 늘려가는 데 총 3분, 이런 식입니다. 그렇게 질 내부로 아주 조심스럽게 조금씩 들어갔다 나왔다를 반복하는 느낌으로 점차 깊이 들어가다 보면 어느덧 음경 전체가 질에 들어가 있을 것입니다. 그때의 시간이 시작부터 10분 정도 지나 있으면 훌륭하게 슬로우 섹스를 수행한 것입니다.

앞서 잠깐 언급했듯이 사실 슬로우 섹스는 삽입 전부터 시작됩니다. 음경을 질에 삽입하기 전에 질 입구에 살짝 닿게만 해보세요. 아마 여성의 몸이 순간 움찔하는 걸 느낄 수 있을 것입니다. 들어가지도 않았는데 말입니다. 귀두 끝으로 전달되는 질 입구의 부드러움이 느껴지는 건 남성을 위한 선물이고, 질 입구로 느껴지는 음경 끝의 부드러운 자극은 여성을 위한 선물입니다.

그러다가 귀두 끝이 조금이라도 들어갔다면, 그대로 멈춰 보세요. 남성은, 귀두 끝에 전달되는 질 내부의 부드러운 점막과 가벼운 조임을 느껴보고, 여성은, 질 입구로 들어오는 음경 귀두부의 단단함과 두께감을 느껴보세요. 제대로 느꼈다면 아마 이 상태로 멈춰만 있어도, '가만있어도 이렇게 좋은 거였어?' 하는 생각과 함께, 자신도 모르게 저절로 입에서 신음이 터져 나올 것입니다. 빠르게 삽입하고 왕복 운동했을 때는 절대 느낄 수 없는 소중한 감각이죠. 그 작고 미세한 느낌 하나하나를 남녀 모두 온몸의 감각신경으로 하나하나 소중하게 경험하는 게 바로 슬로우 섹스의 목적입니다.

아주 천천히, 점점 깊게 들어오다가 그대로 멈추고, 질의 움직임을 느끼다가 다시 천천히 나갈 때마다, 여성은 내 안에 들어온 음경이 지닌 굵고 단단한 느낌과 묵직하게 꽉 차 있는 느낌, 다시 나갈 때 귀두의 돌출 부분이 질 벽을 쓰다듬는 느낌을 모두 경험할 수 있습니다. 남성은, 질의 모든 깊이에서 질 점막이 부드럽게 나의 음경을 어루만지는 느낌과 함께 때론 흥분한 질 근육과 클리토리스 몸체가 수축과 이완을 반복하면서 음경을 꽉 쥐었다 놓았다 하는 강렬하고도 꽉 찬 감각을 모두 경험할 수 있죠. 남녀 모두 이 느낌을 뇌에 깊이 새겨두세요. 나왔다가 다시 들어갈 땐 같은 듯 또 다른 감각이 펼쳐지니까요. 이렇게 매번 다른 모든 감각을 경험하며 천천히 진행하는 것이 바로 슬로우 섹스입니다.

　연인의 질이 헐겁다고 불평하는 남성에게 저는, 정말 흥분한 내 사랑의 질이 내 음경을 조여오는 압력과 쾌감을 집중해서 제대로 경험해본 적이 있기는 한 건지 여쭤봅니다. 빠르게 왕복 운동하면 설사 내 여자가 성적으로 크게 흥분했다고 해도 질이 조여오는 압력을 제대로 느낄 수 없거든요. 아마 그렇게 투덜거리던 분도 슬로우 섹스를 경험하게 되면 다른 어떤 성적 자극과도 비교할 수 없을 만큼 강하게 조여오는 질의 압력을 음경 전체로 느낄 수 있을 것입니다. 왜냐하면 슬로우 섹스는 필수적으로 여성의 오르가슴을 동반하고, 여성이 오르가슴을 경험하면 발기할 만큼 발기한 클리토리스가 질을 조이고, 빠르게 수축과 이완을 반복하는 질 근육이 음경을 더 조여주거든요. 이 경지에 이르면 여간해서 오르가슴을 느껴본 적이 없던 분도 반드시 오르가슴을 경험하게 되며, 그런 슬로우 섹스를 경험하고 나면 아마 다시 이전의 방법으로는 절대 돌아가고 싶지 않을 것입니다.

슬로우 섹스가 주는 선물

아직 한국에는 슬로우 섹스가 제대로 소개되지 않아, 슬로우 섹스의 쾌감을 제대로 경험하며 성관계하는 분이 많지 않습니다. 천천히 들어가고 나오는 과정에서 경험하는 접촉과 압력의 이 독특한 성적 쾌감이 있다는 사실 자체를 잘 모르니 일부 남성은 성관계의 쾌감을 오로지 사정에서 찾게 됩니다. 하지만 이 쾌감에 익숙해지면 어느새 사정 같은 것에는 관심도 없어집니다. 슬로우 섹스에서의 쾌감은 은은하면서도 오래도록 지속되지만, 사정의 쾌감은 강렬한 대신 순간적이거든요. 사정하면 이 감각을 더는 느낄 수 없으니 사정 없이 계속 느끼면서 성관계하고 싶은 것입니다.

언제까지고 사정 없이 내가 느끼고 싶은 만큼 오르가슴을 경험할 수 있으니 슬로우 섹스를 하면 여자는 말할 것도 없고 남자도 멀티 오르가슴을 경험할 수 있습니다. 반복적으로 오르가슴을 경험하는 여자를 부러워할 필요가 없죠. 그렇게 남녀 모두 멀티 오르가슴을 즐기는 환상적인 커플이 되면 그때부터 두 사람의 눈에 더는 다른 이성이 들어오지 않게 됩니다.

마치 헬스장에 운동하러 온 것처럼, 온통 땀을 뻘뻘 흘리며, 빠르게 왕복 운동하는 것에만 집중하는 남자는, 성관계 전 과정에서 경험할 수 있는 은은하고 깊은 쾌감을 온전히 포기하는 것과 같습니다. 일단 삽입하고 나면, 서둘러 유일한 오르가슴이라고 생각하는 사정을 통해 짜릿한 쾌감을 얻고 싶어, 더 빨리 왕복 운동을 진행하고, 그렇게 한순간의 허망한 쾌감만을 위해 달려가다 본인도 모르게 조루가 되는 것입니다. 그런 남자를 애인이나 남편으로 가진 여성은 안타깝게도 아직 채 다 흥분하지도 않은 몸으로 연인의 사정을 맞이하게 됩니다. 앞으로 더 경험해야 하는 온갖 쾌감을 다 포기한 채 말입니다. 그러니 앞으로는 내 남자가 빠르게 왕복 운동한다면 어깨를 부드럽게 밀어내거나 꼭 안거나 슬로우 섹스를 자세하게 알려주어 속도를 줄일 수 있게 해주세요.

빠른 왕복 운동은 남자가 사정 후 바로 뻗어 코 골며 잠에 빠지는 것에도 영향을 줍니다. 빠른 왕복 운동 과정에서 체력을 다 소진해버렸으니, 남자의 몸은 어서 잠을 통해 새로운 에너지를 보충하고 싶은 겁니다. 후희後戲는 모든 성관계의 마침표 역할을 하는 소중한 경험인데, 그렇게 남자가 바로 잠에 빠져버린 커플에게는 안타깝게도 후희의 시간이 없습니다. 다행스럽게 성관계 중에 오르가슴을 경험했어도 성관계의 마무리가 아쉬우니 완벽한 경험이 아닙니다. 하지만 슬로우 섹스를 병행하며 마무리까지 가게 되면, 성관계 후에도 후희를 즐길 충분한 에너지가 남게 됩니다. 30분을 넘게 즐겼는데, 성관계가 끝나도 그다지 피곤하지 않으니까요.

슬로우 섹스라고 해서 성관계 전 과정을 느리게 움직이는 건 아닙니다. 이렇게 '천천히 부드럽게' 왕복 운동을 진행하다 보면, 남녀 모두 '빠른 왕복 운동'을 간절히 원할 때가 있습니다. 흥분할 대로 흥분한 내 몸이 더 강한 자극을 원하는 거죠. 우리에게 익숙한 빠른 왕복 운동은 바로 그때 하면 됩니다. 그렇게 내 몸이 간절히 원하는 순간에 진행하는 빠른 왕복 운동은, 그야말로 불꽃놀이처럼 폭발적으로 쾌감을 터뜨리게 될 것입니다.

슬로우 섹스를 하는 또 다른 이유는, 여성의 질 내부에 존재하는 스팟Spot을 남녀 모두 제대로 경험해보기 위함입니다. 여성의 질에는 자극하면 쾌감이 터지는 다수의 스팟이 있다고 알려져 있는데, 그중 지스팟G-Spot과 에이스팟A-Spot은 중요합니다. 질 입구 상부에 있는 지스팟과 자궁 입구 주변에 있는 에이스팟을 자극했을 때, 남자는 어떤 느낌을 받을 수 있고, 여자는 어떤 쾌감을 얻을 수 있는지 둘 다 꼭 슬로우 섹스를 통해 확인해보기 바랍니다. 아마 이후에는 굳이 노력하지 않아도 저절로 스팟을 자극하는 경험치를 획득하게 될 것입니다.

자상하고 따뜻하기만 하던 여성이 고래고래 소리를 지르고, 예쁜 표정만 짓던 여성이 누군가 자기를 고문이라도 하는 듯 고통스러운 표정을 짓기도 하며, 항상 밝기만 하던 여성이 갑자기 엉엉 울어대거나, 배려의 아이콘이었던 여성이 자기도 모르게 양손의 손톱을 그의 등에 박아 넣는다는 이 오르가슴 절정의 모습들을, 오늘 밤엔 슬로우 섹스로 오르가슴을 향해 무한돌진하면서 꼭 확인하기 바랍니다.

애무부터
바꿔보세요

"남편의 애무가 아주 서툽니다. 저도 경험이 많은 건 아니지만, 남편은 결혼 전 사귄 남자들과 많이 비교돼요. 길게 해주지도 않지만, 어느 때는 심지어 아프기까지 합니다. 가슴과 아래 조금 만지다가 젖었으면 대뜸 삽입하려 하고요. 남편의 애무 방법을 바꿀 방법이 없을까요?"

일반적으로 애무는, 성관계 전에 서로의 몸을 사랑하는 행위를 말합니다. 특히, 한국은 유교문화의 영향으로 애무에 대해서 가지고 있는 고정관념이 많죠. 그런 고정관념을 조금만 바꿔도 연인과 부부 사이에 커다란 변화가 생깁니다.

사랑하는 두 사람이 애정을 표현하는 방법에는 여러 가지가 있습니다. 대화로 사랑한다고 말할 수도 있고, 꽃이나 선물 같은 물질적인 표현도 있을 것이며, 행동을 통해서 표현할 수도 있겠죠. 그중에서 애무는 사랑하는 두 사람이 성적 자극이라는 행동을 통해서 각자의 애정을 표현하는 방법입니다.

하지만 실제 애무는 그보다 더 다양한 목적으로 실행됩니다. 누군가는 상대의 몸을 만지고 싶어서 애무하고, 누군가는 사랑받는 느낌을 얻고 싶어서 애무를 원하며, 누군가는 성관계할 수 있는 몸 상태를 만들기 위해 애무하죠. 여러분이 어떤 목적으로 애무하고 또 애무를 원하건 간에 가장 중요한 건 애무는, 하는 사람과 받는 사람이 모두 행복해야 한다는 것입니다. 그런데 안타깝게도 하는 사람은 행복하지 않거나 심지어 받는 사람이 행복하지 않은 애무도 가끔 있습니다.

받는 사람이 행복하지 않은 애무의 대표적인 예는, 전혀 애무받고 싶지 않은 정신상태 또는 몸 상태인데도 성관계를 목적으로 나에게 애무를 시도하는 경우입니다. 그의 마음이 상할까 봐 그런 애무를 견디기라도 하는 분은 정말 배려심이 깊은 분입니다. 대개는 짜증이나 화를 버럭 낼 수밖에 없죠. 화를 낸 나도 기분이 안 좋지만, 그의 마음도 상처받았을 겁니다. 할 수 없죠. 전혀

하고 싶지 않으니까요.

하는 사람이 행복하지 않은 애무의 대표적인 사례는 애무가 노동이라고 느낄 때입니다. 남자 중엔 성관계를 목적으로 애무를 시작했으나, 귀찮아서 그냥 대충 하다가 외음부에 손을 대보고 젖었으면 서둘러 삽입 후 왕복 운동하여 사정을 향해 가는 분이 있습니다. 여성의 성관계 요구에 의무적으로 대응하는 남성이나, 사정만을 목표로 그녀와의 성관계를 시도하는 남자도 종종 이런 태도를 보이죠. 성관계는 혼자 하는 행위가 아니기 때문에 당연히 커플이 같은 레벨로 성적 흥분을 높여가는 것이 좋습니다. 그러기 위한 가장 좋은 방법이 애무고요. 천천히 흥분하는 여성과 빠르게 흥분하는 남성의 갭Gap을 애무로 메꾸는 거죠. 다만, 그 애무가 하고 싶지 않은 행위가 되거나 받고 싶지 않은 행위가 되면 아무 소용이 없겠죠? 그러지 않기 위해서는 다음의 몇 가지를 애무에 적용하면 도움이 됩니다.

패턴 파괴

애무를 바꾸는 첫 번째 원칙은 패턴 파괴입니다. 우리는 보통 아침에 일어나서 출근할 때까지 하는 일들이 정해져 있습니다. 일어나서 화장실 갔다가 물 한 잔 마시고, 채소를 갈고, 날씨를 체크하는, 우리가 통상 '모닝 루틴'이라고 부르는 행동입니다. 마찬가지로 사람들의 애무에도 대개 그런 패턴이나 루틴이 있습니다. 문제는 이런 익숙한 패턴이나 루틴은 지루하고 감동이 없다는 것입니다.

많은 남성이 실행하는 일반적인 애무의 루틴은 다음과 같습니다. "포옹합니다. 키스합니다. 가슴을 주무릅니다. 외음부를 만집니다. 그녀도 내 음경을 만집니다. 그녀의 외음부가 애액으로 젖어 있으면 삽입을 시도합니다." 여러분 커플의 애무는 어떤가요? 이런 패턴이나 루틴이 있지 않나요? 간지럼을 많이 타는 사람도, 스스로 간지럽힐 때는 간지럼을 타지 않습니다. 내 행동은 예측할 수 있기 때문입니다. 예측할 수 있다면 마음의 준비가 되기 때문에 더는 간지럽지 않습니다. 애무도 마찬가지입니다. 만약 내 남자의 애무가 지루하거나 예전처럼 설레고 자극적이지 않다면, 내 남자의 애무가 패턴과 루틴을 지닌 건 아닌지 살펴보아야 합니다. 패턴화된 애무는 나도 모르게 다음 행동을 예측할 수 있기에 여간해선 설레지 않거든요. 그러니 이제부터라도 내 남자가 주기적으로 애무 패턴을 바꿀 수 있도록 리드해야 합니다. 매번 바꿔도 좋고, 2~3회의 성관계마다 한 번쯤의 주기로 바꿔도 좋습니다. 바꾸는 행위 자체를 모험 또는 탐험으로 규정하면 더 좋고요. 어느 날은 발가락부터, 어느 날은 겨드랑이로 막 파고들어가서 혀로 시작하는 겁니다. 어느 날은 등을 마사지하고, 어느 날은 오래 걸었을 다리를 주물러 주면서 시작하고요. 이렇게 패턴에서 벗어나 예측이 되지 않으면 궁금해지고, 궁금해지면 설렘이 시작됩니다. 하나하나 말로 가르칠 순 없으니, 내가 먼저 내 남자를 변화 가득한 방법으로 애무해주세요. 남자는 대개 자기가 받고 좋으면 그 패턴을 따라합니다.

상식 무시

──────

애무를 바꾸는 두 번째 원칙은, 애무에 대해 여러분이 지닌 상식을 무시하라는 겁니다. 우리는 애무에 관해 어떤 상식을 가지고 있을까요?

우리의 상식 속에서 애무는 주로 손과 입을 사용하는 행위입니다. 이 상식만 지워도 정말 다양한 모든 것이 애무가 될 수 있습니다. "내가 손을 어떻게 사용하고, 어디를 입이나 혀로 어떻게 애무하면 나의 연인이 행복할까?"라는 질문에서, "내가 무엇으로 어떻게 하면 나의 연인이 행복할까?"로 질문을 확장하면 정말 엄청나게 많은 조합의 가능성이 애무가 될 수 있거든요. 다양한 모든 것이 다 애무가 될 수 있기에 상대가 예측하기 어렵고, 예측이 어려우면 패턴을 없앴을 때처럼 설렐 수 있습니다.

'여자는 청각에 반응하고 남자는 시각에 흥분한다'라는 말이 있습니다. 이 사실은 실제 연구를 통해 도출된 믿을 만한 결과 중 하나입니다. 그렇다면 우린 손과 입 대신 그녀의 귀에, 그의 눈에 자극을 줄 '언어와 행동'을 애무로 활용할 수 있습니다. 여자를 소리로 자극한다고 하면, 어떤 분은 연인의 귀에 바람 불어넣는 것을 상상할지도 모릅니다. 물론 그것도 효과가 없는 자극은 아닙니다. 단, 무척이나 예민할 수 있는 애무 방법이어서 꼭 좋아하는 분에게만 사용해야 합니다.

그보다 더 효율적으로 여성의 청각을 자극할 수 있는 도구는 바로 '음악'입니다. 연인이나 배우자와 한 공간에 있을 때 음악이 있는 것과 없는 것은 하늘과 땅 차이입니다. 밝고 경쾌한 음악이 흐를 때와 잔잔하고 따뜻한 음악이 흐를 때도 정말 다르죠. 음악의 분위기에 따라 연인이나 부부 사이에 미묘하게 흐르는 감정선이 완전히 달라집니다. 따라서 여성과의 행복한 성관계를 원하는 분은 반드시 음악에 관심을 두어야 합니다. 단순하게 로맨틱한 음악만 흘러도 남성이 할 수 있는 애무의 절반을 음악이 해줄 수 있거든요. 만약 내 남자가 음악에 무심하다면 나라도 음악을 준비해서 내 귀를 행복하게 해주기 바랍니다. 내 행복을 위한 주체적인 노력이 나의 오르가슴을 만듭니다.

음악뿐만 아니라 언어 역시도 효율적으로 여성의 청각을 자극하는 애무입니다. 우선 그 언어에 담긴 내용부터 엄청난 애무 도구가 됩니다.

"보고 싶었어."

"사랑해."

"오늘 정말 예쁜데."

"당신 몸은 정말 섹시해."

"난 왜 당신만 보면 이렇게 흥분이 되지?"

이런 내용의 말을 남성으로부터 들었을 때 감정의 동요가 없는 여성은 아마 거의 없을 겁니다. 그러니 어떻게든 저런 말을 하게 해서 내 몸을 흥분시켜야 합니다. 문제는 남자입니다. 알아서 해주면 좋겠는데 다수의 남성은 '민망해서' 또는 '굳이' 또는 '저는 이런 말 할 줄 몰라요' 등의 핑계를 대며 주저하거든요. 그러니 알려주세요. 친구에게서 얻어들은, 여자를 흥분하게 하는 어떤 애무 기술보다, 이런 언어적 표현이 몇 배는 더 나를 흥분하게 해준다는 사실을 말입니다. 알아야 하게 할 수 있습니다.

내용뿐만 아니라 방법도 꽤 중요합니다. 같은 이야기를 해도, 무뚝뚝하게 대화하듯 하는 것과 미소를 지으며 귀에 속삭이듯 하는 것의 차이는 무척이나 크거든요. 지금 유튜브를 열고

ASMR을 검색해보세요. 아마 수많은 동영상이 나올 것입니다. 사람들은 왜 이런 ASMR을 좋아할까요? 그건 ASMR을 들으면 부드럽고, 따뜻하고, 행복하다는 느낌을 받기 때문입니다. 실제로 ASMR은 심리적으로 그리고 신체적으로 이완 효과를 유발합니다. 스트레스와 불안을 가라앉히고 수면을 유도할 수 있으며 우울한 증상의 완화나 집중력을 높일 수 있다고도 알려져 있죠. 따라서 같은 내용의 사랑의 언어라도 ASMR에 버금가는 잔잔하고 부드러운 음색으로 전달하면 그 효과가 다릅니다. 내 남자가 이런 행위에 익숙하지 않다면 연습시키세요. 원래부터 가지지 않은 습관이더라도 훈련시키면 됩니다.

　남성은 시각에 흥분한다는 이야기도 해볼까요? 사실 다수의 여성은 이미 이것에 관하여 너무 잘 알고 있을 것입니다. 배우자가 볼 수 있도록 야한 속옷을 입고 일상생활 속에서 조금씩 신체 일부분을 보여줌으로써 그의 마음을 설레게 하거나 심지어 그가 좋아하는 행동과 표현을 대놓고 시각 자극으로 사용하는 여성도 있으니까요. 특정 자세에서 풍만하게 보이는 힙 라인이나 가슴골 사이로 언뜻언뜻 비쳐보이는 내 여자의 신체 라인은 그 자체로 그의 성욕을 자극할 것입니다.

　여성 중에는 밝은 공간에서 내 몸을 그에게 보여주기 싫어하는 분이 있습니다. 하지만 앞으로는 그러지 않았으면 좋겠습니다.

아무리 내 몸이 뚱뚱해도, 아무리 생각해도 내 벗은 몸은 섹시하지 않은 것 같아도 그냥 벗고 보여주면 됩니다. 장담컨대 내 여자의 벗은 몸은 그 자체로 가장 강력한 성적 자극입니다. 그런 훌륭한 자극을 숨기고 활용하지 않는다니요. 만약 내 남자가 그렇게 용기 내어 벗은 내 몸을 평가질하는 남자라면, 벌써 결혼했다면 어쩔 수 없지만, 아직 결혼 전이라면 서둘러 헤어지기 바랍니다.

산부인과 검진받을 때 앉는 의자를 '굴욕 의자'라고 부른다는 사실을 처음 알았을 때 얼마나 놀랐는지 모릅니다. 아마 아무리 상대가 의사라고 해도 내 외음부를 타인에게 보여준다는 건 창피하거나 부끄러운 일이라고 생각해서인 것 같습니다. 하지만 굴욕이라니요. 얼마나 내 몸 보여주는 것에 자신이 없으면, 그 의자를 굴욕이라고까지 부른단 말입니까.

내 몸 자존감은 누가 만들어 주는 게 아닙니다. 그냥 내가 가지면 그만입니다. 내가 내 몸에 자신 있다는데 누가 뭐라고 하겠습니까? 배가 나왔어도, 항아리 허리여도, 피부가 얼룩덜룩해도, 체형이 황금비율이 아니더라도 절대 민망해하지 말고, 부끄럽다는 생각도 하지 마세요. 그런 내 몸을 섹시하게 바라보는 남자가 세상엔 널렸으니까요. 여성분들이 지금보다 조금만 더 내 몸 자존감을 가졌으면 좋겠습니다. 내 몸 자존감이 단단할 때 오르가슴에 오를 확률도 올라가는 법입니다.

어릴 때 생각해보면, 남자아이들은 고추를 내놓고 덜렁거리면서 다니곤 합니다. 왜 여자아이들은 그러면 안 되죠? 똑같은 성기이고, 내 몸의 일부분인데 말입니다. 둘 다 아름다운 부위잖아요. 그러니 마음껏 보여주자고요. 대개의 남성에게 내 여자의 외음부는 그 자체로 엄청난 성적 자극입니다.

어떤 여성은 남성이 오랄 애무를 해준다고 밑으로 내려가면 손사래를 치기도 합니다. 애무의 꽃이라고 불리는 오랄 애무를 못 받으면 나만 손해인데 말입니다. 그가 입과 입술, 그리고 혀를 화려하게 움직이며 나를 자극하는 오랄 애무의 흥분도 없이 오르가슴에 오르기는 여간해서 쉽지 않습니다. 그러니 앞으로는 절대 그러지 마세요. 내 몸을 보여주는 것 자체가 그에게는 성적 자극이고 곧 흥분입니다. 그렇게 내 몸을 보여주는 것에 짜릿한 쾌감을 느낄 수만 있다면 그것 역시도 오르가슴에 더 가깝게 가는 것입니다.

지금까지 청각과 시각에 의한 자극을 이야기했지만, 그렇다고 손과 입을 사용한 촉각 자극을 자제하라는 건 절대 아닙니다. 병행 또는 추가의 개념이지 절대 대치의 개념이 아닙니다. 촉각은 나이가 들수록 더 중요한 애무 방법이니, 손과 입을 사용한 애무의 중요성은 아무리 강조해도 지나침이 없습니다.

느리게 천천히

─────────

애무를 바꾸는 세 번째 원칙은, '느리게 천천히'입니다. 애무는 반드시 느리게 그리고 천천히 해야 합니다. 얼마나 느리게 해야 하나고요? 내가 할 수 있는 가장 느린 속도로 하면 됩니다. 하지만 사실 얼마나 느리게 천천히 해야 하는가는 크게 중요하지 않습니다. 정해진 시간 기준이 있는 것도 아니고요. 그저 내 머릿속에 '애무는 느리게 천천히 해야 한다'라는 생각만 단단하게 자리 잡고 있으면 됩니다. 그러다 보면 자칫 흥분해서 나도 모르게 빨라지더라도 멈칫하게 될 테니까요. 내 애무뿐만 아니라 상대의 애무도 천천히 느리게 진행될 수 있도록 리드하세요. 연인의 손을 잡고 천천히 하는 것을 시연해도 좋고, 서두를 때 가만히 저지해도 좋습니다. 어떤 방식이건 그는 내 의도를 이해할 것입니다.

사실 애무는, 하다 보면 나도 모르게 빨라지는 게 당연합니다. 성적 흥분이 높을 때는 모든 행동과 자극의 속도가 점차 빨라지니까요. 그만큼 마음도 급하고 뇌도 한창 달리는 중입니다. 그러니 의도적으로 이 속도를 늦추는 게 필요합니다. '이러면 상대가 지루해하지 않을까?'라는 생각을 할 만큼 느리게 천천히 하기 바랍니다. 느릴수록 그것을 느끼는 감각이 더 강하게 살아납니다.

스치듯 부드럽게

————————

　애무를 바꾸는 네 번째 원칙은, '스치듯 부드럽게'입니다. 애무는 반드시 깃털처럼 스치듯 부드럽게 해야 합니다. 앞에서 말한 '느리게 천천히'와 '스치듯 부드럽게'는 정말 중요한 애무의 원칙이니 그냥 붙여서 외우는 게 좋습니다. 외우기까지 해야 하는 이유를 직접 체험해 볼까요?

　준비물은 내 왼손등과 오른손바닥입니다. 준비되셨으면 왼손등에 오른손바닥을 정말 닿을 듯 말 듯 살짝 올려보세요. 그리고 느리게 천천히 스치듯 부드럽게 닿을 듯 말 듯 천천히 움직여 보세요. 한 번은 손톱 방향으로 다시 이번에는 손목 방향으로. 그렇게 움직이면서 내 왼손등의 감각을 느껴보면 됩니다. 기분이 어떤가요? 심지어 내가 내 손을 애무하고 있는데도 기분 좋은 감정을 느낄 수 있을 겁니다. 손등은 그나마 감각신경이 적은 부위인데도 이런 느낌을 받으니 몸의 다른 민감한 부위는 어떨까요. 만약 그가 이런 애무를 내게 하면 내 기분은 어떨까요? 그야말로 행복 그 자체일 것입니다.

　반대 경험도 해봐야 비교할 수 있겠죠. 이번에는 왼손등에 오른손바닥을 철썩 붙여주세요. 그리고 세게 문지르면 됩니다. 천천히도 빠르게도 문질러 보고, 막 주물러도 됩니다. 그럴 때 왼손등에 느껴지는 감각이 어떤가요? 빠르게 문질렀다면 열이 났을 것이고, 주물렀다면 다소 시원하지만 얼얼할 수 있습니다. 분명한 건 아까처럼 기분 좋고 설레는 느낌은 아니라는 거죠.

많은 남성이 여성의 가슴을 애무할 때 이렇게 주무르는 방식을 사용합니다. 여성이 느끼는 감각을 생각하기보다는, 자기 손에 느껴지는 물컹거리는 느낌이 좋아서 그러는 거죠. 그 느낌을 통해 성적 욕구를 충족하는 겁니다. 하지만 체험해 보았듯이 주무르는 행위보다는 느리게 천천히, 스치듯 부드럽게 자극하는 애무가 상대가 느끼기에 훨씬 좋습니다. 그러니 이제부터는 주무를 때 주무르게 두더라도 더 많은 시간은 '느리게 천천히 스치듯 부드럽게 그리고 닿을 듯 말 듯' 할 수 있도록 남성을 리드하기 바랍니다.

후희를 제대로

애무를 바꾸는 마지막 다섯 번째 원칙은, '후희後戱를 제대로' 입니다. 후희가 뭘까요? 후희의 반대말은 전희前戱입니다. 전희는 영어로 'foreplay'이고, 후희는 'afterplay'죠. 사전에 하는 행위, 끝나고 하는 행위쯤으로 해석될 수 있습니다. 전희는 성관계 전에 배우자를 성적으로 흥분하게 하는 행위이므로, 대개는 애무와 같은 뜻입니다. 그렇다면 후희는, 성관계 후에 배우자를 성적으로 흥분하게 하는 행위일까요? 이렇게 생각하면 자칫 전희처럼 후희를 온전히 애무로 오해할 수 있습니다. 후희를 전희와 같이 애무로 생각하는 일부 남성은 종종 이렇게 생각합니다.

"성관계 전에 흥분하게 했으면 됐지, 굳이 끝나고도 흥분하게 하라고요? 아직 흥분이 식지 않은 그녀를 배려해서 그러는 거라고 하는데 끝났는데 애무해서 다시 흥분시키면 도대체 그 흥분은 언제 어떻게 가라앉히나요?"

이렇게 오해하는 남성은 후희를 하지 않게 되고, 제대로 된 후희가 없으니 오르가슴까지 경험하고도 다수의 여성이 그 성관계를 좋은 경험으로 기억하지 못합니다. 후희는 전희와 전혀 다른 행위인데 말입니다.

후희는 성관계 후에도 상대를 성적으로 흥분하게 하는 행위가 아닙니다. 그러니 당연히 애무도 아닙니다. 후희는, 성관계가 끝나고도 아직 성적 흥분이 가라앉지 않은 연인과 함께 성관계를 마무리하는 과정을 말합니다. 즉, 성관계의 마침표라고 볼 수 있습니다.

성관계에서 남성에게는 사정이라는 마침표가 있지만, 여성에게는, 과정의 즐거움과 쾌감을 온전히 정리하고 다시 일상으로 돌아오는 감정의 마침표가 없습니다. 남성은 사정을 거치면서 이미 감정이 다 식었지만, 여성은 아직 흥분이 식지 않아 아쉬운 감정이 제대로 마무리되지 않았습니다. 그러니 돌아누워 잠을 청하거나, 담배를 피우거나, 씻으러 들어가는 남성이 서운하고 이기적으로 보일 수밖에 없습니다. 여성은 아직 감정적으로 성관계가 마무리되지 못했거든요. 서로 행복하게 즐겼다면 남성처럼 여성도 마침표가 있어야 합니다. 그래야 편안한 기분으로 휴식을 취하거나, 잠을 자거나, 아니면 다시 일상으로 돌아가거나 할 수 있습니다. 그래야 다음 성관계도 기대하게 되는 것이고요. 마무리가 서운하면 당연히 다음 성관계에 대한 기대감도 사라집니다. 이 마침표의 역할을 하는 게 바로 후희입니다.

많은 남성이 후희를 애무로 오해하기에, 성관계하고 나서 다시 클리토리스 애무를 시작한다든가, 가슴 애무를 열정적으로 한다든가 하는 겁니다. 하지만 조심해야 합니다. 오르가슴 직후 여전히 흥분한 상태에 있는 클리토리스나 유두는 더없이 민감한 상태거든요. 성관계하기 전의 강도와 속도로, 성관계 후에도 그 부위를 애무하면 통증이 전달될 수밖에 없습니다. 남성은 사정하고 난 직후에 그녀가 내 귀두를 마사지한다고 상상해보면 조금 더 이해하기 쉬울 것입니다. 그 상황에서 아마 다수의 남성은 "아, 아, 아니야. 거긴 건드리지마"라고 할 겁니다. 사정 후의 귀두는 그만큼 민감하고 잘못 건드리면 아프기도 하거든요. 같은 개념입니다.

후희는, 성관계하면서 들떠 있던 감정을 안정시키면서, 서로를 감정적으로 지지하는 행위입니다. 서로의 피로를 풀고, 긍정적인 경험을 마무리하는 데 도움이 되는 행위죠. 속삭임, 대화, 토닥거림, 포옹, 부드러운 터치 등이 이에 해당합니다. 남성 여러분은 꼭 기억했으면 좋겠습니다. 성관계의 마무리는 나의 사정이 아니라 둘 모두에게 행복한 마침표가 되어줄 후희입니다. 만약 내 남자가 이 사실을 모른다면 꼭 가르쳐주세요. 이 원칙만 지켜진다면 앞으로의 모든 성관계는 영원히 기억될 무척이나 행복한 추억이 될 것입니다.

"20분이나
'노동'하라고요?"

"남편은 애무를 하나도 안 합니다. 키스하다가 자연스럽게 관계를 맺기 시작하는데 키스하면서 옷 위로 밑에 잠깐 만지고 가슴 두세 번 조물락거리고는 바로 삽입하려고 합니다.

저는 애무를 좋아하고 애무가 필요하다는 주의라 관계할 때마다 팬티 안으로 만져주고 오랄도 해주는데 그런 것도 없습니다. 왜 난 오빠 애무해주고 오랄도 항상 하는데 오빤 대충 만지는 게 끝이야? 그랬더니 힘들잖아. 애액 나오면 됐지, 뭐. 하는 겁니다. 사실 그렇게 애무가 없으면 아프기도 하고 좋지도 않아서 빨리 끝냈으면 좋겠어요. 요샌 그냥 남편과 성관계하는 게 싫어요."

성관계에서의 남녀 갈등을 만드는 대표적인 원인이 바로 2분 30초와 16분의 차이입니다. 앞서 잠깐 언급했던, 마스터스 앤 존슨 부부가 주장한 오르가슴 갭Orgasm Gap이죠. 남녀는 모두 성관계 중에 흥분이 시작되는 성적 흥분기, 쾌감이 고조되는 고조기를 지나 오르가슴기와 성적 흥분을 가라앉히는 해소기를 거치게 되는데, 남자의 오르가슴과 여자의 오르가슴의 시간적 시점이 다릅니다. 남자는 흥분기, 고조기를 거쳐 오르가슴에 이르기까지 대개 평균적으로 2분 30초라는 시간이면 충분한데, 그 시간이면 여자는 이제 겨우 흥분기를 지나고 있으니까요. 여자는 이제 막 성적 흥분의 고조기가 시작됐는데, 남자는 이미 사정하고 해소기로 접어듭니다. 바로 여기서 남녀 갈등이 시작됩니다. 남자가 그냥 2분 30초에서 사정을 해버린다면 여자는 아직 오르가슴 근처도 가지 못한 거니까요. 그런 상태에서 성관계가 끝나버리면 여자는, '이 남자에게 난, 돈 받고 몸을 허락하는 존재와 다를 것이 없지 않을까?'라는 생각이 들 정도로 비참한 기분을 느낄 수 있습니다.

또 반대로 남자가 여자와 오르가슴 포인트를 맞추려고, 20분 이상 애무를 진행하다 보면 때로는 애무가 귀찮을 뿐만 아니라 노동이라고 생각하는 비극이 발생하기도 합니다. 이런 비극을 억지로 수행하면서 행복할 사람은 없으며, 심지어 어떤 남성은 그 과정에서 발기부전을 경험하기도 하죠. 그러니 행복한 커플에게 이 간극을 극복하는 건 꽤 중요한 문제입니다.

이 간극을 극복하는 데는 크게 두 가지 방법이 있습니다. 하나는 애무라고 생각하는 행위뿐만 아니라 모든 행동을 애무의 범주에 넣어 충분히 여성을 흥분하게 하는 것이며, 다른 하나는 애무와 성관계의 경계를 없애 노동이라고 생각할 대상 자체를 없애는 것입니다.

모든 행위는 애무입니다

"그녀를 애정이 가득한 눈빛으로 바라봅니다. 좋아하는 걸 공유하고 함께 즐깁니다. 근사한 곳에서 맛난 저녁 식사를 함께합니다. 그녀를 바라보며 항상 미소를 유지합니다. 뒤로 다가가 가만히 안아줍니다. 침실에서 마음껏 웃으며 장난처럼 베개 싸움을 합니다. 당신 안에 머물고 싶다고 귀에 속삭입니다. 그녀의 몸을 씻기고 온몸을 마사지합니다."

이 문장들에는 여러분이 아는 애무의 범주에 들어가는 내용도 있고, "저런 게 무슨 애무야?"라고 할 만한 이야기도 있을 것입니다. 하지만 이 모든 것들은 다 애무입니다.

애무의 개념이 정확히 뭘까요? 손이나 신체 일부로 연인의 몸을 만지는 행위만 애무일까요? 그런 고정관념 속에서의 애무는 자칫 남자로 하여금 노동으로 생각하게 만들 수 있습니다. 하지만 애무의 영역을, '성적 흥분을 높이는 모든 행위'로 넓히면 20분이 아니라 1시간도 노동이 아닐 수 있습니다. 작거나 큰 모든 행위와 상황 하나하나를 다 애무로 간주하고 소중하게 대한다면 온전히 다 애무로서 기능할 수 있는 거죠.

예를 들어볼까요? 우선 배경음악만 따뜻하고 잔잔하게 깔아두어도 사랑의 감정을 올려줄 수 있습니다. 사랑과 칭찬이 담긴 언어를 진심으로 전달하거나 그저 가만히 손을 잡는 사소한 행위도 사랑과 진심을 담아서 한다면 애무가 될 수 있고요. 그렇게 다양한 애정 행위를 일상에서도 계속 사랑을 담아 전달하면 실제 성관계에 들어가서도 내 몸은 쉽게 흥분합니다. 잠자기 위해 누운 침대 위에서 내 등을 가만히 안아주는 남편의 백허그는 정말 애무라기에는 부족할까요? 아닙니다. 사랑받는 느낌과 품 안에서 보호받는다는 안정감을 느끼는 것 자체가 내 몸이 그를 향해 열렸다는 뜻이니 그 자체로 애무입니다. 굳이 이 행위가 성관계로 이어지지 않아도 됩니다. 백허그한 채 그냥 잠들어도 괜찮다는 뜻입니다. 이렇게 로맨틱한 백허그의 기억은, 반드시 차후 실제 성관계에서 필요한 애무 시간을 줄여줄 테니까요.

침대 위 백허그 상황에서 만약 남녀가 모두 옷을 벗고 있다면, 그의 음경이 내 엉덩이나 허리춤에 닿아있을 겁니다. 그의 음경이 내 몸에 살짝 닿는 그 야릇한 느낌만으로도 그와 나 모두는 흥분하게 됩니다. 그 자체로 강력한 애무인 셈이죠. 그냥 그러고 가만히 누워 있는 것만으로도 성적 흥분은 한없이 커질 수 있습니다. 그러니 진짜 모든 게 다 애무가 아닐 수 없죠.

손잡기는 어떨까요? 결혼한 지 10년 혹은 20년 된 부부라면 이미 외출할 때 손을 꼭 쥐거나 팔짱을 단단하게 끼지 않을 것입니다. 가족끼리 그러는 거 아니라고 생각하는 분도 있으니까요. 하지만 앞으로는 평소에 의도적으로라도 무조건 손을 꼭 쥐거나 팔짱을 단단하게 끼세요. 이런 가벼운 스킨십을 많이 하면 실제 성관계에서의 애무 시간이 줄어들 수 있습니다. 연인, 부부간 가벼운 스킨십에 익숙해질수록 상대의 존재 자체가 설레게 되거든요. 그러니 만약 이제껏 안 그랬다면 오늘부터라도 외출할 때, 출근할 때 손을 꼭 잡거나 팔짱을 꼭 끼세요. 평소에 하는 이런 행위는 실제 성관계에서 내 몸의 온도를 올리는 워밍업 시간을 줄여줍니다. 사랑하는 마음만으로도 내 몸이 흥분하기 시작하는 원리입니다.

만약에 이제까지는 성관계할 때 그가 오롯이 20분의 애무를 해야 했다면, 이렇게 평소에 스킨십을 많이 하고 사랑을 주고받는다는 느낌을 서로 많이 주면, 실제 성관계에서의 필요 애무 시간이 짧게는 5분에서 길게는 10분 이상 줄어드는 걸 경험하게 될 것입니다. 그렇게 그의 노동 시간을 줄여주세요. 그것이 곧 나의 행복으로도 이어지게 됩니다.

애무와 성관계의 경계를 없애다

20분 애무의 부담을 극복하는 방법 두 번째는 애무와 성관계의 경계를 없애는 것입니다. 애무와 성관계는 방식과 순서 모두에서 차이가 있습니다. 대개, 애무는 포옹, 키스 등의 스킨십을 말하고, 성관계는 질에 음경을 삽입한 후 왕복 운동하는 행위를 말합니다. 순서상으로도 성관계는 대개, 충분한 애무가 있은 다음에 이루어지는 행위죠. 바로 이 애무와 성관계의 차이를 없애고 하나로 합쳐버리면 애무를 별도로 할 필요가 없으니 노동이라고 생각하지 않을 테고, 바로 성관계로 들어갈 수도 있으니 20분의 온전한 애무 시간이 필요하지 않을 것입니다. 조금 더 쉽게 이해하기 위해 애무와 성관계의 경계를 없애고 사랑하는 부부의 연애 장면을 살짝 훔쳐보겠습니다.

"여기 한 부부가 있습니다. 오랜만의 여행에서 바다를 감상하고 숙소인 호텔로 들어온 부부는 방에 들어오자마자 무엇에 홀리기라도 한 듯 서로의 옷을 벗기기 시작합니다. 그렇게 서로의 몸을 탐하며 침대로 직행한 남편과 아내가 침대에 눕자마자 제일 먼저 하는 행위는 남편의 발기된 음경을 아내의 질 입구에 갖다 대는 것입니다."

여기까지 읽은 분 중 조금이나마 건강한 성 상식을 지닌 분은 아마 "뭐라고? 방에 들어가자마자 일정 시간의 충분한 애무도 없이 바로 삽입 성관계를 시작한다고? 저렇게 아내를 아낄 줄 모르는 남편이 아직도 있어?"하며 화를 낼지도 모릅니다. 맞습니다. 충분한 애무도 없이 삽입하는 건 가장 지양해야 하는 성적 태도입니다. 하지만 다시 읽어 보면 '질 입구에 갖다 대었다'라고 했지, 성관계가 시작됐다고 하진 않았습니다. 자 조금 더 인내심을 가지고 이 부부의 다음 단계를 마저 확인해 볼까요?

"남편은 비록 음경을 질 입구에 갖다 대긴 했지만, 바로 삽입하진 않습니다. 대신 촉촉하게 젖은 아내의 질 입구를 귀두 끝으로 닿을 듯 말 듯 부드럽게 마사지합니다. 미끄러지듯이 말입니다. 그렇게 음경을 활용한 질 입구 마사지가 끝나면 이번에는 귀두의 끝을 질 입구에 살짝 대었다 떼기도 합니다. 마치 음경과 질이 쪽쪽 소리를 내며 뽀뽀라도 하듯이요. 그때마다 아내의 질에서는 점액질의 애액에 무언가가 닿았다가 떼어지는 귀여운 소리가 나고 아내의 입에서는 가녀린 신음이 튀어나옵니다."

이야기 속 아내는 아마 지금 본인의 질 입구에 닿는 귀두의 촉감을 온몸으로 느끼고 있을 겁니다. 귀두는 무척이나 부드러운 피부 조직이어서 입술로 오랄 애무하는 것과 크게 다르지 않은 부드러운 촉감을 느낄 수 있거든요. 이렇게 진행하는 성기와 성기의 뽀뽀는 그 자체로 강렬하고 자극적인 애무입니다. 지금 이 부부가 하는 행위가 성관계일까요? 아직 음경이 질에 들어가지 않았으니 성관계라고 부르긴 애매합니다. 하지만 음경으로 아내의 질을 공략하고 있으니 오로지 애무라고 하기도 애매하죠. 굳이 표현하면, 음경으로 아내의 외음부 전체를 사랑하는, 성기와 성기 간 스킨십 같은 거라고 할 수 있겠네요.

"아하. 이제야 조금 알 것 같네요. 그러니까 질에 음경이 거의 들어갈락 말락 한 그런 자세나 행동, 이런 게 다 성관계처럼 보이지만 사실은 성관계가 아니라 음경을 활용한 애무다, 이거죠? 그렇게 성관계처럼 보이는 애무를 하다가 다시 일반적인 애무도 하다가 그러는 건가요? 그렇다면 다음은 가슴을 애무하겠네요."

물론 그럴 수도 있습니다. 하지만 그렇게 모든 애무가 다 끝난 다음에 삽입을 시작하면 방식은 조금 달라졌을 수 있지만 아직 '순서'가 무너지진 않은 거잖아요. 애무만의 시간을 완전히 없애려면 둘을 섞어야 합니다. 그렇게 되면, 애무하다가 성관계를 할 수도 있고 성관계하다가 다시 애무를 할 수도 있으니까요. 항상 그래왔듯이 애무 다 끝내고 성관계로 이어가는 게 아니라, 애무하다가 성관계 좀 하다가 다시 애무하다가 또 성관계하다가 이렇게 진행하는 것입니다. 애무와 성관계를 섞는다는 건 그런 개념입니다. 사례 속 부부가 어떻게 애무와 성관계를 섞는지 마저 확인해볼까요?

"그렇게 한참 동안 음경과 질 입구의 스킨십을 즐기던 남편의 음경은 어느덧 아주 부드럽게 그리고 정말 천천히 아내의 질 내부를 향해서 들어가기 시작합니다. 들어간다고 해서 귀두 끝이 자궁경부까지 쑥 밀고 들어가는 건 아닙니다. 고작 귀두 앞부분만 살짝 질 내부로 들어가는 것입니다. 들어가긴 했지만, 그 상태로 어떤 움직임도 없이 가만히 있습니다. 남편은 지금 질에서 가장 단단한 조임을 경험할 수 있는 질 입구의 탄력이 주는 쾌감을 귀두를 통해 온몸으로 느끼는 중입니다.

아내도, 질 입구 내벽의 감각으로 음경에서 가장 부피가 큰 귀두의 꽉 찬 엄청난 덩어리감을 느끼는 중입니다. 마치 엄청나게 굵은 무언가가 내 몸을 꽉 채운 것 같은 느낌입니다. 질 입구를 타고 앉은 내 몸 안의 클리토리스가 이 감각을 뇌로 전합니다. 이렇게 음경을 질에 살짝 넣은 채 남편이 아내의 가슴을 입으로 애무하자, 아내에겐 엄청난 쾌감이 몰려옵니다. 이른바 멀티 애무가 시작되는 순간입니다. 움직이지도 않고 가만히 음경을 질 입구에 살짝 넣고만 있는데도 두 사람의 흥분 곡선은 끝도 없이 상승합니다."

지금까지 이 부부가 진행한 행위를 좀 확인해 볼까요? 닿았다가 떨어지기를 반복했고, 닿은 상태에서 살짝 미끄러지기도 했습니다. 질에서 가장 먼저 촉촉해지는 부위가 바로 외음부이거든요. 여성의 몸은 흥분하면 스킨선과 바르톨린선이 있는 질의 입구서부터 애액이 분비되면서 촉촉해지기 시작합니다. 덕분에 질 입구는 조금만 흥분이 돼도 충분히 윤활이 되고 따라서 미끄러지기도 너무 좋습니다.

그렇게 미끄러지다가 음경이 질로 살짝 들어가기도 했습니다. 그 상태에서 멈추기도 했고, 멈춘 상태에서 가슴 애무를 병행했습니다. 이야기에는 등장하지 않았지만 그러다가 다시 살짝 나오기도 했을 테고, 이후 남편이나 아내의 오랄 애무가 이어졌을 수도 있죠. 음경을 질에 삽입한 상태에서 움직이지 않고 그 상태로 손과 입으로 가슴 애무나 목덜미 애무, 또는 키스를 진행했을 수도 있고요. 이게 바로 멀티 애무입니다.

이렇게 음경과 질이, 천천히 그리고 부드럽게 닿고 미끄러지고 살짝 들어갔다가 그대로 멈추고 그 상태로 애무를 병행하다가 다시 살짝 나오는 행위만 반복해도 장담컨대 15분에서 20분은 그냥 지나갑니다. 근데 이 행위를 할 때 아직 충분히 흥분하지 않았다고 해서 아내의 몸이 아플까요? 절대 아닙니다. 오히려 서로의 감정이 점점 더 흥분하고 있는 상태죠. 이게 바로 애무만의 시간을 없애고 성관계와 섞는 가장 큰 장점입니다. 이렇게 성관계 같은 애무를, 애무 같은 성관계를 서로 마구 섞으면 애무를 향한 내 남자의 부담감을 줄일 수 있습니다. 그렇게 음경과 질 입구에서 놀다가, 다시 가슴 애무로, 다시 질에 조금 더 들어갔다가 나온 후에는 외음부에서 미끄러지기만. 그러다가 다시 입술 키스나 오랄 애무를. 이도 저도 아니라면 그냥 살짝 들어간 상태로 2~3분을 가만히.

지루하지도 귀찮지도 않고, 아직 덜 흥분되어 아프거나 힘들지도 않지만, 성적 흥분은 그대로 전해지는 이 상태. 애무가 노동이 되지 않으려면 이처럼 성관계 초반에 다양한 방식으로 애무와 성관계를 섞어보세요. 장담컨대 30~40분은 훅하고 금방 지나갑니다. 그동안 내 몸은 충분히 흥분해 있을 테고, 내 남자의 몸은 아직 사정과는 거리가 멀 테니, 그 순간부터는 마음껏 왕복 운동하며 오르가슴을 즐기면 됩니다.

남자
애무하는 법

"정말로 남자도 애무받는 걸 좋아하나요? 제 남편은 만져 달라고
한 적이 한 번도 없어서 남자는 자기가 만지는 것만 좋아하는 줄 알
았어요. 근데 정말 해도 될까요?

해본 적이 없다 보니 어떻게 하는지도 모르겠고 괜히 시도했다가
경험 많은 아내로 오해만 받으면 어떡해요."

남자 애무하는 법은 남자가 하는 애무가 아니라 남자에게 해
주는 애무를 말합니다. 대개의 대한민국 여성은 남자 애무에 익

숙하지 않습니다. 하더라도 애무받는 것에 비하면 그 횟수와 강도, 지속 시간 면에서 모두 부족합니다. 왜 그럴까요? 세 가지 정도의 이유가 있습니다.

첫 번째는 맨박스Man Box입니다. 맨박스는 "무릇 남자라면" 혹은 "이렇게 행동해야 남자지"처럼, 남자는 어떠해야 한다는 고정관념을 말합니다. 남자 스스로 그 안에 갇혀 생각하고 행동하는 거죠. 그런 고정관념 중 하나가 바로 '남자 애무'입니다. 남성 중에는 '남자가 무슨 애무를 받아. 남자답지 않게'라고 생각하는 분이 꽤 있습니다. 그런 맨박스에 갇힌 남성은 당연히 남자 애무를 받아본 적이 없을 것입니다. 요구해봤자 고작 오랄 애무해달라고 음경을 들이미는 게 전부였겠죠. 그 좋은 풀 서비스의 애무를 경험해보지 못했으니 못 받은 사람만 불쌍합니다. 맨박스에 스스로 갇혔으니 자업자득입니다.

두 번째는 '받아본, 그리고 해줘 본 경험이 없어서'입니다. 이건 사실 남녀 모두에게 책임이 있는데, 여자는 제대로 해줘 본 적이 없고, 남자도 제대로 받아본 적이 없는 겁니다. 받아본 적이 없으니 욕망이 없고, 해줘 본 적이 없으니 할 줄도 모르고, 그걸 남자가 얼마나 좋아하는지도 모르는 겁니다. 하지만 이 역시 단언컨대 제대로 한번 애무를 받아본 남자라면 아마 이후부터는 애무해달라고 매일 조를지도 모릅니다. 그만큼 좋으니까요.

마지막 이유는, 적극적으로 그의 몸을 애무하면 경험 많은 여자로 오해받지 않겠냐는 여성의 걱정입니다. 이런 생각을 하는 분은 성관계할 때도 대개 최소한의 적극성만 보이곤 하죠. 남자는, 성에 관하여 잘 모르는 여자를 더 좋아한다는 편견 때문입니다.

이런 다양한 이유로 남자 애무는 대체로 남녀 모두에게 무시당했습니다. 하지만 절대 무시당할 소재가 아닙니다. 남자는 아마 연인이나 아내에게 제대로 애무 한번 받고 나면 '도대체 왜 이 좋은 걸 여태 모르고 살았지. 매일 받고 싶다'라고 생각할 것이고, 여자는 아마 내 남자에게 제대로 애무 한번 해주고 나면, 이후 나를 애무해주는 그의 태도가 달라지는 걸 느끼게 될 거니까요. 경험해보면 내 남자도 알거든요. 이렇게 해주면 정말 기분 좋다는 걸. 그럼 '내가 이렇게 해주면 내 여자도 정말 기분 좋을 거겠네. 나도 해줘야지'라고 생각하게 되는 거죠. 세상 모든 건 그렇게, 알아야 변합니다.

남자 애무의 특징

남자를 제대로 애무하려면 남자 애무의 특징부터 배워야 합니다. 우선 성감대부터 확인해 볼까요? 머리부터 발끝까지 순서대로 내려가 보겠습니다. 귓불, 귀 주변, 입술, 구강, 치아, 잇몸, 전부 다 성감대입니다. 목덜미도 대표적인 성감대고, 가슴과 천골도 성감대입니다. 참고로 천골은 등 쪽 꼬리뼈 부위인데, 뇌와 생식기관을 잇는 감각신경이 지나가는 자리 중 피부에 가장 가까운 부위입니다. 그래서 천골 부위를 약간의 압력으로 마사지해주면 성감을 높이는 데 좋습니다. 그리고 가장 중요한 음경과 음낭, 회음부, 허벅지 안쪽 등이 있겠네요.

성감대를 한번 쭉 훑어봤지만, 사실 남자 애무는 순서가 없습니다. 여자 애무는 가장 자극적인 부위에서 먼 곳부터 점차 가장 자극적인 곳으로 다가오는 방식으로 애무해야 하지만, 남자 애무는 그런 규칙이 아예 없습니다. 어느 부위부터 시작하고 어느 부위를 마지막에 해도 남자에게는 큰 차이가 없다는 뜻입니다. 왜일까요? 남자는 성감대가 음경과 그 주변에 집중되어 있기 때문입니다. 음경, 음낭, 회음부 여기가 가장 민감한 성감대죠. 그러므로 만약 남자 애무할 때, 다소 귀찮다는 생각이 든다면, 다른 부위 다 잊고 오로지 음경 주변만 애무해도 됩니다. 그것만으로도 내 남자는 충분히 만족하거든요.

음경과 주변부 애무

———————

음경과 그 주변부를 애무할 때는 느리게 천천히, 스치듯 부드럽게 해야 합니다. 너무 익숙한 표현들이죠. 애무부터 바꾸자는 이야기를 할 때 이미 말씀드렸으니까요. 얼마나 중요하면 자꾸 반복될까요. 아마 다른 챕터에서 또 반복해서 보게 될 겁니다. 그러니 그냥 외우면 좋습니다. 제 책의 내용 다 잊고 이것만 기억해도 아마 남는 장사일 겁니다.

약간 튀어나와 있는 반원 형태로 흔히 귀두라 불리는 음경의 앞부분에는 감각신경이 무려 4천 개나 모여있습니다. 무척이나 민감하다는 뜻이죠. 그러니 오랄 애무할 때 귀두를 치아로 깨무는 건 절대 피해야 합니다. 손톱만큼도 성적 쾌감이 없을 뿐만 아니라 심지어 아프거든요. 통증은 성적 쾌감의 적입니다. 그러니 음경 애무할 때는 반드시 느리게 천천히 스치듯 부드럽게 해주세요.

그냥 일상생활 속에서 (비록 옷 위에서라도) 틈만 나면 만져주는 것도 중요합니다. 만지건 살짝 쥐건 스치건 문지르건 방식은 중요하지 않습니다. 그런 방식보다 중요한 건 '틈만 나면'입니다. 아마 다수의 여성은 남성이 일상에서 자기 몸을 대상으로 저렇게 하는 것을 무척 싫어할 겁니다. 본인이 싫으니 남성에게도 하지 않습니다. 하지만 남성은 반대로 그러길 오히려 바랍니다. 그냥 정말 뜬

금없이 아무도 없다 싶으면 일상생활 속에서 잠깐 만져주세요. 엄청나게 좋아할 겁니다. 놀랍게도 남성은 이런 사소한 행위만으로도 내가 사랑받는다는 감정을 느낍니다. 사랑받는다고 느끼는 포인트가 여성과는 다른 셈이죠.

내 여자가 내 음경을 무척이나 소중히 다루어 준다는 느낌을 받게 하는 것도 중요합니다. 여성은 대개 남성의 음경을 다소 징그럽다거나 민망하다고 생각합니다. 하지만 만약 내 남자가 내 몸의 일부를 그렇게 여긴다고 생각해보면 아마 나도 앞으로는 그러지 않을 수 있을 겁니다. 징그럽다는 생각 대신 정말 사랑스럽다는 생각으로 나의 뇌를 세뇌해주세요. 여성의 외음부든 남성의 음경이든 내가 사랑하는 사람의 신체 일부이니 마음먹기에 따라 얼마든지 사랑스러울 수 있습니다. 그 사랑하고 아끼는 마음을 가득 담아서 표현하면 됩니다. 그러면 남성은 '아, 내가 사랑받고 있구나'라는 생각을 하게 되고, 그만큼 남성도 내 몸을 아끼고 사랑해주게 될 것입니다. 신기하죠? 이런 걸로 사랑받는 감정을 느낀다는 게.

음경과 주변부 애무는 손뿐만 아니라 입술과 혀도 충분히 사용해주세요. 입술과 혀를 사용하는 건 펠라티오라고 불리는 남성 오럴 애무인데, 이건 뒤에서 별도의 챕터로 더 자세하게 말씀드리겠습니다. 손을 사용할 때는 다른 부위보다 훨씬 더 느리게 천천히 스치듯 부드럽게 해야 한다는 거 잊지 마시고요. 손으로 살짝 감싸 쥐거나, 약하게 쥐고 위아래로 움직이거나 혹은 그냥 가만히 쥐고만 있어도 훌륭한 애무가 됩니다.

음경 주변 애무는, 몸 전체 성감대 애무와 달리 그래도 순서가 있습니다. 항문에서 음경 방향입니다. 시작은, 음낭과 항문 사이에 있는 평평한 살 부분인 회음부부터 하세요. 남성의 음경은 밖으로 보이는 길이만큼 몸속으로도 뻗어 있어서 회음부 피부 속에는 음경의 뿌리 부분이 숨겨져 있습니다. 몸속에 묻힌 음경을 자극한다는 느낌으로 회음부를 마사지해주거나 만져주면 무척 좋아할 것입니다. 여성의 몸속에 있는 클리토리스를 자극하는 것과 같은 개념입니다. 회음부 다음은 음낭 그리고 음경, 마지막은 귀두로 진행하면 좋습니다.

여자
애무받는 법

"사람마다 성감대도 다르고 좋아하는 방식도 다르겠지만, 그래도 이 부위는 이렇게 애무하면 좋다는 이론 같은 건 있지 않을까요? 남편이 너무 애무할 줄 몰라서 좀 가르쳐 주려고요. 평생 이렇게 애무받는 행복을 포기한 채 살 수는 없잖아요. 꼭 부탁드립니다."

많은 여성이 애무받는 걸 그냥 내 남자에게 맡깁니다. 잘하면 다행이지만, 잘못한다고 해도 어쩔 수 없다는 생각으로요. 앞으로는 절대 그러지 마세요. 세상 모든 것이 그렇듯 모르면 서툴고 배우면 더 잘할 수 있습니다. 만약 나도 모른다면 지금부터 내가 먼저 내 몸을 배우고, 이후 내 남자에게 자세하게 알려주세요.

여자 애무의 원칙

_____

여자의 몸을 애무하는 첫 번째 원칙은 너무도 당연히 '느리게 천천히 스치듯 부드럽게'입니다. 이젠 정말 외울 지경이죠? 여성은 남성보다 감성에 더 민감해서 특히 더 이 원칙을 지키는 게 좋습니다. 내 남자의 애무가 다소 거칠다면 분명하게 알려주세요. 난 느리고 천천히 스치듯 부드러운 애무가 훨씬 좋다고 말입니다.

두 번째 원칙은, 기술보다는 진심이 필요하다는 것입니다. 많은 남성이 저에게 여성을 성적으로 흥분하게 하는 기술을 물어봅니다. 하지만 단언컨대 아무리 자극적인 곳을 자극적인 방법으로 애무해도 진심이 없으면 전혀 소용이 없습니다. 물론 그런 방법을 알고 있는 게 모르는 것보다는 나을 겁니다. 하지만 진심이 없으면 알고 있어도, 심지어 그걸 잘 사용할 수 있어도 아무 소용이 없습니다. 반대로 다소 기술이 없어도 진심만 있다면 여성은 감동할 수 있습니다. 감동은 오르가슴을 만드는 기본 감정이죠. 내 남자에게 꼭 알려주세요. 기술보다는 나를 사랑하는 진심이 담긴 애무가 훨씬 더 큰 힘을 발휘한다고요.

세 번째 원칙은, 패턴을 잊고 탐험을 시작하라는 겁니다. 남성과 달리 여성은 온몸이 균등한 비중의 성감대입니다. 그러니 종이 한 장을 꺼내, 왼편에는 탐험에 사용할 도구를, 오른편에는 탐험할 부위를 나열하고, 그렇게 나열된 도구와 대상을 하나씩 선으로 이어가며 조합해서 만들어지는 경우의 수를 한번에 하나씩 내 남자와 함께 실험해보기 바랍니다. 도구에는 혀, 입술, 손가락, 손등, 다리, 음경, 머리카락, 귀, 엉덩이 등이 있을 테고, 대상에는 클리토리스, 외음부, 입술, 가슴, 목덜미, 허벅지 안쪽, 귀, 엉덩이, 등, 두덩, 겨드랑이 등이 있을 것입니다. 이렇게 다양한 도구로, 다양한 부위를 애무하는 것, 그게 바로 탐험이며, 한번에 하나씩 새로운 탐험 경로를 개척할 때마다 그에 합당하는 적절한 포상을 해준다면 내 남자는 점차 내 몸을 애무하는 데 전문가가 되어갈 것입니다.

가슴 애무

여자가 애무받을 때 특히 가슴 애무는 별도로 강조해주면 좋습니다. 가슴 애무에 큰 감흥이 없는 남성과는 달리 여성에게는 가장 큰 성적 쾌감을 경험하는 애무 부위 중 하나이니까요.

여성의 가슴은 대부분 지방으로 이루어져 있습니다. 지방으로 이루어져 있는 부위의 특징은 감각신경이 많지 않아 덜 민감하다는 것입니다. 실제로 유두와 유륜을 제외하면 가슴은 뜻밖에 감각적으로 그렇게 민감한 부위가 아닙니다. 따라서 그런 부위를 애무할 때는 스치듯 부드럽게도 좋지만, 살짝 쥐거나 주무르는 형태의 애무도 좋습니다. 엉덩이처럼 말입니다. 반대로 외음부처럼 지방이 없는 부위는 절대로 강한 압박을 주거나 주무르는 행위는 자제하는 게 좋죠.

가슴 애무에 남성이 주로 사용하는 도구는 손과 입입니다. 이때 중요한 건 순서입니다. 손을 충분히 사용한 후에 입술을 사용하고 마지막에 혀를 사용하게 해주세요. 이유는 타액 때문입니다. 입술과 혀는 애무할 때 타액을 동반하는데 일단 피부에 타액이 묻은 후 마르면 스치듯 부드럽게 하는 애무가 잘 안 됩니다. 여성에게 느껴지는 감각도 덜하고요. 그러므로 입술과 혀는 손을 충분히 사용한 후에 활용하는 것이 좋습니다. 그리고 한 번 입술과 혀를 사용했다면 이후에도 계속 입술과 혀를 사용하는 게 좋습니다.

주변에서 중심으로 애무해야 한다는 것도 꼭 알려주세요. 가능하면 유두와 유륜에서 먼 곳부터 시작해서 중심인 유두로 향하는 게 좋습니다. 회오리 형태로 타원을 그리며 애무해 들어와도 좋고요. 유두와 유륜은 가슴에서 가장 지방이 적어 감각신경이 많은 곳입니다. 그만큼 예민하다는 뜻이니 조심스럽게, 그리고 집중적으로 공략하게 해주세요. 느리게 천천히 스치듯 부드럽게 닿을 듯 말 듯은 기본이고, 가능하면 손보다는 입술과 혀를 사용하는 게 효과적입니다.

스펜스의 꼬리Tail of Spence도 알려주면 좋습니다. 스펜스의 꼬리는, 팔을 들면 보이는, 겨드랑이와 가슴의 중간, 그 약간 윗부분을 말합니다. 많은 분이 이 부위의 중요성을 잘 모릅니다. 이 부위에는 림프절과 신경망이 위치하거든요. 덕분에 감각적으로 무척 민감한 부위입니다. 비슷한 부위로 목의 귀밑 부분과 다리와 몸통이 연결되는 서혜부(사타구니)가 있습니다. 모두 림프절과 신경망이 위치한 부위라 부드럽고 정성스럽게 자극하면 성적 흥분을 높일 수 있는 강한 성감대입니다.

생리 직전이나 생리 중에 가슴 애무를 하면 통증을 경험할 수도 있다는 것도 꼭 알려주세요. 남성은 이런 정보를 잘 모릅니다. 이 시기의 가슴 애무는 반드시 나의 반응을 확인해가며 진행해 달라고 하면 됩니다. 이런 작은 배려가 내 마음에 감동을 만들고, 그 감동이 다시 당신을 향한 사랑으로 돌아가게 될 거라고 알려주세요.

외음부 애무

남성에게 음경 애무가 가장 중요한 것처럼 여성에게는 외음부 애무가 가장 중요합니다. 하지만 외음부 애무의 시작부터 손으로 마구 비벼대거나 눌러대면 좋은 감각보다 오히려 통증을 경험할 수도 있습니다. 그러니 시작은 무조건 손가락 걷기로 해달라고 하세요. 손가락 걷기는, 보통 손가락 인지와 중지로 연인의 몸 위에서 사람이 걷는 것처럼 시늉하는 것을 말하는데, 그 손가락 걷기를 외음부 위에서도 하면 좋습니다. 다만 외음부 위 손가락 걷기는 팔이나 등처럼 툭툭 걷기보다는 부드럽게 천천히 닿을 듯 말 듯 걸어야 합니다. 손톱이 직접적으로 외음부에 닿지 않게 조심하며 정말 닿을 듯 말 듯, 애액이 충분하면 끈끈한 액체 위를 철벅철벅 걷거나 스케이트 타듯 미끄러지는 미세한 느낌도 느껴가며 말입니다.

걷기가 끝나면 이번에는 외음부 전체를 손가락 끝으로 살짝 톡톡 두드리며 애무하면 좋습니다. 톡톡 두드리기라고 해서 실제 노크하듯 두드리는 게 아닙니다. 손가락을 살짝 댔다 떼는 정도로 생각하면 됩니다. 외음부 애무까지 갔다는 건 이미 그전에 다른 애무나 모든 애정 행위로 어느 정도 충분히 성적 흥분이 높아진 상태라는 뜻이므로, 아마 외음부는 이미 애액으로 촉촉하게 젖어 있을 겁니다. 그 상태에서 손가락을 살짝 댔다가 떼면 점액질의 애액이 손에 닿았다가 떨어지는 느낌, 떨어지지 않으려고 손가락 끝에 붙었다가 똑 떨어지는 느낌, 닿았을 때 약간 물컹한 느낌 하나까지 온전히 느낄 수 있을 겁니다. 그런 미세한 느낌 하나하나 느껴볼 수 있게 해주세요. 내 남자의 그런 탐험은 곧 나의 성적 흥분으로 되돌아옵니다.

다음은 천천히 타원을 그리며 돌리는 애무입니다. 타원 돌기는, 약간 타원 형태로 원을 돌리며 외음부를 손으로 애무하는 방법입니다. 원을 돌린다고 해서 외음부 안을 손가락으로 막 헤집어 놓으라는 게 아니니 절대 힘은 주지 말아 달라고 해주세요. 충분히 젖어 있을 테니 그 위로 손가락 스케이트를 탄다는 느낌 정도면 충분합니다. 닿을 듯 말 듯 하게요. 그렇게 외음부 테두리로 타원을 돌려도 좋고, 윗부분 원과 아랫부분 원을 따로 돌려도 좋습니다. 그렇게 하면 위와 아래 원의 교차하는 부위에 질 입구가 위치하게 됩니다. 위와 아래 원을 끊기지 않게 8자로 돌려도 좋고요.

가끔 외음부 애무의 방법으로, 질에 손가락을 넣어서 애무하는 기술을 알려주는 책이나 유튜브 영상이 있던데, 저는 추천하지 않습니다. 물론 내 몸이 원하면 당연히 요구해도 됩니다. 손의 위생 상태 관리를 체크하고 손톱도 반드시 잘 손질했는지 확인하고요. 하지만 내가 진심으로 원하는 경우가 아니라면 웬만하면 질에 손가락을 넣는 행위는 하지 말아 달라고 하세요. 이 행위는 단점이 너무 많거든요. 일단 아무리 깨끗이 다듬어도 손톱은 단단한 조직이어서 부드럽고 상처받기 쉬운 점막 조직인 질 내부에 상처를 낼 수 있습니다. 간혹, 지스팟을 자극한다고 질에 손가락을 넣고 과격하게 움직이는 남성이 있는데 이러면 질 벽이 붓거나 상처가 날 수도 있고, 그 자극이 방광염의 원인이 되기도 하거든요. 웬만하면 질에 손가락을 넣는 행위는 나도 연인도 하지 않는게 좋습니다.

외음부 애무의 하이라이트는 클리토리스 애무입니다. 클리토리스는 기본적으로 몸 안에 있기에 밖에서 자극할 수 있는 부위는, 흥분하면 몸 밖으로 드러나는 클리토리스의 머리 부분, 즉 음핵입니다. 이 부위에는 음경의 2배가 넘는 약 1만 개의 감각신경이 존재합니다. 그만큼 정말 민감한 부위이기에 클리토리스 애무는 외음부 애무의 제일 마지막에 해야 하며 반드시 느리게 천천히 스치듯 부드럽게 닿을 듯 말 듯을 준수해야 합니다. 클리토리스 애무만 잘해도 삽입 없이 오르가슴을 경험할 수도 있습니다. 간혹 외음부 애무할 때, 클리토리스 애무부터 시작하는 남성이 있는데, 그냥 맡겨두지 말고 꼭 저지해주세요. 클리토리스는, 외음부의 다른 곳을 충분히 애무한 후 마지막으로 해달라고 말입니다. 민망해하지 말고 알려주셔야 합니다. 아는 만큼 나를 행복하게 할 수 있으니까요.

클리토리스 애무의 방향도 가슴처럼 바깥부터 타원을 돌아 가운데로 들어오면 좋습니다. 클리토리스가 가장 민감하게 자극받는 방향은 좌우 방향이니 원 돌리기, 위아래로 스치기를 먼저 진행하다가 흥분이 고조될 때 좌우 스치기까지 병행하면 좋습니다. 이런 다양한 방법을 머릿속에 두고, 이걸 손으로 할지 입술로 할지 혀로 할지에 관한 결정은 스스로 하게 해주세요. 내 남자도 주체적으로 애무의 방법을 결정할 자유가 있으니까요. 다만 클리토리스를 왜 애무해야 하고, 어떤 방식으로 애무하면 좋은지는 꼭 알려주셔야 합니다. 뜻밖에 많은 남성이 클리토리스를 애무하는 것을 잘 모르는데, 클리토리스 애무 없이 오르가슴을 향해 가는 건 KTX가 있는데 완행열차를 타고 부산으로 가는 것과 같은 어리석은 행동입니다.

쉽게 익히는
체위

"항상 같은 체위만 하니까 왠지 섹스가 지루한 것 같습니다. 이젠 남친이 삽입하러 배 위로 올라가도 별 감흥이 없네요. 상황에 따라 다양하게 바꿔가며 효과적으로 적용할 수 있는 다양한 체위가 있는지 궁금합니다. 배워도 남친에게 그걸 어떻게 말해야 할지 걱정이긴 한데 이 남자는 마흔이 넘도록 왜 이렇게 아무것도 모를까요?"

많은 분이 체위에 관해 이야기할 때, 대개 지루함을 이야기합니다. 항상 한두 가지 체위만 하다 보면 지겨울 수 있습니다. 그렇게 성생활이 지루하고 재미없다는 생각이 들 때 제일 먼저 고민하는 것이 바로 체위입니다. 체위를 바꾸면 지루한 성생활에 변화가 있을 것이라 기대하는 거죠. 하지만 체위를 다양하게 바꿔본 분은 알 것입니다. 체위를 바꾼다고 성관계가 드라마틱하게 흥분되는 일은 거의 없습니다. 이상한 체위를 만들려고 고생하고 유지하느라 힘들기만 하죠. 이유는 간단합니다. 사실 체위는 지루함 때문에 필요한 게 아니기 때문입니다. 체위를 선택하는 기준은 지루함이 아니라 기능입니다. 다양한 체위마다 느끼는 감정 포인트도 다르고, 얻게 되는 이득도 다르기에, 체위는 '목적'을 기준으로 선택해야 합니다. 드라마틱한 변화는 그렇게 목적에 따라 다양한 체위를 경험하다 덤으로 얻는 혜택일 뿐입니다.

체위 하면 카마수트라?

체위에 관한 이야기를 할 때 제일 먼저 연상되는 단어는 아마 《카마수트라》일 겁니다. 《카마수트라》는 고대 인도에서 전해져 내려오는 성교육서라고 알려져 있습니다. 하지만 《카마수트라》의 정체성은 성교육서가 아닙니다. 다양한 체위 때문에 사람들이 그렇게 인지하고 있을 뿐이죠. 인도에는 카스트라는 계급 구조가 있습니다. 《카마수트라》는 이 계급 구조에서 가장 상위에 있는 귀족이 만든 성 경전입니다. 그 고귀하고 높은 신분이 어쩌다가 성 경전을 만들었을까요? 그건 아마 귀족이라는 계층의 생활과 연관이 있었을 것 같습니다.

귀족 계층은 생산 활동을 하지 않습니다. 그러니 하루 24시간 대부분은 놀 수밖에 없습니다. 노는 게 재미있는 것도 하루이틀이지, 1년 365일 매일 똑같이 노는 것도 지겨웠을 겁니다. 그렇게 지루했던 귀족은 문란한 성생활로 지루함을 달랬을 테고, 사람을 바꾸는 것에도 한계를 느꼈던 그들은 곧 인간이 할 수 있는 다양한 체위를 상상하고 실행해보았던 것입니다. 우리도 왜 심심하면 별짓을 다 하잖아요. 그리고 그것을 자세하게 적어 귀족에서 귀족으로 전파한 게 바로 《카마수트라》라는 책이 되었다는 설說이 있습니다.

저는 《카마수트라》의 기원에 관한 학설 중 이 학설을 가장 신뢰합니다. 《카마수트라》에 나오는 체위는 기능과 무관한 터무니없는 것들이 정말 많기 때문입니다. 마치 그냥 재미로 해본 것처럼 말이죠. 예를 들어, 남성이 서서, 팔로 여성의 몸을 번쩍 들어 성관계하는 체위를 살펴볼까요? 이 체위를 호기심에 해본 분은 알 것입니다. 이 상태에서 음경을 질에 삽입해 왕복 운동하려면 오로지 남성의 팔 힘으로만 여성의 몸을 들었다 났다 해야 하는데, 이거 역도 선수가 아닌 한 절대 쉽지 않습니다. 그냥 들고 있는 것도 힘들어, 여성을 벽에 기대게 한 후 오르락내리락하다가는 여성의 등이 다 까질 수도 있습니다. 가끔 영화나 야동에서 이 장면이 나오면 저는 에로틱하다는 느낌 대신 '아, 저 감독은 저 체위를 해본 적이 없나 보다'라고 생각합니다.

그밖에도 물구나무선 여성과 69 체위를 한다든가, 뒤에서 하는 체위를 (엎드려서가 아니라) 서서 한다거나, 여성이 다리를 한껏 벌려 다리 찢기를 한 후 한쪽 발을 남성의 어깨 너머로 넘긴 채 성관계하는 체위 등은 그야말로 서커스 공연에서나 볼 수 있을 것 같은 수준입니다. 《카마수트라》에 등장하는 체위를 보고 있다 보면, '아, 이거 한번 해보고 싶다'라는 생각보다는, '도대체 이걸 어떻게 하라는 거지? 아니, 왜 해야 하지?'라는 생각밖에 들지 않습니다. 체위는, 우리에게 또는 지금 상황에 맞는 것을 하는 게 최선입니다. 오로지 목적과 기능으로 선택하면 됩니다.

일반적인 체위 소개

그렇다면 우리가 할 수 있는, 그리고 비교적 목적이 분명한 체위를 전반적으로 한번 살펴보겠습니다. 꽤 많은 체위가 있어서 체위를 어렵다고 생각하는 분이 많은데, 전혀 그럴 필요 없습니다.

모든 체위는 결국 다른 체위의 변형일 뿐이니까요. 정말 그런지 한번 볼까요?

시작은, 흔히 기승위라고 부르는 '여자위' 체위부터 해보겠습니다. '여자위' 체위는 남성은 누워서 천장을 바라보고 여자는 무릎을 꿇은 상태에서 질에 음경을 삽입하는 체위입니다. 그 상태로 여자가 주도적으로 왕복 운동을 하죠. 목적은 남성이 편하기 위해서이기도 하고, 여자가 주체적으로 오르가슴을 만들기 위해서이기도 합니다. 이건 중요한 체위라서 뒤에 더 자세하게 설명하겠습니다.

이 체위에서 만약 여자가 허벅지의 힘으로만 왕복 운동하기 힘들다면, 손을 남성의 목이나 어깨 바깥쪽 바닥을 짚고 상체를 약간 앞으로 숙인 채 움직이면 됩니다. 이게 바로 여자위 체위의 변형입니다.

이때 남성이 일어나 앉으면 흔히 좌위라고 부르는 '앉아서' 체위가 됩니다. 앉아서 체위의 목적은 누워서 체위처럼 여자만 힘들게 하지 않고 남성도 주체적으로 움직임에 도움을 더하기 위함입니다. 앉아서 체위 상태에서는 남성이나 여성 중 다리를 뻗지 않는 사람이 왕복 운동의 주체가 되며, 만약 둘 다 다리를 뻗었다면 남성이 손으로 여자의 엉덩이를 잡고 들었다 놨다 하게 됩니다.

앉아서 체위에서 여자가 뒤로 눕고 남성이 일어나 몸으로 여자를 덮은 채 발을 편안하게 뻗으면 흔히 정상위라고 부르는 '남자위' 체위가 됩니다. 남자위 체위는 인간에게 가장 익숙한 체위이며, 얼굴을 마주 본다는 장점이 있고, 남자가 성관계를 주도할 수 있다는 (남성 관점에서의) 장점을 가진 체위입니다. 이 상태에서 남자가 무릎을 꿇으면 남자위 체위의 변형 체위가 되는데, 이때 여자의 다리를 남성의 어깨 위에 두거나 혹은 좌우로 한껏 벌린 채 삽입 후 왕복 운동을 하면 은근히 클리토리스를 강하게 자극하는 변형된 체위입니다.

이 남자위 변형 체위에서 여자가 등을 돌려 엎드리거나 무릎을 세우면 흔히 후배위라고 부르는 '뒤에서' 체위가 됩니다. 뒤에서 체위는 자연계에서 가장 많이 볼 수 있는 체위인데, 그 외에도 다양한 목적과 장점이 있는 체위여서 이 역시 뒤에서 별도로 더 자세하게 설명하겠습니다.

뒤에서 체위를 하다가 둘 다 일어나 여자가 몸을 돌려 남자를 바라보면 우리가 흔히 입위라고 부르는 '서서' 체위가 됩니다. 서서 체위의 가장 큰 장점은 둘 다 양손이 자유롭다는 것입니다. 손과 입으로 상대의 신체를 충분히 애무하면서 동시에 성관계도 할 수 있죠. 침대 같은 보조구가 없어도 어디에서나 성관계가 가능하다는 것도 서서 체위의 장점입니다. 다만 남녀의 키 차이가 크게 나면 왕복 운동이 다소 힘들다는 단점도 있습니다.

서서 체위에서는 남성이 여자의 뒤에서 할 수도 있고, 서로 마주 볼 수도 있으며, 여자가 무릎 꿇고 앉은 상태에서 펠라티오 애무를 할 수도 있습니다. 남성 오랄 애무인 펠라티오에 관해서도 뒤에 자세하게 설명해드리겠습니다. 서서 하는 이 세 가지 자세를 누워서 하면 그게 곧 '누워서' 체위의 3가지 종류가 됩니다. 누워서 체위의 목적은 단 하나죠. 둘 다 편안하게 성관계를 즐길 수 있다는 것입니다.

앞의 남자위 체위에서, 여자의 몸은 그대로 둔 상태에서 남자의 상체가 여자의 다리 방향으로 쭉 내려가면 커닐링구스 애무를 할 수 있습니다. 여성 오랄 애무인 커닐링구스에 관해서도 뒤에 자세하게 설명해드리겠습니다. 그 상태에서 남녀가 엇갈려 몸을 교차한 후 각자 상대의 성기를 입으로 애무하면 69 체위가 됩니다. 69 체위의 목적은 애무 중 가장 자극이 강한 오랄 애무를 남녀가 동시에 하는 것입니다. 하지만 저는 그다지 추천하고 싶지 않습니다. 상대의 성기를 애무하다 보면 내가 받는 기쁨을 제대로 느낄 수 없으니까요. 차라리 시간이 2배 소요되더라도 남녀가 순차적으로 오랄 애무를 해주는 게 감정의 집중도 면에서 더 낫습니다.

이처럼 모든 체위는 다른 어떤 체위의 변형일 뿐이며 각기 저마다의 기능이 있습니다. 그러니 다양하게 체위를 경험하고 싶은 분은, 체위를 외우기보다는, 평소에 하던 체위에서 이런저런 변형을 배우자와 함께 만들어 보기를 바랍니다. 이 퍼즐 놀이의 진정한 의미는, 지루함을 달래기 위함이 아니라, 그 과정에서 우리 부부만의 최애最愛 체위를 찾는 것입니다.

그럼, 지금부터는 더 집중적으로 소개하겠다고 한, 가장 중요한 필수 체위 세 가지에 관하여 집중적으로 알아보겠습니다.

필수 체위 1. 여자위 체위

여자위 체위는, 여성이 남성의 몸 위로 올라가 주체적으로 움직이는 체위입니다. 이 체위의 가장 큰 장점은 여성이 주체적으로 오르가슴을 만들 수 있다는 것입니다.

간혹, 성관계를 주도적으로 이끌고 싶어 하는 페미니스트 여성이 이 체위를 좋아한다고 오해하는 남성분이 있는데, 이 체위를 다수의 여성이 좋아하는 이유는, 그리고 이 체위가 다수의 여성에게 좋은 이유는 딱 하나입니다. 이 체위가 모든 체위 중 여성의 오르가슴을 가장 잘 만들 수 있는 체위이기 때문입니다. 이유를 알아보겠습니다.

클리토리스는, 음모가 있는 부분(=두덩)의 몸 안쪽에 위치합니다. 그러다 보니 우리가 흔히 하는 체위인 남자위 체위에서는 여자의 클리토리스가 자극받기 쉽지 않습니다. 남자위 체위에서는 음경의 각도 때문에 왕복 운동만 가지고는 클리토리스가 잘 자극되지 않는다는 뜻입니다. 그럴 때 여성이 주체적으로 내 몸의 클리토리스를 스스로 자극할 방법이 바로 여자위 체위에서 여성이 주도적으로 몸을 움직이면서 남성 몸과의 압력과 마찰을 통해 내 클리토리스를 자극하는 것입니다. 여성마다 클리토리스 위치가 다르니, 내가 가장 잘 자극받는 위치와 방법을 여성 스스로 찾는 거죠.

하지만 많은 여성이 이 사실을 잘 모른 채, 여자위 체위는 그저 남자위 체위에서 남자가 움직이던 '삽입 후 왕복 운동'을 여성이 하는 것뿐이라고 생각합니다. 그래서 여성 중에는 이 체위를 귀찮아서 싫다고 하는 분도 있습니다. 하지만 그렇게 생각하는 건 여자위 체위의 진정한 가치를 잘 모르는 것입니다. 잘 모르니 간혹 "나 그거 힘들어서 하기 싫어. 당신이 위에서 해"라고 말하며 여자위 체위를 꺼리는 분도 있는 거죠. 그런 분은 여자위 체위를 즐기는 방법을 모르는 것입니다.

여자위 체위에서 여자가 해야 하는 움직임은 왕복 운동이 아니라 마찰 운동입니다. 중력과 체중의 힘으로 내리눌리는 나의 클리토리스와 남성의 아랫배를 계속 누르듯 마찰하는 것입니다. 그러면서 쾌감을 느끼는 거죠. 그게 여자위 체위의 가장 큰 장점이고 가치입니다. 이 목적을 달성하지 못한다면 여자위 체위는 아무런 의미가 없습니다. 간혹 어린 여자아이가 베개를 타고 앉은 채 움직이며 자위하는 걸 볼 수가 있는데, 이렇게 자위하는 이유도 같습니다. 클리토리스 자극입니다.

앞으로는 여자위 체위를 하면서, 내가 어떤 자세로 어떻게 움직일 때 그리고 남성의 몸 어느 부위와의 마찰을 어느 강도로 진행할 때, 내가 가장 오르가슴을 느끼는지를 경험하고 기억하기를 바랍니다. 특히, 남자위 체위로는 오르가슴을 한 번도 느껴본 적이 없는 여자분은 무조건 이 체위를 경험해봐야 합니다. 대개의 불감증은 내 성격이나 신체의 다른 문제가 아니라 그냥 클리토리스와 질의 거리 문제거든요. 삽입 성관계로는 오르가슴을 경험해보지 못한 여성이라고 하더라도 여자위 체위에서는 오르가슴을 느낄 확률이 매우 높습니다.

필수 체위 2. 뒤에서 체위

_____

뒤에서 체위는 이야기할 내용이 제법 많은 체위입니다. 일단 자연계에서 가장 많은 생명체가 즐기는 체위라서 무척이나 익숙하고 자연스러운 체위죠. 하지만 인간 남녀가 이 체위를 대하는 태도는 다소 다릅니다.

뒤에서 체위를 대하는 남성은, 보통 자연스럽다는 점에서 이 체위의 장점을 경험하는 게 아니라 시각적인 충족 그리고 지배 욕구를 자극한다는 점에서 만족감을 느낍니다. 뒤에서 체위에서는 여자의 엉덩이가 시각적으로 무척 강조되거든요. 그런 이유로 뒤에서 체위를 섹시한 체위라고 생각하는 남성이 꽤 많습니다. 또 여자는 움직이지 못한 채 자세를 잡고 있지만, 남성은 얼마든지 몸을 움직여 성관계를 주도할 수 있다는 점에서, 마치 여자를 지배하는 것 같은 감정을 간접경험하는 남성도 꽤 많습니다. 그러므로 평소 생활 속에서 다양한 이유(ex. 키, 학벌, 능력 등)로 내 남자의 기가 죽어있다고 생각하는 여성은 성관계에서 의도적으로 뒤에서 체위를 리드해보세요. 내 남자의 뜻밖의 긍정적인 태도 변화를 만날 수도 있습니다.

같은 개념으로 일부 여성은 뒤에서 체위에서 굴욕감을 느끼기도 합니다. 만약 뒤에서 체위 중 남성이 나의 의사와 무관하게 혼자 진행하고 혼자 사정까지 하게 되면, 남자위 체위보다도 더 무언가 일방적인 취급을 받았다는 느낌을 받게 되죠. 그러니 남성은 여성이 이런 감정을 느끼지 않도록, 뒤에서 체위를 진행할 때 특별히 더 배려하는 모습을 보여주어야 합니다.

물론 여자도 생각의 전환이 필요합니다. 여자위 체위에서 여자가 주체적으로 내 클리토리스를 자극할 수 있는 위치와 강도,

움직임을 찾는 것처럼, 뒤에서 체위에서도 여자는 얼마든지 주체적인 느낌을 만들 수 있습니다. 남성은 뒤에서 고작 왕복 운동을 할 뿐이지만, 여자는 하반신을 전후좌우로 움직이면서 움직임이나 깊이, 위치 등을 얼마든지 조정할 수 있거든요. 남자는 앞뒤로 움직이게 두고 여자는 주체적으로 움직여서 나의 쾌감을 만들면 됩니다. 일부 여성이 이 체위를 싫어하는 또 하나의 이유는 얼굴을 마주 볼 수 없어서 친밀감이 적고, 자세에서 왠지 동등하지 않은 것처럼 느끼게 된다는 것입니다. 이 부분 역시 남성이 배려로 해결해야 할 단점입니다. 뒤에서 체위 과정에서도 많은 대화와 스킨십, 눈 맞춤으로 정서를 교감하면 여자가 그런 감정을 느끼지 않을 수 있으니까요.

이 체위의 가장 큰 장점은, 남녀의 성기 구조상 질에 음경이 가장 깊이 삽입되는 체위라는 것입니다. 여성의 질 내부 끝에 있는 자궁경부 둘레로는 에이스팟A-Spot이라 불리는 성감대가 있는데, 남자위 체위에서는 정말 긴 음경을 가진 남자가 아니라면 에이스팟까지 귀두 끝이 닿기가 쉽지 않습니다. 하지만 뒤에서 체위에서는 음경이 길지 않은 분도 에이스팟에 귀두 끝이 닿을 수 있습니다. 따라서 뒤에서 체위를 활용하는 커플은 꼭 에이스팟 자극이 주는 강한 쾌감을 느껴보기 바랍니다.

뒤에서 체위에서 주의할 점은, 음경 삽입이 무척이나 깊기에,

너무 강하고 빠르게 왕복 운동하다 보면, 통증이 크게 느껴진다는 점입니다. 이 체위로 성관계를 한 여성 중에는 끝나고 병원에 가는 분도 많습니다. 그러니 이 체위에서 남성은 가능한 한 천천히 부드럽게 삽입하고 왕복 운동하기 바랍니다. 무조건 빠르다고 성적 쾌감이 높아지는 게 아닙니다. 여성이 빠르게 해달라고 애원할 때만 빠르게 하면 됩니다.

필수 체위 3. C.A.T 체위

필수 체위 세 가지 중 마지막은, 체위의 하이라이트 C.A.T 체위입니다. 영어명이 C.A.T이다 보니 많은 분이 '고양이 자세'로 오해하는데, C.A.T는 고양이가 아니라 'Coital Alignment Technique'의 약자입니다. 'Coital'은 성관계라는 뜻이고, 'Alignment'는 정렬이라는 뜻이죠. 즉, 한글로는 '성교 정렬 기술' 정도가 될 것 같습니다. C.A.T 체위를 거의 모든 성학자가 공통으로 추천하는 이유는, 여성의 몸 안에 있는 클리토리스를 성교를 통해 가장 잘 자극할 수 있는 체위이기 때문입니다. 하는 법은 다음과 같습니다.

우선 남성은 양 손바닥을 바닥에 댄 채 상체를 들어주세요.

몸이 약간 활처럼 뒤로 휜다고 생각하면 됩니다. 팔은 가능한 한 굽히지 말고 펴야 합니다. 그 상태에서 질에 음경을 삽입한 후에 맞닿은 남성의 아랫배와 여성의 아랫배 사이에 공간이 생기지 않도록 남녀의 몸을 밀착합니다. 이제 수직 운동처럼 왕복 운동하면 됩니다. 왕복 운동할 때도 가능하면 서로의 몸은 떨어지지 않아야 하고요.

남자위 체위와 다른 점은, 남자위 체위에서의 왕복 운동이 지면과 평행하게, 음경이 질 내부로 들어가고 나오는 왕복 운동이라면, C.A.T 체위에서는 지면과 수직 방향으로 움직인다는 느낌으로 실행하는 왕복 운동이라는 것입니다. 그러면 들어가고 나오는 과정에서 자연스럽게 음경의 몸체가 클리토리스를 누르듯 자극합니다. 음경을 질에 그냥 넣고 뺀다는 개념이 아니라, 살과 살, 음경과 클리토리스가 맞닿은 부위에 문지르듯이 압력을 주는 개념입니다. 그래야 남성의 음경과 아랫배 치골 부위가 여성의 클리토리스를 압박하며 자극할 수 있거든요. 동시에 음경이 질에 들어갔다 나오는 과정에서 음경 귀두의 가장 두꺼운 부분이 질 입구의 상부, 정확하게는 클리토리스와 질이 닿는 부위를 자극하는 것도 좋은 방법입니다. 아마 여자는 그때마다 몸을 움찔움찔하며 신음하게 될 것입니다. 잊지 마세요. C.A.T 체위는 왕복 운동이 아니라 압력과 마찰 운동입니다.

키스보다
짜릿한 오랄

"40대 주부입니다. 남편과의 성관계에서 항상 오랄 애무를 즐기는데, 얼마 전 검색하다가 충격적인 기사를 봐서 문의드려요. 구강성교하면 두경부암에 걸린다는 기사였거든요. 정말 구강성교하면 두경부암이나 성병에 걸릴 확률이 있나요? 그럼, 지금부터라도 하지 말아야 하는 걸까요?"

오랄 애무 공포증

_____

요즘 들어 특히 언론에, 오랄 애무가 구강암이나 후두암을 유발할 수 있다는 내용이 자주 등장합니다. 예전에는 소재의 선정성 때문에 언론에 등장할 수도 없는 내용이었으니 오히려 대한민국의 성문화가 많이 성장했다고 생각해도 될 만한 일이라 좋아해야 하는데, 이런 기사가 근거 없는 오랄 애무 공포를 퍼트릴 수도 있다고 생각하니 마냥 좋아할 수만은 없습니다.

오랄 애무가 구강암이나 후두암의 원인이 될 수 있는 건 사실입니다. 만약 피감염자의 구강에 조금이라도 상처가 있었고 감염자가 성기를 깨끗이 씻지 않은 채 오랄 애무를 받았거나, 씻었다고 해도 완벽하게 세균이 제거되지 않았다면, 성기에 남아 있던 세균이 상처로 유입될 수 있습니다. 그뿐만 아니라, 만약 감염자가 HIV(인간 면역결핍 바이러스) 보균 남성이고, 피감염자가 상처가 있는 입으로 이 남성의 정액을 받았다면 이는 AIDS(후천성 면역결핍증) 감염의 원인이 될 수도 있습니다. 따라서 제가 "아무 문제없으니 마음껏 오랄 애무를 즐기세요"라고 할 수는 없습니다.

다만, 오랄 애무를 통해 이런 질병에 걸릴 가능성은, 아마 운전하다가 교통사고가 날 가능성이나 스노보드 타다가 골절상을 입을 가능성보다 낮을 것입니다. 교통사고나 겨울철 스키장 골절

사고는 우리 눈앞에서 흔하게 발생하지만, 오랄 애무로 질병에 걸린 사례는 정말 드물기 때문입니다. 하루에 서울 시내에서만 100건이 넘는 교통사고가 발생합니다. 그중 1~2건은 심지어 사망사고죠. 놀라운 건 그럼에도 그 누구도 교통사고가 이렇게 잦으니 절대 운전하면 안 된다는 이야기는 하지 않는다는 것입니다. 심지어 학원까지 차려놓고 오히려 운전을 가르치죠. 사람들은 그런 위험을 뻔히 알면서도 운전대를 잡습니다. 왜일까요? 이유는, 그렇게 해서 얻는 편의성이, 혹시 있을지 모를 위험성보다 크기 때문입니다. 가르치는 사람은, 하지 말라는 게 아니라 어떻게 하면 운전을 안전하게 잘할 수 있는지 가르칩니다. 이후 계속 운전할지 말지에 관한 최종 판단은 결국 개인의 몫입니다. 오랄 애무도 마찬가지입니다.

위험은 우리 곁에 언제나 존재합니다. 우리가 하면 좋은 가장 바람직한 행동은, 그 위험을 예방하기 위해 최선의 노력을 하는 것입니다. 오랄 애무로 질병에 걸릴 위험을 방지하기 위한 노력으로는 철저한 위생관리와 검증된 파트너하고만 성관계를 즐기는 것입니다. 그럼에도 불안해서 오랄 애무를 할 수 없다면, 그 역시 그분의 소중한 선택입니다. 위험하니 시도조차 하지 말라고 하거나, 위험해도 쾌감이 무척이나 크니 무조건 하라고 하는 건, 어느 쪽이건 성학자의 역할은 아닌 것 같습니다.

오랄 애무 전에 준비해야 하는 것들

앞에서도 짧게 언급한 적이 있지만, 성과 관련한 이야기를 할 때 제가 가장 싫어하는 단어가 바로 '기술'입니다. 사랑은 기술 하나 없이도 진심만 있으면 얼마든지 완성되니까요. 어설프게 배운 기술은 오히려 분위기를 망치고, 상대에게 오해만 받을 수 있습니다. 기술을 사용하려면 그 전에 우선 진심을 강력하게 장착해야 한다고 이미 말씀드렸죠?

하지만 애무 중 유일하게 제가 '기술'이라는 수식어를 붙이는 행위가 있으니 그것이 바로 '오랄Oral'입니다. 왜냐하면 오랄 애무는 남녀의 성기를 직접적인 대상으로 하는, 애무 중에서 가장 난도가 높고, 그만큼 그것이 가져오는 긍정적인 결과와 부정적인 결과의 편차가 엄청나므로, 가능하면 올바른 방법을 익히는 것이 좋기 때문입니다. 어떻게 애무해도 '진심'만 있으면 되는 가슴이나 엉덩이 애무와는 차원이 다른 셈이죠. 그러니 적어도 '오랄 애무'만은 방법을 꼭 숙지하고 성관계에 임해야 합니다.

오랄 애무의 구체적인 방법에 관하여 설명하기 전에 먼저 드리고 싶은 이야기는, 오랄 애무에서 가장 중요한 것은 '마음'을 여는 것이라는 사실입니다.

오랄 애무를 꺼리는 분 중에 가끔, 깨끗하지 못한 신체 부위에 깨끗한 입을 댄다는 편견을 가진 분이 있습니다. 이런 편견은 되도록 버리는 게 좋습니다. 사실 이 말은 실제 위생학적으로도 맞지 않습니다. 우리는, 입은 음식물이 들어가는 곳이고, 성기는 배설과 관계된 곳이라서 성기가 더 더럽다고 생각하는 경향이 있지만, 실제로 우리 몸에서 가장 많은 병균이 존재하는 부위는 항문과 손 그리고 입입니다. 따라서 위생을 신경 써야 하는 건 오히려 입을 사용하는 쪽이겠죠. 그러니 혹시 '성기는 더럽다'라고 생각했던 분이라면, 마음을 열어보기 바랍니다.

아무도 보지 못하도록 항상 조심하던 곳을 배우자에게 보여주는 것에 관해 민망해하는 것 역시도 마음을 열어야 하는 영역 중 하나입니다. 그러므로 생각을 바꿀 수 있도록 노력해야 합니다. 아무에게도 보여주지 않았던, 아무에게나 보여줄 수 없었던 부분이기에, 그 영역을 내가 사랑하는 사람에게는 보여주는 것이 더더욱 의미가 있는 것입니다. 건강한 커플이라면, 아무도 볼 수 없는 곳을 나에게는 마음껏 볼 수 있게 해주는 상대의 행동을, 그야말로 최고의 선물로 생각할 테니까요.

애초에 죽어도 못하겠다면 논외지만, 이왕 해보기로 했다면 오랄 애무를 해주는 쪽도 받는 쪽도 모든 선입견을 버리기 바랍니다. 오랄 애무는 내 사람에게 "나는 당신을 진심으로 사랑합니다"라는 느낌을 가장 잘 전달할 방법입니다. 기꺼이 상대의 몸을 오랄 애무한다는 것은, "나는 당신을 진심으로 사랑하기에, 당신 몸의 분비물이 배출되는, 어쩌면 당신이 가장 깨끗하지 못하다고 생각할 수도 있는 곳을, 나의 가장 소중한 입으로 기꺼이 사랑할 수 있답니다"라는 의미입니다. 그런 애무를 선뜻 해준다는 것은, 단순한 애무 행위 그 이상의 의미가 있습니다. 그러므로 받는 사람은 절대 상대의 행위를 당연하게 생각해서는 안 되며, 해주는 사람도 상대의 사랑스러운 몸을 기꺼이 사랑해주고 싶다는 진실된 마음으로 임해야 합니다.

오랄 애무할 때, 자연스럽게 입안으로 들어오는 액체 때문에 오랄 애무를 꺼리는 사람도 있습니다. 남자의 경우 이 액체는 대개 쿠퍼선액이며, 여자의 경우 이 액체는 대개 애액입니다. 둘 다 성적으로 흥분되면 윤활 등의 목적으로 몸에서 분비되는 액체이며 무색무취할 뿐만 아니라 먹어도 건강에 아무 문제가 없습니다. 그러니 크게 신경 쓰지 않아도 됩니다.

다만 오랄 애무에서도 조심해야 하는 것이 있으니 바로 냄새와 위생입니다. 여성의 외음부에서 약간의 신 냄새가 나는 것은 지극히 정상입니다. 여성의 질은 외부 세균으로부터의 감염을 막기 위해 pH 3~4 정도의 산성을 유지하기 때문에 약간의 시큼한 향이 나거든요. 문제가 되는 냄새는 아니지만, 성관계하기 전 샤워를 통해, 이 '약간의' 신 냄새와 소변 냄새까지 모두 없앤다면 금상첨화일 것입니다.

남성도 마찬가지입니다. 남성은 대개 여성처럼 분비물이 많지 않아 여성만큼 자주 속옷을 갈아입지 않으니 나도 모르게 냄새에 무감할 수 있고, 남성의 성기는 소변의 배출 통로이기도 하기에 자칫하면 음경에서 지린내가 날 수 있습니다. 따라서 남성 역시 비누 샤워로 미리 냄새를 깨끗하게 지우고 상대와 사랑을 시작하는 게, 사랑하는 사람을 위한 최소한의 예의입니다.

남녀 모두의 성기에 '냄새'를 만드는 원인이 하나 더 있는데, 남녀 성기의 환경을 산성으로 만들어 세균으로부터 보호하려는 목적으로, 남성은 귀두 밑, 여성은 음순의 접히는 부위에 생기는 하얀색 물질인 치구입니다. 먹어도 해가 없는 물질이긴 하지만, 입에 들어가면 느낌이 좋지 않고 오래되면 자칫 불쾌한 냄새를 만들 수도 있으니 평소 샤워할 때 신경 써서 없애는 것이 좋습니다. 냄새 외에 세균도 확실하게 제거해야 하니, 관계 전 몸을 깨끗이 씻는 건 기본입니다. 아무리 흥분이 폭풍처럼 몰려오는 순간이라도 반드시 몸을 씻고 관계를 시작하기 바랍니다. 만약 너무 강한 성욕에 부득이하게 그냥 바로 성관계를 시작했다면, 혹시 모를 냄새 트라우마를 만들지 않기 위해 오랄 애무는 건너뛰는 게 좋습니다.

마지막으로 꼭 명심해야 하는 건, 성기는 남녀 모두 무척이나 예민하고 여린 부위라는 것입니다. 따라서 어떤 경우에도 가능하면 '치아'는 사용하지 말아야 합니다. 때로 배우자가 원하는 때도 있는데, 그럴 때도 정말 조심스럽게 사용하기 바랍니다. 같은 이유로 남성은 반드시 오랄 애무 전에 입술 주변을 깔끔하게 면도하기 바랍니다. 여성의 외음부는 정말 연약한 피부라서 아무리 부드러운 수염이어서 통증이 없다고 해도 자신도 모르게 상처나 통증을 만들 수 있습니다. 굳이 상처나 강한 통증이 아니더라도, 부드럽고 좋은 느낌 대신 조금이나마 따가운 느낌을 받는다면 애무가 아니라 참아야 하는 고통이 될 수도 있거든요. 만약 깜빡 면도하는 것을 잊었다면 입술 애무는 생략하고, 가능하면 입 주변이 외음부의 살에 닿지 않도록 노력하면서 혀로만 애무하기 바랍니다. 물론 내 여자는 오히려 수염이 닿는 느낌을 좋아한다면, 이 모든 게 다 필요 없는 말이겠죠.

여성 오랄 애무

———————

"늦게 결혼해서 마흔 넘어 신혼의 단꿈을 즐기고 있는 여자입니다. 저는 연애 경험이 많지 않습니다. 남편이 첫사랑은 아니지만, 성관계는 거의 처음이나 마찬가지죠.

문제는 남편도 연애 경험이 적다는 것입니다. 제가 처음인 것 같기도 하고요. 그러다 보니 남편의 애무나 성관계 방법이 서툴러 아직도 오랄 애무를 받아보지 못했습니다. 전 꼭 받아보고 싶거든요. 남편에게 하는 법을 알려주어서라도 받고 싶은데 잘하는 법이 있을까요? 궁금합니다."

여성의 외음부를, 남성이 입이나 혀로 애무하는 것을, 여성 오랄 애무 또는 커닐링구스Cunnilingus라고 합니다. 여성 애무 중에서 가장 화려하고, 가장 성적 흥분을 강하게 유발하는, 그야말로 여성 애무의 꽃이라고 부를 수 있는 애무죠. 만약 아직 받아보지 못한 분이 있다면 꼭 받아볼 필요가 있으며, 선입견 때문에 받아보기가 꺼려지는 분이 있다면 꼭 용기 내어 선입견을 지웠으면 좋겠습니다. 남들보다 더 많이 누리지는 못하더라도 남들 다 누리며 행복해하는 건 나도 꼭 경험해봐야 억울하지 않죠. 다만 커닐링구스는 반드시 사랑하는 사람에게 받기 바랍니다. 나를 사랑하는 사람에게 받는 것과 ONSOne Night Stand처럼 그렇지 않은 사람에게 받는 것은 그 감동에 있어서 정말 큰 차이가 있으니까요.

오랜 시간 커닐링구스를 통해 성적 쾌감을 얻고 싶다면, 받는 사람도 하는 사람도 우선 자세가 편해야 합니다. 받는 여성은 등이 배기거나 불편하지 않은 곳에 몸을 반듯이 눕히고 다리가 M자

형태로 벌어질 수 있도록 천천히 벌립니다. 내가 직접 하기 민망하면 상대에게 리드해달라고 요청하세요. 내가 옷을 벗는 것보다 내 남자가 벗겨주는 게 더 섹시한 것처럼, 내가 벌리는 다리보다 내 남자가 은근히 벌려주는 다리가 더 마음을 설레게 하니까요.

커닐링구스를 오래 하다 보면, 남성의 목이 뒤로 휘어 생각보다 힘들 수 있습니다. 이를 예방하려면, 내 몸을 가능한 한 침대 끝에 두고 내 남자는 침대 밑으로 내려가 내 몸을 바라보게 해주세요. 그러면 목이 뒤로 꺾이지 않아 훨씬 접근이 편해 보다 오래 즐길 수 있습니다. 혹은 내 엉덩이 밑에 베개나 쿠션을 받쳐 외음부의 각도가 위로 올라갈 수 있도록 해주세요. 그렇게 내 남자의 고개를 덜 젖혀도 되게 해주면 역시 편하게 오랫동안 커닐링구스를 즐길 수 있습니다.

앞서도 이야기했듯이 여성 애무에 적용되는 가장 바람직한 원칙은 '주변에서 중심으로'입니다. 따라서 비록 외음부를 애무하는 것이 커닐링구스의 궁극적인 목적이긴 하지만 바로 질 입구에 입술을 대는 행동은 피하게 해주세요. 가슴부터 뽀뽀하며 천천히 내려가도 좋고, 배꼽이나 아랫배 전체를 부드럽게 키스한 후 접근해 가도 좋습니다. 허벅지 안쪽부터 키스하며 들어가도 좋고요.

본격적인 커닐링구스는, 대음순 부위를 입술로 부드럽게 스치듯이 애무하면서 시작합니다. 대음순은 외음부의 가장 바깥쪽

두툼한 부위를 말합니다. 이 부위를 입술로 스치거나 여기저기 뽀뽀하면, 비록 강렬하진 않더라도 은근한 쾌감을 경험할 수 있습니다. 물론 본격적인 쾌감은 아니니 아직은 애태우는 단계라고 봐야겠죠.

　대음순을 입술로 애무했다면 이제는 소음순 차례입니다. 대음순의 살결은 다른 피부와 유사하지만, 소음순은 질 내부와 비교해도 좋을 만큼 부드럽습니다. 따라서 대음순을 입술로 뽀뽀하듯이 애무했다면, 소음순은 입술보다는 혀를 많이 사용하는 게 좋습니다. 소음순을 혀로 애무할 때는, 마치 소음순에 있는 다양한 기관 즉, 요도, 질 입구 그리고 음핵을 혀로 찾는다고 생각하면 좋습니다. 스치듯이 부드럽게 움직이면서 이곳저곳을 혀로 만져보고, 혀로 가만히 노크하고, 혀로 아주 잠깐씩 들여다보게 해주세요. 이때 조심해야 하는 건, 아직 음핵에는 너무 자주 들르거나, 오랫동안 머물면 안 된다는 것입니다. 음핵은 커닐링구스의 가장 절정의 순간에 정성껏 애무할 수 있도록 남겨두어야 하거든요.

　소음순 전체를 혀로 핥는 데 5~10초 정도 소요된다는 느낌으로, 어느 때는 직선으로 어느 때는 곡선으로, 어느 때는 시계방향으로 원을 돌고, 어느 때는 혀로 살짝 대었다 떼기를 반복하며 진행하면 됩니다.

　소음순 곳곳을 혀로 애무했다면, 다음은 질 입구를 혀끝으로 조심스럽게 밀고 들어가세요. 물론 혀는 길이의 한계가 있어 질 안으로 깊게 들어올 수는 없습니다. 하지만 어차피 질에서 가장 민감한 부위는 입구에서 5cm 이내이므로 이 부위의 질 내부 점막을 혀로 빙 둘러가며 애무해주면 쾌감이 강렬할 것입니다. 질 내부 점막 중 특히 더 민감한 부위는 질 윗부분의 지스팟이라고 불리는 곳입니다. 질과 클리토리스가 맞닿는 부위죠. 혀로 이 질 입구 상부를 집중적으로 핥게 해주세요.

소음순과 질 내부를 혀로 애무하는 것까지 끝났다면 이제는 커닐링구스의 종착지 음핵을 향합니다. 음핵은, 요도 바로 위에 있으며 좁쌀만 하고 평소에는 피부 포피에 덮여있습니다. 하지만 이전의 애무로 이미 충분히 흥분한 상태라면 눈으로도, 혀로도 쉽게 이 부위를 찾을 수 있을 것입니다. 평소에는 음경처럼 포피에 덮여있지만, 흥분하면 발기하여 포피 바깥으로 머리를 내밀고 있을 테니까요.

음핵 애무는 반드시 혀를 사용해야 합니다. 음핵에는 1만 개 이상의 감각신경 말단이 있어 매우 민감하기 때문입니다. 아니면 너무 민감해서 아플 수도 있습니다. 처음엔 상하 방향으로 다음엔 좌우 방향으로 스치듯이 미끄러지면 됩니다. 그러다 조금씩 음핵을 중심에 두고 천천히 원을 그리는 애무를 병행합니다. 유두를 혀로 애무하는 것과 유사하다고 알려주면 됩니다.

여성이 흥분할수록 강도나 속도에 변화를 주는 것은 좋으나, 너무 음핵만 집중적으로 애무하면 다소 지루하거나 심지어 아플 수도 있습니다. 그러니 가끔은 질 입구도 오가며 소음순 애무와 병행하는 것이 더 큰 쾌감을 선사하는 방법입니다. 물론 쾌감이 물밀듯이 몰려올 때는 방법을 바꾸지 않는 것이 더 좋습니다. 그때는 바꾸지 말고 계속 거기만 애무해달라고 꼭 말해주세요. 말해줘야 압니다.

또 하나 알아두면 좋은 기술은 '흡입'입니다. 커닐링구스에서 흡입이라는 개념은 우머나이저라는 여성 자위 기구가 나오면서 대중화되었습니다. 우머나이저의 작동 원리가 음핵을 강한 흡입으로 빨아들임으로써 엄청난 강도의 성적 자극을 주는 것이거든요. 굳이 기구가 아니더라도 남성의 입술 흡입을 통해서 음핵을 자극하는 것도 강력한 감각을 전달할 수 있습니다.

이렇듯 다양한 방식으로 오럴 애무를 받다 보면 어느덧 내 입에서는 나도 모르게 신음 속에 이런 말이 나오게 될지도 모릅니다. "아…. 이제 넣어줘. 어서." 오럴 애무 없이 삽입하는 것과 충분한 오럴 애무 후에 삽입하는 것의 차이를 남녀 모두 느껴보세요. 알고 나면 이제 오럴 애무는 선택이 아니라 필수가 될지도 모릅니다.

마지막으로 소개할 커닐링구스 기술은, 여성의 몸 안에 있는 클리토리스 몸체를 밖에서 자극하는 방법입니다. 클리토리스는 머리 부분인 음핵을 제외한 대부분의 몸체가 몸 안에 있어서 커닐링구스로 직접적인 자극을 주는 건 불가능합니다. 다만 마찰과 압력을 통한 간접 자극으로 클리토리스를 흥분하게 할 수는 있습니다.

우선 남성은 클리토리스와 서로 마주 본다는 생각으로 외음부와 얼굴을 마주합니다. 그 상태에서 입술과 턱 상부를 클리토리스가 들어있다고 추측되는 부위와 닿게 한 후 약간의 압력을 넣어 밀어줍니다. 그렇게 마치 클리토리스를 문지르며 마사지하듯 천천히 압력을 넣어서 밀어주세요. 너무 강한 압력은 지양하고 부드럽게 밀어주어야 합니다. 아마 매우 큰 쾌감을 경험하게 될 것입니다. 이 행동은 남성의 손바닥으로도 할 수 있고, 허벅지로도 할 수 있으며, 음경 위 체모가 있는 두덩 부위로도 할 수 있습니다.

실제 의학적으로 더는 발기가 어려웠던 제 남성 내담자 중 한 분은 이 방법으로, 성관계할 때마다 아내를 오르가슴에 오르게 해줍니다. 여성의 오르가슴은 음경의 질 삽입을 통해 만들어지는 게 아니라 클리토리스 자극을 통해 만들어지는 거니까요. 어떤 방법으로건 클리토리스만 자극할 수 있다면, 여성은 오르가슴을 경험할 수 있습니다. 딜도 삽입 없이도 여성 자위가 온전히 완성되는 이유도 그 때문이고요. 그러니 남성은 머릿속에서 발기에 관한 집착과 환상을 지우기 바랍니다. 음경의 발기 없이도 얼마든지 내 사랑을 오르가슴에 오르게 할 수 있습니다.

남성 오랄 애무

"남편은 성욕이 무척이나 강한 편입니다. 그래서 그런지 시도 때도 없이 관계를 요구합니다. 혹시 싫다고 하면 저에게 실망할까 봐 최대한 저도 적극적으로 하려고 노력합니다. 하지만 남편의 음경을 입으로 애무하는 건 아무래도 자신이 없습니다. 결혼 전 다른 남자에게도 그런 애무는 한 번도 해준 적이 없거든요. 남편은 못내 아쉬운 표정인데 어떡해야 할까요? 그게 배울 수 있는 건가요?"

남성의 음경을 여성이 입이나 혀로 애무하는 것을 남성 오랄 애무, 다른 표현으로 펠라티오Fellatio라고 합니다. 은어로는 블로우잡Blow Job이라고도 하죠. 거의 모든 남성은 여성이 해주는 오랄 애무에 대한 환상이 있기에 남성 오랄 애무는 그야말로 남성 애무의 꽃입니다.

여성 오랄 애무처럼 '주변에서 중앙으로'의 원칙이 적용되는 것은 같지만, 여성 오랄 애무가 가슴이나 배에서 시작하는 것과 달리 남성 오랄 애무는 너무 멀리 가지 말고 성기 주변에서 시작하는 것이 좋습니다. 여성과 달리 남성은 가슴이나 배, 다리 등의 애무에 크게 감흥을 받지 못하기 때문입니다. 남성은 좀 더 직접적인 성기 주변 자극을 더 선호합니다.

'주변에서'의 시작으로 가장 좋은 곳은 '회음부'입니다. 회음부는 두 다리 허벅지 사이의 사타구니 중앙 부위 즉, 음낭과 항문 사이입니다. 남성을 편안하게 눕게 한 뒤, 두 다리를 M자 형태로 세우게 하고, 손으로 음낭을 가만히 들어 올리면 회음부를 만날 수 있습니다. 한 손으로는 음낭이 다시 쳐지지 않게 받친 채로 다른 손으로 이 회음부를 애무하면 됩니다. 특히 내부로 음경의 뿌리가 지나가면서 살이 조금 튀어나와 보이는 곳이 주위보다 더 민감합니다. 이 부위를 가벼운 마사지나 압력, 스치듯 만져주는 기술로 애무하면 좋습니다.

다음은 음경과 조금 더 가까운 '음낭'입니다. 음낭은 다소 거친 피부를 지니고 있으며 음모도 수북한 부위라서 입보다는 손을 사용하는 것이 좋습니다. 압력에 민감한 고환을 품고 있는 소중한 부위이기에 절대 음낭 애무에 타격이나 압력은 사용하면 안 됩니다. 통증이 바로 고환에 전달되거든요. 가장 좋은 건 음낭의

울퉁불퉁한 표면을, 손바닥으로 천천히 그리고 부드럽게 스치는 것입니다. 닿을 듯 말 듯 말입니다. 그러다가 가만히 아주 약하게 쥐어봐도 좋습니다. 물론 이 역시 세게 쥐면 통증을 호소하게 될 것입니다. 쥔 상태에서 손으로 조물락조물락하셔도 좋은데, 이 역시 꼭 부드럽고 약하게 부탁드립니다. 고환에 압력이 전해지지 않게요. 마지막은 입술 뽀뽀 정도로 마무리해도 좋습니다. 어떤 여성은 음낭 애무의 마무리로 음낭 전체를 입 안에 넣었다가 빼기도 합니다. 할 수 있으면 하면 좋지만, 무리하진 마세요. 그렇게 충분히 음낭 애무를 해주었다면, 이제 남성 오랄 애무의 최종 목적지인 음경으로 향합니다.

음경은 손만큼이나 입술과 혀를 반드시 사용해야 하는 부위입니다. 우선 손으로 음경 전체를 스치듯이 만져주면 좋습니다. 마치 오일을 발라 마사지해준다는 느낌으로 부드럽게 만져줍니다. 이때 내 남자의 음경 몸통이 얼마나 단단한지, 그 표면을 뒤덮고 있는 혈관들은 얼마나 울퉁불퉁 튀어나와 있는지, 귀두는 정말 버섯 모양으로 생겼는지, 그 외곽 라인은 어떻게 흐르는지 등을, 마치 앞이 안 보이는 분이 사물을 구분하기 위해 만지는 것처럼 아주 천천히, 손에 닿는 모든 감각을 본인도 느끼면서 만져주면 좋습니다. 특히 귀두는 정말 민감한 부위이니, 약하게 또 약하게 애무해야 합니다.

본격적인 오랄 애무의 시작은, 음경 전체를 혀로 핥아주는 것입니다. 아주 단단하게 발기되어 있더라도 혀로 밀면 음경이 조금씩 흔들릴 수도 있으니 한 손으로 핥는 부위의 반대편을 살짝 지지하고 진행하면 더 좋습니다. 입술을 사용해도 좋고, 혀로 마치 막대 아이스크림을 핥아먹는 것처럼, 위아래로 또는 전체를 입에 담을 기세로 핥아주면 됩니다. 어떻게 또 어떤 도구를 사용하건 간에, 아직 귀두까지는 가지 마세요. 마치 여성 오랄 애무의 초반에는 가능하면 음핵에 닿지 않는 것이 좋은 것과 같은 이치입니다. 가장 민감한 부위는 가장 나중에 해야 좋으니까요. 물론 잠깐씩 스치듯 지나가며 건드리는 건 예외입니다. 그런 자극은 오히려 남성을 애태울 수 있습니다.

음경의 몸통을 핥아주는 애무가 끝나면, 다음은 입안에 귀두를 넣고 막대사탕처럼 빨아주는 단계입니다. 이 역시도 너무 힘을 줘서 빨지 않도록 조심해야 합니다. 귀두에는 무려 4천 개의 신경세포가 분포되어 있기에, 성적 자극에 민감하지만, 또 그만큼 통증에도 민감하게 반응하거든요. 남성이 커닐링구스에서 음핵을 흡입하듯, 입술로 귀두를 살짝 물고 흡입하면 됩니다.

입술을 살짝 다물어 귀두가 입안으로 들어가고 나올 때, 입술이 귀두 모서리를 타고 넘어가며 자극하게 하거나, 입안에서 귀두를 이리저리 혀로 굴리며 놀리는 것도 좋습니다. 진짜 막대사탕을 빨아 먹는 것처럼 입에 넣었다 뺐다를 반복해도 좋고요. 그러다 보면 어느새 남성의 격한 신음이 시작되고 있을 것입니다. 이때 가장 조심해야 하는 것은, 귀두에 치아가 닿지 않도록 하는 것입니다. 설사 남성이 "제발 깨물어줘"라고 하더라도, 아주 살짝만 물어주시기 바랍니다.

마지막은 음경 전체를 귀두부터 뿌리까지 입안 깊숙이 넣었다 빼는 기술입니다. '목구멍 깊숙이Deep Throat'라는 별칭으로도 불리는 애무 방법인데, 1972년에 개봉되어 미국을 발칵 뒤집어 놓은 포르노 영화의 제목이기도 합니다. 음경 전체가 여성의 입에 들어가, 음경을 통해 입안 점막의 부드러운 감촉을 한껏 느낄 수 있어서 마치 실제 여성의 질에 삽입한 것과 유사한, 때론 그것보다 더 강렬한 자극을 받을 수 있는 최고의 애무 방법입니다. 입안에는, 질에는 없는 혀가 있어서 더 자극적으로 애무할 수 있거든요. 다만, 너무 깊숙이 넣으면 귀두 끝이 목젖을 자극해 구역질을 유발할 수도 있으니 조심해야 합니다.

많은 남성이 오랄 애무 끝에 여성의 입안에서 사정하는 소위 입싸에 관한 로망이 있습니다. 이 방법이 남성에게 특히 더 자극적인 이유는, 음경을 물고 오랄 애무해주다가 사정감이 벅차오를 때 입에서 꺼내 손으로 마무리하는 것보다, 그대로 입에서 같은 자극을 계속 주면서 사정하는 것이, 자극의 관점에서 더 질 내 사정과 닮았기 때문입니다. 하지만 약간의 냄새도 있는, 물컹한 질감의 정액을 입으로 받아낸다는 게 그리 쉬운 일은 아닙니다. 여성도 너무 무리해서 해주려고 하지 말고, 남성도 너무 집착하여 요구하지 마세요. 모든 애무는 스스로 기꺼이 해줄 때 가장 서로를 행복하게 합니다. 또 그렇게 사정하면 삽입 성교를 이어갈 수 없으니 해주더라도 아주 가끔 칭찬용 이벤트 성격으로만 하는 게 좋습니다. 만약 그래도 기꺼이 내 남자를 내 입안에서 사정시켜 주고 싶다면, 귀두를 입에 넣은 채, 혀로는 귀두를 핥아주고, 동시에 손으로는 음경의 몸통을 쥐고 자위하듯 빠르게 위아래로 왕복 운동을 해주면 됩니다.

오랄 애무는, 성기를 대상으로 하기에 남녀 모두에게 절대 쉬운 애무가 아닙니다. 하지만 이왕 하기로 마음먹었다면 가능한 한 진심을 담는 것이 좋습니다. 싫지만 상대가 좋다고 하니 억지로 해준다는 느낌이 아니라, 정말로 내 남성의 음경이, 내 여성의 외음부가 무척이나 예쁘고 사랑스러워서, 만지고 쓰다듬고 빨고 핥고 뽀뽀한다는 느낌으로 애무해주면 아마 내 사랑은 나를 영원히 놓치고 싶지 않을 것입니다. 왜냐하면 그렇게 진심을 담아 연인이나 배우자를 오랄 애무해주는 커플이 안타깝게도 그렇게 많지는 않거든요.

더불어 오랄 애무를 받는 분은 반드시 상대에게 고마운 마음을 지녀야 합니다. 남들 다 해주는 거 하면서 생색낸다고 생각한다면 오랄 애무를 받을 자격이 없습니다. 누군가 내게 해주는 그 무엇도 당연한 건 없습니다. 왜냐하면 사람은 모두 각자, 내가 사는 세상의 주인공이니까요.

새로운 세상,
새로운 경험, 토이

"토이를 사용하면 어떨까 하는 호기심이 있는데 남편이 '내가 충
분히 만족을 주지 못했구나' 하고 생각할까 봐 말을 못 꺼내겠어요.
자존심이 상할 것 같거든요. 어떻게 하면 자연스럽게 토이를 사용해
보자고 할 수 있을까요?"

드라마 '정숙한 세일즈' 2화에는 주인공 정숙 씨가 판매용 토
이를 직접 사용해보는 장면이 등장합니다. 평소에도 가능하면 성
적인 주제의 대화는 피하던 소극적인 성격의 정숙 씨가 토이를 처
음 사용하는 날, 그녀의 집 옥상에서는 형형색색의 불꽃놀이가

펼쳐집니다. 그녀의 쾌감과 만족을 은유적으로 표현한 장면이겠죠. 이 장면을 본 지인이 저에게 묻더군요. 첫 사용에 정말 저렇게 쾌감이 펑펑 터질 수 있느냐고.

시인 김춘수가 '꽃'이라는 시에서 이야기한 것처럼 세상의 모든 것은 내가 그것을 어떻게 인지하느냐에 따라 내게 주는 의미가 달라집니다. 내가 토이를 징그럽거나 무서운 대상으로 규정하고 정말 싫지만 어쩔 수 없이 그냥 한번 경험해보려고 한다면 첫 사용에 쾌감이 펑펑 터질 가능성은 적습니다. 하지만 '정말 이 작은 것이 내게 큰 기쁨을 줄 수도 있다고?' 하는 호기심이나 '난 오늘 궁극의 쾌감을 경험해보고 말 테야'라는 다짐으로 토이를 대한다면, 장담컨대 첫 경험부터 쾌감이 펑펑 터질 거라 확신합니다.

토이를 질투하시나요

토이는 목적이 아니라 도구입니다. 100미터 신기록을 위해 더 과학적으로 제작된 스포츠웨어를 입거나 신발을 신는 것처럼, 가상현실 훈련을 반복하면서 실제 경기에서의 높은 성과를 만들어내는 것처럼, 토이는 더 큰 쾌감을 얻기 위해, 또는 배우자 없이도 성욕을 해결할 수 있도록 제작된 과학적인 도구일 뿐입니다. 그러니 만약 여러분에게 토이를 향한 막연한 두려움이나 거리감, 나에게는 필요 없을 것 같다는 무용론까지 있으셨다면 이젠 모두 지워보셨으면 좋겠습니다. 내가 더 행복한 삶을 누릴 수만 있다면, 내 사람과의 성관계에서 더 행복해질 수만 있다면, 그것을 피하고 주저할 이유는 없을 테니까요.

남성 중에는 가끔 내 여자의 토이를 질투하는 분도 있습니다. 내가 없을 때 내 여자가 토이를 통해 성적으로 만족하고 쾌감을 얻는다는 사실 자체를 질투하는 거죠. '그러다가 나중엔 가끔 발기부전이 오기도 하는 내 물건과 비교하면 어떡하지?'부터 '나랑 하는 것보다 더 좋아서 나와의 관계가 시들해지면 안 되는데'까지 걱정의 강도도 다양합니다.

하지만 도구는 도구일 뿐입니다. 질투하거나 오해할 필요가 없습니다. 내 사람과의 성관계에서 상대를 더 행복하게 하려고 토이를 사용하는 것은, 발기부전 때문에 고민하던 남성이 비아그라를 먹고 연인을 행복하게 해주는 것과 다르지 않습니다. 토이는 그저, 내 연인을 더 행복하게 함으로써 나도 행복해지는 훌륭한 '도구'일 뿐입니다. 절대 내 사랑이 그런 도구 따위에 중독되거나, 도구 때문에 나를 외면하는 일은 없습니다. 에어프라이어 덕분에 음식이 훨씬 맛있어졌다고 해서 아내 대신 에어프라이어를 사랑할 남자는 없는 것처럼 말입니다.

마찬가지로 만약 내 남자가 토이를 활용하여 자위한다고 해서 여러분도 절대 질투하거나 오해할 필요가 없습니다. 토이가 나보다 더 좋아서 그것에 집착하거나, 배우자에게 만족하지 못해서 토이를 사용하는 남자는 장담컨대 없으니까요. 남성에게 토이는 배우자가 없을 때나, 배우자가 성관계해주지 않을 때, 또는 성관계할 수 없는 상황일 때 내 성욕을 해결해주는, 손을 대신하는 도구일 뿐입니다. 빨래가 급한데 세탁기가 없다면 손빨래라도 해야 하는 것처럼 말입니다. 심지어 내 남자의 토이가 여성의 신체와 유사하게 생겼다고 해도 도구는 그저 도구일 뿐입니다.

여성용 토이의 필요성과 활용의 역사는 여러분의 생각보다 훨씬 오래되었습니다. 고대인은 임신이 잘되기 위해서는 여자가 성적으로 쾌감을 느껴야 하고, 그 쾌감을 만들려면 성기 바로 위를 손으로 자극하면 된다는 걸 알고 있었죠. 이 부위가 바로 클리토리스의 머리 부분, 즉 음핵입니다. 음핵을 자극한다고 임신이 더 잘되는 건 아니지만, 음핵 자극으로 여성이 성적으로 흥분하면 성관계 횟수가 증가할 수 있으니 임신의 가능성이 커지는 건 사실인 셈이죠.

19세기 의사들은, 여성의 성격 및 행동 장애를 만드는 히스테리를 치료하기 위한 목적으로 음핵 자극을 활용했습니다. 손가락에 윤활유를 바른 후 음핵을 자극하면 환자의 기분이 나아지면

서 히스테리 증상이 일시적으로 호전되는 것처럼 보였기 때문이
죠. 음핵을 자극하려면 빠르게 손가락을 움직여야 했기에 이 과
정에서 의사는 손목의 통증을 견뎌야 했죠. 바로 이 통증을 줄이
기 위해 고안된 의료기기가 바이브레이터였고, 이후 가정용 마사
지기로 발전한 바이브레이터는 결국 현재처럼 성적 쾌감을 증폭
하기 위한 토이가 되었습니다.

토이의 종류

마지막으로 간단하게나마 토이에 관한 소개를 해볼까요? 여성
용 토이는 크게 진동형과 삽입형, 그리고 흡입형으로 나뉩니다.

진동형은, 작은 크기로 음핵에 진동을 전달하는 초보자용부
터 망치만 한 크기로 강하게 진동하여 몸속 클리토리스 전체에
진동을 전달하는 것까지, 디자인도 크기도 다양합니다. 삽입형은
남성 음경 모양의 딜도부터, 원통형의 매끄러운 크리스털 재질이
나 말랑하고 유연한 재질의 딜도까지 다양한 재질과 모양의 딜도
가 있습니다. 진동형과 삽입형을 결합한 제품도 있는데, 진동 부
위는 음핵에 닿고, 삽입 부위는 질에 삽입합니다. 흡입형은, 원조
격인 우머나이저와 보급형인 새티스파이어가 대표 제품입니다.

둘 다 빨아들이는 힘으로 음핵을 집중적으로 공략함으로써, 쾌감의 질과 강도를 높인 혁신적인 토이입니다.

어느 것을 사용하건 무방하지만, 가능하면 싸고 크기가 작으며 기능이 단순한 것으로 시작하기 바랍니다. 그렇게 토이에 대한 내 몸의 적응성을 확인한 후에 더 늘려가면 됩니다. 여성과 달리 남성용 토이는 비교적 단순합니다.

가장 대중적인 것은 텐가라는 브랜드의 오나홀로서, 여성의 질 내부를 원통형으로 구현한 제품입니다. 여기에 음경을 삽입하여 수동으로 왕복 운동합니다. 남성 자위도구 역시 그 밖에 진동형이나 자동 왕복 운동형, 섹스돌 형태 등이 있지만, 대개는 고가의 제품들이라 오나홀을 제외하고는 거의 일부 마니아만 사용합니다.

토이를 접할 때는 두 가지만 조심하면 됩니다. 하나는 일회용품의 경우는 반드시 일회 사용 후 폐기하고, 다회용품은 반드시 꼼꼼하게 세척하는 등 위생관리에 철저해야 한다는 것이고, 다른 하나는, 사용 전에 반드시 충분한 윤활 제품을 사용하여 자칫 도구에 의해 내 몸에 상처가 나는 불상사를 막아야 한다는 것입니다.

토이는 그저 도구일 뿐입니다. 사용 후 만족스럽지 않으면 사용하지 않으면 그만이고요. 그러니 사용해보지도 않고 지레 겁을 먹진 않았으면 합니다. 누군가에게 토이는 한 번도 경험해보지 못한 신세계를 경험하게 해주는 최고의 오르가슴 파트너일 수도 있으니까요.

여자 나이 마흔에는
사랑이 필요하다

초판 1쇄 발행 · 2025년 4월 30일

지은이 · 치아
펴낸이 · 김동하

펴낸곳 · 부커
출판신고 · 2015년 1월 14일 제2016-000120호
주   소 · (10881) 경기도 파주시 산남로 5-86
문   의 · (070) 7853-8600
팩   스 · (02) 6020-8601
이메일 · books-garden1@naver.com

ISBN · 979-11-6416-247-5 (03190)

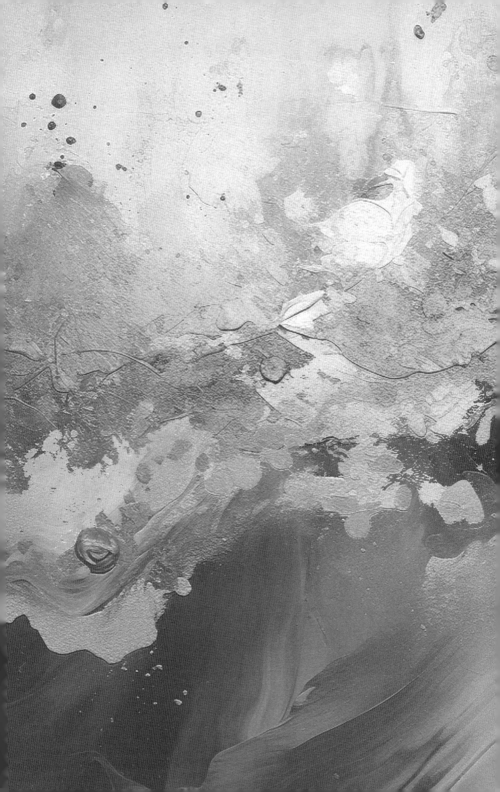